岭海帆影

多元视角下的明清广船研究

谭玉华 著

上海古籍出版社

教育部人文社会科学研究一般项目（青年基金）

"明清广船的形制演变与技术交流研究"（17YJC780006）的最终成果

本书的出版得到中山大学社会学与人类学学院学科建设经费的支持

图版一 航日红头船

（《长崎港南京贸易绘图·绘卷》）

图版二　红头船

（《大英图书馆特藏中国清代外销画精华》第六卷，第104页）

图版三　杀敌战船/三桅米艇

（Peabody Essex Museum 2006 Mark Sexton Photo: Rise & Fall of the Canton Trade System Gallery SHIPS）

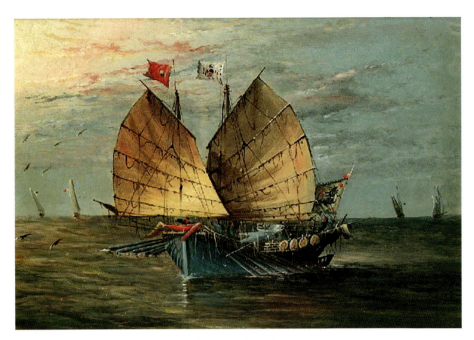

图版四　捞缯船

（香港海事处——香港港口与海事处历史图片廊第5号照片　https://www.mardep.gov.hk/theme/port_hk/sc/gallery.html#5）

图版五　头艒商船

（安特卫普河边博物馆藏品　编号 AS.1935.048.082　拍摄：Bart Huysmans & Michel Wuyts）

图版六　缉私巡船

（安特卫普河边博物馆藏品　编号 AS.1949.009.003　拍摄：Michel Wuyts）

图版七　海关巡船

（《大英图书馆特藏中国清代外销画精华》第六卷，第132页）

图版八　对拖单桅渔船
（Eric Rieth, *Tous Les Bateaux du Monde*, Glénat: Chasse-marée, 2010, p.101）

图版九　引水船
（安特卫普河边博物馆藏品编号 AS.1935.048.083　拍摄：Bart Huysmans）

图版十　白盐艚

（《18～19世纪羊城风物：英国维多利亚阿伯特博物院藏广州外销画》，第193页）

图版十一　藤埠船

（安特卫普河边博物馆藏品　编号 AS.1935.048.084　拍摄：Michel Wuyts）

图版十二 耆英号船尾

（Stephen Davies, *East Sails West: The voyage of the Keying 1846～1855*, plate.19）

图版十三　南海巡船

（银川当代美术馆编：《视觉的调适——中国早期洋风画》，中国青年出版社，2014年，第181页）

图版十四　1972年和洲出土红头船船首板

（《樟林古港》，书前彩页）

图版十五　中国海巡船

（《视觉的调适——中国早期洋风画》，第183页）

CHINESE MERCHANTS' LORCHAS, CANTON RIVER.—(SEE NEXT PAGE.)

图版十六　1857年珠江老闸船

（ David bellis, *Old Hong Kong Photos and The Tales They Tell*, Vol.2 ）

图版十七　暹罗贡船
（《大英图书馆特藏中国清代外销画精华》第六卷，第100页）

目　录

资料梳理编

综合研究编

插 图 目 录

图 版 目 录

图版一　航日红头船
图版二　红头船
图版三　杀敌战船/三桅米艇
图版四　捞缯船
图版五　头艍商船
图版六　缉私巡船
图版七　海关巡船
图版八　对拖单桅渔船
图版九　引水船
图版十　白盐艚
图版十一　藤埠船
图版十二　耆英号船尾
图版十三　南海巡船
图版十四　1972年和洲出土红头船船首板
图版十五　中国海巡船
图版十六　1857年珠江老闸船
图版十七　暹罗贡船

导　论

　　广船的概念初见于明嘉靖时期，是指官军征用的由东莞乌艚船、新会横江船等民船改制而成的战船，其指称对象十分明确。《东莞县大头船图》称"广船今总名乌艚，又有横江船各数号。其称白艚者，则福建船式也"，[1]明言白艚船为福建船式，亦被纳入广船系列，说明广船实为大型广东兵船的简称，而非特指广式船舶。虽然二者也有技术特征上的区分，但并不是主要义项。万历初年，乌艚船（即广船）、福船同时配列广东水寨，所配兵夫较多。广船、福船均为兵船中的较大船型，并不能代表全部广省兵船。[2]与广船相对，福船亦如此。按：福建船有六号，只有"一号、二号俱名福船"。[3]上引说明福船仅指福建兵船中的个别船式。此处的福船为定式，福船宽度、修造用银、兵夫配置均属固定，应为一种特指的战船，而非福建省战船的类称。两相比对，可知广船和福船指代两省兵船之大号者，而非所有兵船之简称，更非涵盖商船、渔船的统称。与此同时，广船、福船因为地域不同，自然会造成船舶工艺技术及性能上的差别。

　　1960年代，部分学者在讨论中国船型时，开始把广船与福船、沙船、鸟船并称为中国"航海木帆船中的四大船型"或"四大航海船型"，[4]突破了原有广船仅指大型战船的限定，而是指代广东海船中的一种船型。2000年，席龙

---

〔1〕（明）王鸣鹤：《登坛必究》卷二十五《水战·广东船式》，万历二十七年刊本，哈佛燕京图书馆，第10～11页。

〔2〕万历《苍梧总督军门志》卷十五《操法·水兵制》，全国图书馆文献缩微复制中心，1991年，第162～165页。

〔3〕（明）王鸣鹤：《登坛必究》卷二十五《水战·广东船式》，第14页。

〔4〕李邦彦：《沙船船型和结构》，《1964年海洋渔船学术会议论文选集》上集，内部印刷，1965年，第203～211页；《造船史话》编写组：《造船史话》，上海科学技术出版社，1979年，第110页；辛元欧：《明末清初唐船赴日贸易与唐船考》，《船史研究》1989年第4～5期，第5～30页。

飞将中国古代船型概括为福船、广船、沙船三大类,把鸟船看成福船的派生船型:在表述上,不再限以"航海"二字;在内容上,每种船型又有若干子属船型,完全颠覆了"四大航海船型是众多船型中的代表"这一内涵,而成为概括我国东南海船船型的排他性"分组方案"。[1]在这一过程中,广船概念的外延两度扩大,先从"一类广东战船"扩大为"一类广东海船",再从"一类广东海船"扩大为"广东地区建造的木帆船"。

广船指称范围的扩大,自有其内在的合理之处:明清时期广东建造的海船,主要用于南海海域航行作业,具有诸多共同特征。即便广东地区的海船与河船,也有很多共通之处,诸船往往亦河亦海,不能截然分开。如,清代广州府属各类内河橹桨船,用草包席为大篷,吃水不多,但其形式却与海船相似,大者亦如赶缯之式,小者亦如艍船之式,只是"不敢深入大洋,只宜用之内海"。惠州府属的内河营船快哨、拖风船小于艍船,不过七八尺梁头,"只好行走岸边,未敢驶入大洋",但是渔船中的"拖风船"不但可以成对在深海拖网捕鱼,而且可以出洋揽货,还可以补充经制战船。潮州府属的内河罟艚,类似艍船而无舵,平底浅面,不能出洋。[2]凡此种种,说明用一个宽泛的广船概念来指代明清两代广东——包括今天广东、广西和海南三地建造的木帆船,是恰当的。但是广船的概念不宜再扩大到一些专门从事内河航行的船只。

一、研究意义与现状

明清时期是中国传统木帆船发展的最后阶段,也是比较发达的阶段,船舶数量大、类型多。明清两代去今不远,留存的各类资料十分丰富。文献资料包括明代的广东地方志、《苍梧总督军门志》《洗海近事》《全浙兵制》《筹海图编》《登坛必究》《武备志》《经国雄略》和清代的《大清会典事例》《广东海防汇览》《水师辑要》《皇朝兵志》《清史稿》《清朝文献通考》《广州驻防事宜》《广东新语》等。除中文文献资料外,部分来华西人关于中国船舶的著作,也是研究广船的重要资料,如英国人夏士德《中国主要海洋帆船分类——

---

〔1〕 席龙飞:《中国造船史》,湖北教育出版社,2000年,第246~249页。

〔2〕 (清)陈良弼:《水师辑要》之《各船式说》,《续修四库全书》第860册,上海古籍出版社,2002年,第331~332页。

长江以南》详细介绍了四十六种岭南地区船舶；法国人帕里斯《殊域寻船录》图绘、记录了十六种中国船，其中广船就有十三种；法国人奥德玛的《中国舟船志》有关华南及印度支那船舶的记载牵涉广船；法国人席高特的手稿之中也有部分广船。除文献资料之外，实物、模型、图像等非传统史料也有很多。实物资料包括考古发现的广州南关外清代船，南海周边地区调查、发掘的明清沉船遗迹。模型资料包括安特卫普河边博物馆和伦敦科学博物馆收藏的清代广东木船模，岭南各地方博物馆收藏的明清木、铜或瓷船模。图像资料包括大英图书馆、维多利亚阿伯特博物院、广东省博物馆、广州市博物馆等单位收藏的船舶题材外销画，明代《筹海图编》等兵书包含的广船绘图。除以上所列核心史料外，许多方志、私人著述、西人游记、西洋画作、考古资料、博物馆馆藏也或多或少地涉及广船。丰富的史料为广船的系统研究准备了客观条件。

同时，明清广船研究还具有多重意义。

从学术史角度来看，对明清广船的深入发掘、细致研究，建立完整的广船谱系，刻画丰满的广船形象，一方面，可以起到解剖麻雀的作用，为其他区域的船舶研究提供范例；另一方面，也可为更早阶段的船舶研究提供框架、逻辑、方法论上的借鉴意义，从而深化对古代船舶遗存的认识。

从区域史的角度来看，广东发达的河海水系，特定的文化和经济环境，催生了独特的造船业，造就了发达的船文化。西汉时期，刘安即把"越艎蜀艇"相提并论。[1]到了宋代，广船已仅次于福船，"海舟以福建为上，广东、西船次之，昌明州船又次之"。[2]及至明清时期，广船与福船并称，甚至在性能上广船还略胜一筹，"自番舶夹板船而下，则广船为第一"。[3]船舶在广东乃至东南地区的海防、贸易和社会生活中占有重要地位，发挥着重要作用。明清广船研究可以补足明清广东地方史研究拼图的空白之处，为明清广东历史的解读和研究提供全新的视角。

从全球史的角度来看，明清时期正值大航海时代。从十六世纪初，广东就被迫卷入西欧的殖民扩张和商品贸易网络之中，成为中国首开风气和引领

〔1〕（清）屈大均：《广东新语》下卷十八《舟语·操舟》，中华书局，1985年，2010年重印，第476页。
〔2〕（宋）徐梦莘：《三朝北盟汇编》卷一百七十六，文海出版社，1977年，第334页。
〔3〕（明）郑大郁：《经国雄略·武备考》卷八《广船》，哈佛燕京图书馆，第16页。

潮流的地方。域外文化冲击，也推动了广船的技术变革，使得广船具备了欧化的技术特征。同时，广船与东南亚船舶因同属环南中国海文化圈，彼此也保持着密切的联系。明清广船的文化关系研究，提供了明清广东对外文化交流的典型案例，展现了明清广东对欧洲及东南亚技术冲击的反应与应对，也透露出明清广东近代化过程的一般逻辑。

以往学界关于广船的研究，多侧重于海防史、贸易史、交通史、科技史、手工业史等方面。虽然不乏典范之论，但总体上研究成果畸零分散，对广船的认识支离破碎，缺乏整体印象。这些研究多只涉及战船、渔船、货船之一种，且主要从技术角度着手，单就某类广船或某几个广船标本进行讨论，缺乏对广船这一历史遗存的整体考虑。"何者为广船，其形制与技术的独特性如何"的问题仍未解决。需要强调的是，这些研究从不同侧面、不同维度对广船进行了讨论，为明清广船的专题研究奠定了良好基础。特别值得一提的是，1958年下半年，由第一机械工业部组织的全国范围内的渔船普查，调查方法科学，调查内容丰富。广东地区主要的木船类型都被收录和科学测绘，成为我们向上追溯明清广船的坚实基础。

同时，以往的相关研究在时空尺度、研究对象选择上，大多过于宽泛，忽略了不同地域、不同时期船舶形态的变化和差异，未能从历时性和共时性角度考察广船。本书意在厘清明清两代广船的发展脉络，建立广船谱系。船舶形态受地理、气候、经济、文化等多重条件的综合制约。一方面，稳定的地理和气候等自然条件，使得广船的部分特性比较稳定，"闽广浙直，船制各异，而不知其所以异者，于海势之不同也"。[1]另一方面，经济、文化、治安、政策等社会条件，则变动不居，使得广船具有多变的特性。而且，作为一种水上工具，它的消耗和更新速度较快，尤以战船更新最快，按照《清史稿》"各省设造船厂，定师船修造年限，三年小修，五年大修，十年拆造"的规定，[2]大约经过十年，船舶就会因使用寿命到期而被拆解重造。更新变化快的特点，决定了对船舶类型、特征的研究不能泛泛而论，必须限以特定的时空范围，并进行分期讨论。

---

[1]（明）邓钟：《筹海重编》卷十二《经略四·兵船总论》，《四库全书存目丛书》第227册，齐鲁书社，1996年，第108～109页。

[2]《清史稿》第十四册卷一百三十五《兵六·水师》，中华书局，1977年，第3981～3982页。

再者,关于明清时期广船对外交流的研究,也略显单薄。已有研究多集中于蜈蚣船、老闸船这两种船型,[1]且所得结论亦需重新辨正。广船对欧洲船舶技术的吸收,始于葡萄牙人东来,一直延续至清末,时间跨度大,涉及船型、属具、结构等不同方面,理应给予特别重视。而与广东隔海相望,比邻而居的东南亚,因受浓郁的大陆中心主义影响,在有些学者的潜意识中,被视作技术落后的边缘地区和受中国传统技术影响的地区。广船与东南亚船舶的技术交流,不被重视。然而,转换视角,从海洋中心的立场看,华南与东南亚同属环南中国海文化圈,南海是其共同的活动场域。在此场域之内,船舶是其交流的唯一凭借工具。对船舶而言,传统上被视为交流壁垒的深海大洋,却能成为技术交流的通道。两者之间的技术交流十分频繁,因而广船与东南亚船舶共同特征较多,法国学者芒甘甚至提出用“南中国海传统”的概念统而称之。广船与东南亚船舶的技术交流,理应得到重视。而中国福建、江浙沿海与广东沿海之间的船舶技术交流,一直以来都很密切,但是因为不属于中外文化交流的范畴,更少人关注。有鉴于此,本书设立专门章节讨论广东与东南亚、福建等地的船舶技术交流。

二、研究目标与方法

本书主要梳理广东船舶实物、模型、图像、文献资料,把繁多而分散的船舶史料以特定的逻辑统摄起来,采用考古类型学方法,建立广船的谱系,明确

---

[1] 关于蜈蚣船的讨论见: Hans Lothar Scheuring: *Die Drachenfluß-Werft von Nanking. Das Lung-chiang ch'uan-ch'ang chih, eine Ming-zeitliche Quelle zur Geschichte des chinesischen Schiffbaus*, Hanau: Haag + Herchen, 1987, p.33. Roderich Ptak, "The Wugongchuan (Centipede Ships) and the Portuguese", In: *Revista de cultura: RC = Review of culture / Cultural Institute of Macau*. International edition, 2003, No. 5: pp.73~83. 陈延杭:《中国与葡萄牙的航海和造船技术交流》,《海交史研究》1999年第1期,第52~59页;徐旅尊、衷海燕:《明代“蜈蚣”战船考》,《“海上丝绸之路”与南中国海历史文化学术研讨会论文集》,2017年11月,珠海,第4~23页;刘义杰:《蜈蚣船钩沉》,《国家航海》2018年第20辑,第133~148页。关于老闸船的讨论见:黄洁娴:《澳门木船建造——广东传统造船工艺之承传》,《航海——文明之迹》,上海古籍出版社,2011年,第115~130页;汤开建:《被遗忘的“工业起飞”——澳门工业发展史稿1557~1941》,澳门特别行政区政府文化局,2014年,第30页;谭玉华:《汪铉〈奏陈愚见以弭边患事〉疏蜈蚣船辨》,《海交史研究》2019年第2期,第28~44页。

广船的纵向演变脉络、横向技术交流,最终澄清"何者为广船,其形制与技术的独特性如何"的问题。所谓纵向演变脉络,是指在明清两代五百多年中,广船类型特征经历的几次较显著的变革,每次变革都有不同船型出现或消失。所谓横向技术交流,是指广船与福船、欧洲船、东南亚船的互动关系。在广船谱系研究的基础之上,讨论广船发展变革的自然环境和社会背景,探讨广船特性生成的外部影响与环境机制。此外,明清广船牵涉了明清广东社会历史的许多方面。本书亦寻绎隐藏在船舶历史背后的广东社会、经济、军事和文化背景。

最后,在研究方法上,以往研究多采用实物、模型、图像和文献四者结合,彼此补充印证的方法,如程美宝对阿伯特博物院收藏船舶题材外销画的考证,[1]王次澄等对大英图书馆收藏船舶题材外销画的考证,[2]沈毅敏等人对安特卫普河边博物馆收藏清代中国船模的考证,[3]大卫对耆英号,林学钦、许路对金华兴号这两艘晚近广船的个案研究。[4]但他们对实物、模型、图像和外文文献材料的利用仍留有较大空间。实物、模型、图像和文献在记录广船信息上,各有侧重,各有优长。本书采用"多重证据法",将四者结合,相互补充,比较校勘,以实现研究目标。此外,调查现存的传统船舶制造工场,访谈有实践经验的老工匠、老船工,也是我们曾经实践过的很好的研究方法。

三、广船的分类命名

明清时期,广东舟船的类型多、数量大,相应的命名也很多,所谓"舟古

---

〔1〕 程美宝:《琛舶纷从画里来》,《18～19世纪羊城风物:英国维多利亚阿伯特博物院藏广州外销画》,上海古籍出版社,2003年,第44～49页。

〔2〕 王次澄等:《大英图书馆特藏中国清代外销画精华》第六卷,广东人民出版社,2011年,第91～296页。

〔3〕 沈毅敏、郑明、张玉琪:《比利时藏清代制作中国船模考略》,《上海:海与城的交融》,上海古籍出版社,2012年,第135～154页。

〔4〕 Davies Stephen, *East Sails West: The Voyage of the Keying, 1846～1855,* Hong Kong: Hong Kong University Press, 2013;林学钦:《牵风渔船的历史追溯和现今利用的思考——关于"金华兴"号古帆船若干问题的讨论》,《厦门科技》2005年第1期,第57～61页;许路:《晚近广式帆船考略——以"金华兴"号为例》,《中国航海文化之地位与使命》,上海书店出版社,2011,第236～252页。

名百千,今名亦百千"。[1]人们对于船舶的命名十分随意,没有一定的限制规定,纵是官方文献也是如此。列举下来,命名方法有以下诸种:或以船形命名,如西瓜扁、大开尾、快蟹、扒龙、蜈蚣、红头船、乌尾、黑楼船、龙船、龙艇、艚船、鸟船等;或以载重量命名,如二百料船、五百料船等;或以材质命名,如藤埠船、木兰船、木板船等;或以所载货物命名,如盐船、米船、谷船、粮船、木船、石船、蚝壳船、油船、炭船、马草船、鞋艇、棉花船、糖漏船、运花船、柴水船等;或以制造地命名,如广东船、暹罗船、广南船、福船、海南船、东莞船等;或以行驶水域命名,如滩艇、海船、河船、江船等;或以职能命名,如备倭船、缉私船、军船、战船、渔船、艚船、解饷炮船、哨船、花船、水寮、贡船、脚艇等;或以杠具命名,如赶缯船、三桅船、单桅船、桨船、橹船、轮船、罟船、烦船、帆船、篷船等;或以工艺命名,如缝合船、三板船、七艕船等。此外,广船中还有一些船名属于外来词,另有部分船名因命名原则存在争议或不好归类,如官印船、红单船、舢板、夹板、艒船、横江船、快船、急跳船、拖风船、仔船等。这些命名在一定程度上反映了广船某一方面的特性。

船舶名目的细碎,命名规则的多变,凸显了船舶在广东社会经济生活中的重要地位,人们对船舶的极端熟悉。但众多的船舶名目也为广船研究设置了障碍,增加了难度,有必要对船舶的分类和命名进行甄别。

本书重点关注广船的功能、形态与技术。相应地,本书采用类—型—式的三级分类方式,即把广船根据职能分为战船、货船、渔船等大类,大类下按照船舶形态、大小等再分类型。具体而言,就是聚焦广船的首尾形态,把船舶划分为三种基本类型:① 宽首广船,即船头封板较宽大;② 窄首广船,即船头封板较窄;③ 尖首广船,即船头没有封板或仅有象征性封板,而代之以首柱。在三个基本类型基础上,再辅以船尾和属具的特征分析,建立广船的类型谱系,进而讨论明清广船的纵向演变和横向技术交流。

---

[1] (明)宋应星:《天工开物》卷下《舟车第十五·舟》,上海古籍出版社,2008年点校本,第244页。

资料梳理编

　　资料整理编按照考古学方法，严格遵循考古学处理
材料的形式逻辑，划分广船的种、类、型。对不同类型船
舶的描述，先释名，再追踪其历史脉络，最后根据标本或
文献记载讨论其用材、形制、装饰和属具，给每型广船画
一幅丰满的肖像出来。在此基础上，明确广船分布的时
空范围，排出一个广船的谱系。明清时期广船有着明确
的发展脉络和阶段特性，从艚船向乌艚，从乌艚向缯艍，
从缯艍向米艇，从米艇向红单……而新型的铁壳船、蒸
汽船则是传统广船之终结者，将广船变为历史记忆。

第一章　明代前期的艖船

　　元明鼎革，明朝廷重新调整两广行政区划，使其与自然地理相契合，为明清两代广东的社会经济发展奠定了稳固的制度基础，也为广船的发展创造了条件。从洪武开基至嘉靖中期，广东倭患、海盗、番寇势力不彰，广东"弘治以前，无通番者，亦无海寇之扰，正德初始渐有之"。[1]加之长期的海禁政策，广东的海外贸易不发达。相应地，当时人对航海船舶也少有关注，因而造船业的状况与船舶类型隐晦不明，仅能从零星的文献记载和实物发现中窥探一下。

第一节　广东海战船

一、广东海战船的数量

（一）卫所、巡检司的战船数量

　　洪武初年，广东于要害之地建置诸卫所，大力造船以构筑海防体系。洪武三年（1370），雷州卫指挥同知张秉彝上书，主张预造战船，以防海道之寇。[2]卫所军船为国家的正式军事设施，在打击海盗、倭寇中发挥了重要作用。

　　事实上，早在洪武元年夏四月，廖永忠得元朝纳款海舟五百余艘，成为明初广东卫所战船的主要来源。[3]洪武八年，朱元璋命靖宁侯叶升巡行温、台、福、兴、漳、泉、潮州等卫，督造防倭海船。[4]洪武二十年，"敕福建造海舟百，广东倍

---

〔1〕　万历《广东通志》卷七十《外志五·倭夷海寇附》，早稻田大学图书馆，第53页。
〔2〕　《明太祖实录》卷五十九，洪武三年十一月乙酉，第4页。
〔3〕　万历《广东通志》卷六《藩省志六·事纪五》，第1页。
〔4〕　《明太祖实录》卷九十九，洪武八年四月丙申，第1页。

之,以九月会浙江,出海捕倭"。[1]洪武二十三年,海南卫所"差中所千户崇铭、后所百户林茂,往广东打造战船,驾驶回卫,与同指挥翟兴出海备倭"。[2]

洪武二十七年七月,广东开始训练沿海卫所官军以防备倭寇,始有备倭之名。[3]所谓备倭船,或称战船、军船。明朝廷规定:"沿海卫所,每千户所,设备倭船十只,每一百户备倭船一只,每一卫五所,共船五十只,每船旗军一百名。春夏出哨,秋冬回守,月支行粮四斗,船有亏折,有司补造,损者军自修理。"[4]

向来各卫所战船俱造于省城广州。后考虑到建造成本和时间,万历四十五年(1617),经海南兵巡道副使戴熺奏请,海南各卫所战船改由海口白沙寨船厂打造,就地取材或转运于附近的吴川等处。在万历后期海口形成造船业中心。[5]

洪武前期,卫所战船在恢复社会秩序中发挥了一定作用。洪武六年,海寇钟福全、李夫人等自称总兵,挟倭船二百艘,寇海晏、下川等地。广洋指挥使杨景数次与海寇作战,先后擒斩一千三百余人,并追击至交趾,讨平了海北诸盗。[6]洪武十五年,倭犯万州,指挥翟兴于独州洋捕获寇首钟奴欧等和海船六十艘。[7]永乐七年(1409)四月丁丑(初五),海盗阮瑶等寇钦州,指挥李珪以楼船百艘,俘获敌海船二十七艘。[8]

除针对特定海寇作战外,明初的卫所战船也进行海上会哨。洪武二十八年、永乐六年、永乐十九年,朝廷三次诏令广东卫所旗军出洋巡哨,每次用海船五十艘、旗军五千名,渐为成例。[9]

[1]《明太祖实录》卷一百八十二,洪武二十年闰六月庚申,第8页。
[2] 正德《琼台志》卷二十一《海道·海防》,海南出版社,2006年点校本,第466页。
[3] 崇祯《廉州府志》卷六《经武志·备倭》,《广东历代方志集成(廉州府部)》(一),岭南美术出版社,2009年,第91页。
[4](明)王鸣鹤:《登坛必究》卷二十五《水战》,第6页。
[5] 万历《琼州府志》上册卷八《海黎志·海防》,海南出版社,2003年,第393页。
[6] 万历《广东通志》卷六《藩省志六·事纪五》,第4页。嘉靖《广东通志》下卷六十六《外志三·海寇》,广东省地方史志办公室誊印,1997年,第1726页,此条作"洪武四年五月",未知谁安。
[7] 正德《琼台志》卷二十一《海道·海寇》,第471页。
[8] 嘉靖《广东通志》下卷六十六《外志三·海寇》,第1727页。
[9] 陈贤波:《枳林兵变与明代中后期广东的海防体制》,《国家航海》2014年第8辑,第1~19页。

除防范海盗、倭寇侵扰，省内巡海，调度参战外，备倭船还有解京逃故、运载税课、进献方物、统解番贡、伴护通夷、莲池采珠等职能。"洪武二十四年，（海南）中所百户祝德威领军驾备倭船装解赴京；（洪武）二十六年，万州百户洪亮又解起运课科；后所百户林茂驾备倭船装运盐课赴京"。[1]"永乐癸未，前所百户刘玉领军驾船装运高良姜、药材；景泰庚午，指挥周晔督领官军驾战船五，往新会追赶海贼。（按）船主备倭本境，他急权宜调应，似不为害。若遣赍运，劳军弛备则非矣"。[2]

除卫所军船外，地方巡检司设巡船，职司地方沿海巡哨，维护地方治安。海南东路六司与西路九司，各有巡船六只或三只不等。[3]最终形成了巡检司巡船与卫所战船互相支撑，共同发挥防海作用的战船制度。

不过，一旦海疆社会秩序得以恢复，倭寇和海寇的威胁减弱，巡海会哨的军事需求降低，战船的需求也随之降低，战船数量就会大大减少。早在洪武三十年，就存在沿海卫所将官把战船私下卖与客商改作民船驾驶逐利的普遍情况，[4]颇能说明当时水师军船的战备需求很低。因为面临的海盗和倭寇威胁程度不同，海防任务有差异，不同地区的巡检司和卫所战船保有数量往往差距很大。一些海防威胁不大的卫所，其战船数量的减少尤其多。而远离大陆，承担诸多职能的海南各卫所，战船数量并未显著减少。正德年间，海南内外十一所，共有战船二十三只，内五所战船各一只，外六所战船各三只，与旗军员额大略相配。[5]

"各寨设立战舰，三年一修，五年一造。日复一日，而五年不修，十年不造矣，可任其朽废糜烂，而不思一厘饬"。[6]说明战船修造、运转、维护费用巨大，也是海防战船减少，难以大量保有的重要原因，"每一造福船，其费甚大，暴露于风雨，震击于怒涛，其坏甚易。向来海氛暂熄，官府以其虚设而不葺，然又不敢不为先事之防，一舟坏则复造一舟，为费反多，其坏也，复坐视焉，是

〔1〕 正德《琼台志》卷十八《兵防上·兵制》，第401页。
〔2〕 正德《琼台志》卷二十一《海道·海防》，第466页。
〔3〕 正德《琼台志》卷二十《兵防下·巡司》，第452～451页。
〔4〕 嘉靖《广东通志》上卷三十一《政事志四·兵防一·战船》，第772～773页。
〔5〕 正德《琼台志》卷二十一《海道·海防》，第466页。
〔6〕 （明）郑若曾：《筹海图编》卷十三上《经略五·兵船·船政议》，中华书局，2007年点校本，第887页。

不如不造之为愈也"。[1]同时，战船的运转，使用人力多，成本高，也是造成其数量减少的重要原因。凡此，战船数量减少，事所必然。

成化、弘治年间，大学士丘濬甚至将备倭船一项，视为劳民伤财的弊政，主张以漕船代之。"船谓之楼，其质必大，所费盖不赀也，有事而造之则缓不及事，无事而造之则贮之无用之地。岁久而自弊，弊而又造，则劳民费财多矣。臣请凡为运舟者必备战具，无事则用以漕，有事则用以战，岂不一举而两得哉？"他还认为"沿海卫所造为备倭船只，岁岁督造而无一日之用，劳费无已。况操海舟与河舟不同，军不素练，一旦驱之登舟以战，彼方眩晕呕吐之不暇，又岂能御敌哉？况其舟中器具朽腐，仓卒岂能猝办！贼舟多而我舟少，其不能敌之决矣。臣请革罢此舟，备倭官军惟拒之使不登岸，不必追之可也"。[2]他主张明军应放弃战船设施，防海于岸。[3]

（二）雇募民船数量

海防战船数量减少的同时，质量也明显下降，导致洪武初年的巡海会哨制度难以为继。洪武后期，广东放弃了"御海洋"的积极海防策略，减少海上巡哨，撤回外海岛屿水寨；采取"固海岸"的消极海防策略，实施海禁政策，内迁沿海居民，裁撤卫所军船。宣德七年（1432），巡按广东监察御史陈汭奏称："广东海洋广阔，海寇屡出为患，往者调遣官军五千人、海船五十艘出海巡捕，二十余年，多被漂没，无益警备。请如福建设立水寨于潮州、碣石、南海、神电、广海、雷州、海南、廉州八卫。"[4]建议放弃出海巡哨的旧制，改立固守定处的水寨制。巡海会哨制度仅维持了二十余年，即已难以为继。面对战船数量不敷使用的问题，为处理应急性海防任务，以及常规的巡哨任务，各卫所采取了征调民船充实海防战船的办法，而且很快实现了常态化。

---

〔1〕（明）王圻：《续文献通考》卷一百六十四《教阅·水战校阅·福船论》，日本早稻田大学藏，第32页。

〔2〕（明）丘濬：《大学衍义补》（下）卷一百三十四《战陈之法》（下），上海书店出版社，2012年点校本，第392~393页。

〔3〕直隶的情况大体相类："正统间，因海患宁谧，或以船为虚费，题准以江船易马，而哨船之制遂废矣。"（明）郑若曾：《筹海图编》卷六《直隶事宜》，第422页。

〔4〕《明宣宗实录》卷八十七，宣德七年二月庚寅，第1页。

所谓应急性海防任务,是指突发的海防警情。景泰三年(1452)五月,为了对付从闽海窜入粤洋的海商严启盛船队,广海卫就"差人分投归德、靖康等盐场借取艚船"。"五月初八日,指挥王俊令总旗王政,就夜故差千户冯意,带领黄清等驾驶艚船一十二只,衮夜跟船到望头村湾泊"。"五月二十七至六月初三日,阮能、欧信、董兴到达并驻扎在广海卫,海晏场驾到艚船三十只"。[1] 广东各盐场运盐之船,被充作战船。其中双桅艚船,轻捷快利,又名快马。[2] 在对付海商严启盛的过程中,广东卫所雇募民船出海围剿,成效显著。

天顺四年(1460)九月,广海卫附近洋面有"三桅大船一只,双桅白船二只,单桅艚船四只,从济洲洋而来,在上川山、小屯澳抛泊,使用快马船只往来在海劫杀乡村,抢掳新会、香山二县过往民人余显保等人口船只"。两广巡抚叶盛,会同副使杨宜,"查照先年擒捕海贼严启盛事例,调官军人等相机剿捕,倚蒙会调南海等卫所备倭官军民壮人等,整搠军火器械,坐驾战槽船只,公同兼程"。[3] 此次打击海盗,官军与民壮,官军战船与民用艚船,彼此配合,相得益彰,共同执行剿匪任务,似乎并无任何制度挂碍,顺畅无阻。这显示民船雇募制度已经十分成熟。

所谓常规化的巡哨任务,是指年度的海防巡哨。嘉靖朝以前,常规的巡哨任务已经雇募民船参与其中。"节年旧规,每年春末夏初,出海防御倭寇、番舶……查取海阳等县艚船,坐驾委官部领前去柘林等处海澳,协同各该备倭官军防守。……查取该县(东莞)乌艚船,每年三十只,其中十只前去高雷廉等处紧关海澳,听各备倭官员部领防守。一千名驾船二十只,分拨在与南头海澳及佛堂门、伶仃洋等处,协同备倭官员防御巡缉"。[4]

对于雇募民船,亦有管理成规:"旧制,每岁春末夏初,风汛之期,通行府、卫、所、县捕巡备倭等官军出海防御倭寇、番舶,动支布政司军饷银,雇募南头等处骁勇兵夫与驾船后生,每船分拨五十名,每艚船四艘,一官统之。三路兵

---

〔1〕(明)于谦:《于谦集·奏议》卷四《南征类·兵部为海贼等事》,浙江古籍出版社,2013年点校本,第185页。

〔2〕(明)叶盛:《叶文庄公奏议·两广奏草》卷二《为备倭急用事》,《续修四库全书》第475册,第385~386页。

〔3〕(明)叶盛:《叶文庄公奏议·两广奏草》卷九《为杀获海贼事》,第448页。

〔4〕嘉靖《广东通志初稿》卷三十五《海寇·防御海道旧规》,《广东历代方志集成》(省部一),岭南美术出版社,2006年,第584页。

船编立船甲长、副字号,使船水手教以接潮迎风之法,长短弓、兵、弩时常演习,使之出入往来如神,如逐俱待秋尽无事而掣。"[1]

嘉靖年前后,广东各卫所战船与民船的比例已经达到了"军三民七"。"中路东莞县南头、屯门等澳,大战船八,乌艚船十二;广海卫望峒澳,战船四。东路潮州府柘林澳,战船二、乌艚船十五、哨船二;碣石、靖海、甲子门等澳,战船十,哨船六。西路高州府石城、吴川湾澳,各哨船二;廉州府海面,战船二;琼雷二府海港,东莞乌艚船各六,新会横江船四,雷州海港,大战船六"。[2]"战船,中东二路不过二十艘"。[3]其中,官军战船二十八只,雇募民船四十三只,两者之比约为官四民六,大略与国初卫所制度初设时"军三民七"之制相同,[4]官军战船与雇募民船的数量差别并不甚大,比例关系稳定。这种官船与民船的比例,并不局限于广东一省。嘉靖三十一年(1552),俞大猷建议提督闽浙军务的王忬于浙东、浙西添造大船一百号,内官造三十只,私造七十只,如前年王端嗣等事例。[5]

陈贤波认为《防御海道旧规》体现出来的雇募民船制度,为嘉靖年间戴璟确立的"新制度"。[6]本书则认为,雇募制在景泰、天顺年间就已经实施并常态化。同时期的丘濬主张开海漕,也体现了常态化雇募制思想,凡江海楼船必大,所费不赀,"有事而造之则缓不及事,无事而造之则贮之无用之地。岁久而自弊,弊而又造,则劳民费材多矣",主张"凡为运舟者必备战具,无事则用以漕,有事则用以战"。[7]

明代前期,征调民船的来源主要有两个:一是广东沿海盐场的运盐艚船,一是潮州、广州的货运艚船。

---

[1] (明)郑若曾:《筹海图编》卷三《广东兵制·沿海卫所战船》,第240~241页。

[2] (明)郑若曾:《筹海图编》卷三《广东兵制·沿海卫所战船》,第240~241页。

[3] (明)胡宗宪:《海防图论·广东要害论》,解放军出版社、辽沈书社,1990年,第1351页。

[4] "查沿海卫所,原设出哨海船额数,系军三民七"。(明)郑若曾:《筹海图编》卷十二上《经略三·御海洋·唐顺之〈水寨哨船旧制当复〉》,第764~765页。

[5] (明)俞大猷:《正气堂集》卷五《呈浙福军门思质王公揭十二首·议两浙水陆兵事》,《正气堂全集》,福建人民出版社,2007年,第164页。

[6] 陈贤波:《柘林兵变与明代中后期广东的海防体制》,《国家航海》2014年第8辑,第1~19页。

[7] (明)丘濬:《大学衍义补》(下)卷一百三十四《战陈之法》(下),第392页。

二、广东海战船的类型

明代前期沿海诸卫所船舶名色,总名备倭船或防倭船,巡检司所属船舶,则总名哨船或巡船。具体到广东而言,其沿海战船或名军船,依体量大小,约略可划分为战船和哨船两个大类,其下类型划分不甚清晰,无分项专名。个别情况下,使用料船的称呼,以区分船只大小。料船是延续宋代已有的海船名称体系,专以称呼明代沿海海船,"舟师旧制,边海卫所,各造战船,有七百料、五百料、四百料、二百料、尖舟之殊"。[1]天顺二年,为对付海商严启盛,广东曾建造"千料大船"或"千料巡捕大船"。对于料船之"料",学界争议颇大,至今意见不一,但其指代船舶建造所用物料多少并船舶大小,应是其基本义。[2]这种以重量词命名船舶,衡量大小的方式,似乎可以追溯到唐代岭南节度使杜佑造水战船,其船"阔狭长短、随用大小、胜人多少皆以米为率,一人重米二石"。[3]

除战船使用料船的称谓外,民船、货船、外国船只也使用料船的称谓。如天顺二年,海商严启盛打造和使用"千料大船",与官军对阵。[4]同年,锡兰山国进贡使团,亦是"座驾八百料船一只,八橹船一只,脚船两只,装载方象,赍擎金叶表文前来进贡"。[5]

文献中缺少广东料船形制方面的具体信息,但从反映南京造船的嘉靖二十一年成书的《南船纪》和嘉靖三十二年成书的《龙江船厂志》保留的有关料船的基本信息和图式,[6]可以推测广东料船当与之相差不远,基本上属于宽首型。

此外,广东沿海卫所战船也有以桅杆数量来区分者,有四桅、三桅、双桅、单桅之分。此外,偶有"备边大船"之称谓。[7]战船、哨船大小相配,共同构成了广东海防战船的基本结构。

---

〔1〕（明）郑若曾:《筹海图编》卷十二上《经略三·勤会哨》,第777页。

〔2〕 何国卫:《析中国古船的料》,《国家航海》2011年第1辑,第48～62页;何志标:《从明代古籍所载战船尺度推测中国古船"料"的含义》,《国家航海》2014年第4辑,第36～44页。

〔3〕 嘉靖《广东通志》上卷三十一《政事志四·兵防一·战船》,第772页。

〔4〕（明）叶盛:《叶文庄公奏议·两广奏草》卷九《为杀获海贼事》,第398页。

〔5〕（明）叶盛:《叶文庄公奏议·两广奏草》卷二《为进贡事》,第386页。

〔6〕（明）李昭祥:《龙江船厂志》卷二《舟楫志·图式》,江苏古籍出版社,1999年点校本,第38～52页;（明）沈啓:《南船纪》卷一《战巡船图数二》,北京大学图书馆藏本,第19～39页。

〔7〕 万历《广东通志》卷七十《外志五·倭夷海寇附》,第56页。

第二节　广东商渔船

广东沿海地区素来以"渔盐之利，舟楫之便"为生计，几乎无民不蜑，家家以船为生理，民间保有大量船只。明代广东沿海"民盗难分"，[1]海盗倭寇船只的规模和数量颇能代表当时民间商渔船的情况。景泰年间，广州黄萧养为当时海盗最雄者，曾纠集战船千余艘侵犯广州。[2]正统天顺年间，潮州黄于一、林乌铁等海寇拘收大海船可达到一百五十艘，各贼驾船数百艘，[3]可见当时广东民船的规模。

民间船舶中大型船只为各类艚船，此外还有黑艕船、楼船等名称，但其所指应为各类艚船。例如，"弘治十二年，海贼登儋州岸，督备指挥周远，擒贼吴球等一十八人，黑艕船四，器械三百六十九件。弘治十六年，琉球国番人蔡伯乌等一百二十九名，驾双桅船四只，往来清、万、南三所。地方督备指挥李序捕获送官。……永乐十一年二月，（中所百户闾官音保）至万州赶上楼船对敌，被贼标箭中伤右胁"。[4]

小型船舶则为各类桨船。首批来广州的葡萄牙人记载，广东有很多扁长船（fustalha）、长桨船（galee）、扁平船（fusta）、双桅小帆船（bargantin）。这些船有活动支架（posticas）、桨柱（esporoes）、帆桅等。[5]

艚船是所有运货帆船的总称，所谓"行舶、艚船，亦云洋船、商船，以之载货出洋，闽粤沿海皆有之"。[6]"飘洋者曰白艚、乌艚，合铁力大木为之，形如槽然，故曰艚"。[7]故这里的艚船是槽形之槽，非漕运之漕。明前期广东艚船

〔1〕　陈春声：《明代前期潮州海防及其历史影响（下）》，《中山大学学报》2007年第3期，第46～52页。

〔2〕　《明史》卷一百七十五《董兴传》，中华书局，1974年，第4657页。

〔3〕　万历《广东通志》卷七十《外志五·倭夷海寇附》，第57～58页。

〔4〕　正德《琼台志》卷二十一《海道·海寇》，第471～472页。

〔5〕　［葡］巴洛斯著，何高济译：《十六世纪葡萄牙文学中的中国》，中华书局，2013年，第124页；Vasco Calvo and Rui Loureiro. *Cartas dos cativos de Cantão: Cristóvão Vieira e Vasco Calvo (1524?)*. Macau: Instituto Cultural de Macau, 1992, p.48.

〔6〕　乾隆《澄海县志》卷十九《风俗一·生业》，乾隆二十九年镌，加利福尼亚大学伯克利图书馆藏，第8页。

〔7〕　（清）屈大均：《广东新语》下卷十八《舟语·战船》，第479页。

最主要的是盐艚。洪武三十年春二月定广东运盐例,盐场盐课用大船运至广东布政司,再以小船运至梧州府。[1]明代广东、海北二盐课提举司,共设盐场二十九个,其中单广州就设置有归德、东莞、黄田、靖康、香山、海晏、矬峒七场。[2]正统天顺年间,广东盐课提举司辖下十四个盐场盐课,每年共"额办有征、无征小引生熟盐八万九千二百八十七引九十八斤",东莞归德、靖康等四场每年额办盐课共有征、无征大引折小引一万八千一百二十八引三百八十七斤,约占广东盐课提举司额办盐课的两成。[3]盐场产盐的运销,先由海运盐艚运输到省,再由省关按盐引分配,由木马盐船沿西江运至梧州税关,再用小盐船分销到广西、湖南等地。由于盐场运输的需要,整个广东沿岸保有大批盐艚。数量众多的海运盐艚专以运盐为业,其运行路线固定从盐场至省城,其航域几乎全为内海及河口,不必深入深海大洋。

艚船可以充作采珠船。嘉靖八年,两广都御史林富在《乞罢采珠疏》中记载,弘治十二年"东莞县与雷廉琼三府人民,往来买卖熟知海利,东莞县行取大艚船二百只,琼州府白艚船二百只,共四百只,每只雇夫二十名……雷廉二府,各小艚船一百只,共二百只,每只雇夫十名……合用器具、爬网、珠刀、大桶、瓦盆、油铁、木柜等件"。[4]

艚船也可充作引水船。明代大型船只远航,往往有小艚船引水。"成化二十一年乙巳,宪庙遣给事中林荣,行人黄干亨,备册封之礼以如占城,官治大舶一艘,凡大舶之行,用小艚船一,选熟于洋道者数十人,驾而前,谓之头领"。[5]

民间走私亦使用艚船。成化十四年(1478),东莞县民梁大英,自造违式双桅艚船一只,私载瓷器,出售给私番船。[6]

除一般运货艚船外,还有小型白艚船充作柴水船。黄衷《海语》记载:

---

[1]　万历《广东通志》卷六《藩省志六·事纪五》,第8页。

[2]　周琍:《清代广东盐业与地方社会》,中国社会科学出版社,2008年,第25～26页。

[3]　张铁文:《东莞风情录》,广东人民出版社,2015年,第294～295页。

[4]　万历《雷州府志》卷四《地理志·珠海·林富〈乞罢采珠疏〉》,中国社会科学出版社,2014年,第43页。

[5]　(明)黄衷:《海语》卷下《铁板沙》,中华书局,1991年,第16页。

[6]　《皇明成化十五年条例》"接买番货"条,台北傅斯年图书馆藏。转引自刘正刚:《明代成化时期海洋走私贸易研究:基于条例考察》《"海洋与中国研究"国际学术研讨会分组报告论文集》第三集,2019年3月29日,第1～18页。

"有樵者三十余辈,驾二白艚涉海而斫薪。"[1]充作柴水船的小白艚,与弘治十二年琼州府白艚采珠船不同,后者与福建、潮州等地的船只大略同属一类。而此种小型白艚船,类似万宁小海的白底渔船。[2]

至迟到嘉靖年间,乌艚船的名字已经出现,特指东莞的艚船。"东莞县贮侯雇募南头、福永、西乡等处骁勇兵夫与驾船后生,共一千五百名,查取该县乌艚船,每年三十只。分拨五百名,驾船十只,前去高雷廉等处紧关海澳,听备倭官员部领防守。一千名驾船二十只,分发任于南头海澳及佛堂门、伶仃洋等处,协同备倭官员防御巡缉"。嘉靖十四年,又把守南头等处的二十只乌艚船,拨四只到潮州海澳戍守。[3]

〔1〕(明)黄衷:《海语》卷下《龙变》,第20页。
〔2〕吴淑香:《万宁小海捕捞文化》,海南出版社,2011年,第90页。
〔3〕嘉靖《广东通志初稿》卷三十五《海寇·防御海道旧规》,第584～585页。

第二章　明代后期至清初的乌艚船

明嘉靖以降,倭寇、海盗、番寇之患并发,频度和规模都较明前期为剧,严重冲击了前期卫所加巡检司的广东海防体制。嘉靖时期东南海防废弛严重,"海防所恃者为兵员、粮食、船只,及居止瞭望,如今皆无所恃。贼船、番船则兵利甲坚,乘虚驭风,如拥铁船而来。土著之民则公然放船出海,名为接济,内外合为一家。……贼寇之不攻劫,水寨、卫所、巡检司幸矣"。[1]因此,广东着力恢复"御海洋"的海防策略,重新修建水寨,制置兵船,强化雇募民船充实战船。广东海防战船数量、类型渐多,地方志书、私人文集多有记录,广船昌明大约亦自此始。经过嘉靖朝持续的海防整顿,打击倭寇海盗,广东海防安全形势稳定下来。隆庆开海,商贸得以恢复和扩大,远洋和近海的货船都有增加。

从明天启元年(1621)至清康熙二十二年(1683),福建、广东的形势波诡云谲:陆上有明(后为南明)残余以及藩王势力与清军,海上有郑氏集团以及其他海盗集团,东来的荷兰、葡萄牙、西班牙及英国势力等,它们相斗相杀,互争雄长,又不时互相借重,纵横捭阖。残酷激烈的斗争对社会经济造成了巨大破坏。广东海船的发展,无论在数量上,还是在技术上,都受到了极大的限制,尤其是官方可以支配的战哨船只数量很少。地方因财力消耗,没有银两打造战船。[2]

尽管如此,海上贸易的巨大利润仍促使海商、藩王进行海上贸易。康熙初年,尚可喜、尚之信父子就在广东大肆进行走私贸易。藩府参将沈上达等,

---

〔1〕(明)朱纨:《甓余杂集》卷二《章疏·阅视海防事·革渡船严保甲》,《四库全书存目丛书》第78册,第24～25页。

〔2〕《清初郑成功家族满文档案译编》(一);《一〇五 孙廷铨等题为广东亟需打造战船事本(顺治十三年三月初十日)》,《台湾文献汇刊》第一辑第六册,厦门大学出版社、九州出版社,2004年,第302～303页。

"勾结党棍,打造海船,私通外洋,一次可得利银四五万两。一年之中千船往回,可得利银四五十万两,其获利甚大也"。[1]

第一节 广东海战船

一、广东海战船的数量

明代后期,广东海防战船中的民船征用数量越来越多,越来越常态化,沿海卫所出哨海船额数,逐渐突破了"军三民七"的比例。

嘉靖二十二年(1543)前,广东沿海备倭分为三路,中路广州府东莞县南头、屯门等澳,有大战船八艘、乌艚船二十艘;广海卫望峒澳,战船四艘。东路潮州府枳林澳战船二艘、乌艚十五艘;碣石、靖海、甲子门等澳,艚船十艘,哨船各二只。西路高州府石城、川湾澳各哨船二只;廉州府海面战船一艘;琼雷二府海港乌艚各六艘;雷州海港战船六艘。[2]总计,乌艚船及艚船五十七只,战船(卫所军船)二十一只,军船占比持续下降。此外,以上不具载的钦州千户所设战船二只、哨艇四只。[3]

嘉靖四十年前,各海澳在役船只中,雇募民船已经占据绝大部分,总数达到八十四只,而卫所自有的战船只有八只,官有战船只占不到一成。"东莞县南头、屯门、鸡栖、佛堂门、十字门、冷水角、老万山、伶仃洋等澳大乌艚民船四只、大战船二只;香山县浪白澳大乌艚民船八只、快马船八只;广海卫望峒澳横江大船四只。潮州柘林澳白艚大船十五只、大乌艚船十五只;碣石海澳艚船十只。吴川县广州湾哨船二只,钦州龙门港为防安南袭扰,议雇东莞乌艚船六只、新会横江船四只;琼雷二府白沙、文昌各港东莞乌艚船六只、新会横江船四只;雷州海安、海康二所海港造大船六只。德庆州南江战船二十艘、哨船四十只;泷水小口哨船二十只"。[4]

---

[1] (清)李士桢:《抚粤政略》卷七《奏疏一·议覆粤东增税饷疏》,文海出版社,1988年影印本,第814页。

[2] 嘉靖《广东通志》卷三十一《政事志四·兵防一·战船》,第774页。

[3] 嘉靖《钦州志》卷六《兵防·备倭》,广东历代方志集成(廉州府部)(一),岭南美术出版社,2009年,第92页。

[4] 嘉靖《广东通志》上卷三十一《政事志四·兵防一·军制·海道江道哨兵》,第767~768页。

嘉靖四十三年，倭寇大规模寇略潮州，海防形势变得十分严峻。"自嘉靖壬子以来，倭奴为中国无赖勾引，内犯浙直诸郡，以次及闽及广潮海之间，岁被其患，然尚倏至倏去。至嘉靖癸亥，则屯住潮揭海滨，不复开洋，众号一万。甲子春，新倭万余继至，与旧合伙，屠戮焚掠之惨，远近震骇"。[1]同年，由于倭寇常驻，潮州府藏不继，导致枳林防守海兵哗变，寇略省城，成为海贼。双重危机促使履新的两广总督吴桂芳加强广东海防建设，设置督理广州惠潮海防参将，调整设立六水寨，规定各水寨的兵船数量，[2]并将广州府东莞、香山、顺德、新会等地的乌艚、横江等船用于卫所水寨备倭，建立起了以乌艚和横江为主力战船的海防战船体系，并且维持到万历中期。粤东、粤中的广惠潮三哨，以缴获枳林叛兵和白石海盗的大乌船二十只为主力战船，哨马二十只、八桨船二十只为辅助战船。碣石、海康两寨各有大小中船四十只，白鸽门、琼州、南头、枳林寨各有大小中船共六十只。[3]

嘉万之际，广东海防分为三路的格局得以延续。随着海防形势的严峻，海防战船的数量大幅增长。而且不拘民船和战船，凡是卫所水寨所属船只统称兵船。称呼上的改变，甚至造成了某种误解，隆庆五年（1571），由外地调入的俞大猷认为，广东根本就没有官船，而把战船雇募作为海防战船的唯一来源。"广原无水寨，向未设有官船，有警则调东莞之乌艚、新会之横江。海寇随起随灭，赖有此耳。此二色大艘，乃各县富户主造，在海营生，每得十倍之利，各厚养惯战之夫，名曰后生，一可当十。其船共有二三百只，随调多寡，一呼可集，故无不灭之贼"。[4]

改卫所为水寨之后，兵船数量增长较快，"备倭分三路，中路在广州府东莞县南头、屯门等澳，额设并新添大小兵船共八十只；广海卫望峒澳额设新添兵船三十八只。东路在潮州府枳林澳额设兵船十三只"。万历十九年（1591），"闻倭报警陆续增船三十四只，碣石、靖海、甲子门等澳额设新添共船三十四只。雷廉白鸽门各哨额设新添共船三十五只，阳电北津寨共兵船

〔1〕万历《苍梧总督军门志》卷二十一《讨罪五》，第203页。
〔2〕万历《苍梧总督军门志》卷二十四《吴桂芳〈请设海防参将疏〉》，第280～281页；万历《苍梧总督军门志》卷二十五《吴桂芳〈请设沿海水寨疏〉》，第285页。
〔3〕万历《苍梧总督军门志》卷二十四《吴桂芳〈请设海防参将疏〉》，第280～281页；万历《苍梧总督军门志》卷二十五《吴桂芳〈请设沿海水寨疏〉》，第286页。
〔4〕（明）俞大猷：《正气堂集》卷十六《后会剿议》，《正气堂全集》，第409页。

六十一只,琼州一府海港白沙寨额设新添共兵船六十一只".[1]海防局面比较严峻的东路潮州、惠州,中路广州、阳江、琼州,与海防形势相对较轻的西路雷、廉、钦州等府兵船数量都有显著增加。

明代广东地区的潮州、广州、东莞、新会、高州、阳江、海口、北海都是有名的造船中心。其中官营造船厂设在海防驻军卫所和水路交通方便的城市,广州和潮州是官府的主要造船基地。民间经营的造船厂,属私营手工业部门。

至明末,官方水寨的常备战船数量减小,并裁撤大型船只,多设橹桨船等机动性强的小船。以专守省城海防的南头水寨为例,万历十九年设参将时,战船数量为一百一十二只,达到了水寨战船数值的顶峰。至天启元年,割去右司防倭一半兵船三十三只,尚存大小兵船七十九只。之后把利捷小渔船十二只改并为六橹船四只,止存大小兵船七十一只。崇祯二年(1629),详议停撤旧船,并造新船。斯时存三四号大船十二只,七号十四橹、十二橹、六橹共快船二十六只,利捷侦探渔船十只,大小共计四十八只。比旧额存十之四五,后全部撤除。[2]此次撤除,名为南头水寨苏参将提出"并船裁哨","船大碍浅,而有分设桨艇以便飞击"。[3]实际上,与陈琏率战船自广州南头直抵电白莲头港围堵李魁奇失利有关,是役"兵将无谋,贪功轻试,未曾一举,而船只化为灰烬,器械委之逝波。"此战官军沉溺、逃失大量船只,损失严重。[4]

而电白县的莲头三港——莲头、山后、赤水,分置兵船七只、五只、五只,总共十七只,其中大船仅六号一只,七号二只,其他十四只都为八号艚艐小船。而海盗的船只都为"广料联艐大船,楼棚高至二三丈"。这种情况下,官军小船虽然装备橹桨,追击迅捷,但只能用于里海浪平之处,无法深入大洋对付海盗的大船。而且,莲头港的海船火器莫过于斑鸠铳。[5]

---

〔1〕万历《广东通志》卷九《藩省志九·兵防总下·造船事略附》,第24~25页。

〔2〕康熙《新安县志》卷八《兵刑志·寨船》,中国大百科全书出版社,2006年校注本,第246页。

〔3〕(明)颜俊彦:《盟水斋存牍》二刻《公移·覆议里海并船裁哨详文》,中国政法大学出版社,2002年,第643页。

〔4〕(明)颜俊彦:《盟水斋存牍》一刻《谳略二卷·覆追轻战原领饷银》,第112~114页。

〔5〕(清)《顾炎武全集》第十七册《天下郡国利病书·广东备录中·冒起宗〈莲头寨港图说〉》,上海古籍出版社,2011年,第3248页。

24

康熙三年六月二十二日，添设广东水师提督一员，左右两路总兵官二员。闰六月初十日，升浙江左路水师总兵官常进功为广东水师提督。十八日，改广东广州水师总兵官张国勋为广东左路水师总兵官，南澳投诚官杜辉为广东右路水师总兵官。[1]清代的广东水师体制正式建立。清初广东水师以小型战船为主。据兵部统计，自顺治十七年至康熙三年，广东水师共有二百九十八艘船只。康熙三年，又有郑军将领投降所带小船一百一十六艘，以及省内官员捐造桨船一百三十四艘纳入广东海防战船。至康熙九年，经过裁撤，这五百余艘战船实际可用者仅有四百零六只，拨配至各营，作内洋守港之用。[2]

二、广东海战船的类型

各寨战船的具体类别，见载于嘉靖年初刻、万历七年终刻的《苍梧总督军门志》。广东海防战船按照体量大小有以下诸名目及等次，第一等：一号乌艚、一号福船，第二等：二号乌艚、二号福船、一号横江，第三等：三号乌艚、三号福船、二号横江，第四等：四号乌艚、三号横江、次三号福船，第五等：四号横江，第六等：大白艚、哨马中白艚、罟船、马船，第七等：八桨船、叭喇唬船、尖头船。[3]其中大白艚以上（含大白艚）体量较大，承载兵士较多，为主力战船；大白艚以下，体量较小，承载兵士较少，为辅助战船。水寨战船按各自信地，春秋汛期出洋巡哨，而收汛期间如遇警报，则开洋追缴，不受收汛限制。辅助战船则四时巡哨。[4]

三路海防战船中，西路海防战船达不到以上等次要求，而以小型船只为主。例如，万历十八年设立的涠洲六营，"涠洲左部大小兵船十二只，灰斗船五只、东船二只、艚船二只、哨船一只、鸟船二只。涠洲右部大小兵船十一只，

---

〔1〕 国立中央研究院：《明清史料》乙编第七本《海寇刘香残稿一》，商务印书馆，1936年，第694页。
〔2〕 《清初郑成功家族满文档案译编》（三）之《四三一　梁清标等历年修造焚毁诸项船只事本（康熙四年四月二十六日）》，《台湾文献汇刊》第一辑第八册，第214页。《清初郑成功家族满文档案译编》（三）之《金光祖题为沿海地方复设水师战船及广东各海口设防本（康熙九年十月初十日）》，第342页。
〔3〕 万历《苍梧总督军门志》卷十五《操法·水兵制》，第162～165页。
〔4〕 万历《苍梧总督军门志》卷五《舆图三·春秋汛期》，第97页。

灰斗船四只、福船一只、艚船四只、哨船二只。牙山营大小兵船十七只,艚船六只、哨船二只、鸟船一只、东船一只、八桨船一只、灰斗船六只。干体哨大小兵船十一只内,近将大一只改小三只,又赃船改灰斗船一只,艚船七只、灰斗船三只。钦州游奕哨船二只。防城营大小兵船八只,边栏船二只、二橹船一只、灰斗船五只。龙门寨大小兵船十六只,边栏船五只、八桨船四只、灰斗船五只、小快船二只"。[1]

广东大型主力战船包括乌艚船、横江大哨、福船、苍山船,小型辅助战船包括叭喇唬船、八桨船、渔船、划马船等。其形态主要为平首平尾型,船头船尾都有封板,没有首柱、尾柱。极个别的为尖首型,首封板不明显,有首柱起翘较高者。

明末清初的广东海战船类型,与明代后期的广船类型相比没有大的变化。上个阶段存在的渔船、多橹船、乌艚船(图一)等仍然存在。例如,康熙二十年,广东撤藩,曾经收缴藩府参将沈上达的一艘乌艚充作水师战船。[2]乌艚船的基本形制没有变化,仍是平首平尾船。

不过,船只数量减少的同时,由于海战频繁,大型船只的火器装备有了显著提升。1637年,一只英国船队航行至广州,当时船队负责记录航海日志的穆迪(Peter Mundy)图绘并描述了其在珠江口看到的船舶情况(图二)。其中,最大的舰队旗舰为帅字船或帅船(广东话发音shui-sz-shun或so chuen,admiaral's ship)。这类船均为双桅,单帆无顶帆,竹桁席帆,落帆采用折叠收帆,像字母B。该船桅顶有两件饰物,大部分桅杆顶部有一件或没有饰物。船侧有炮廊(falce galleries),通过舷窗伸向外面,炮身装饰龙纹。这些炮体量很小,就像我们的首尾楼的炮。船舶航行迅捷,驶风能力强悍,操控灵活。前后帆均为单片帆,高耸侧装,没有用于爬桅的设施。即便是最大吨位的船舶,船体强度也不大。这些战船主要航行于珠江及其河口。[3]此外,从图绘来看,该船的帆装为方块帆,帆索清晰简洁。受西洋船影响,有的船已经使用支撑桅杆的稳索。这是最早显示中式帆船使用稳索的证据。平首平尾,船尾彩绘,船首为方首。船舶采用双层甲板炮,单侧船炮数量十四门,上层七门,下层七

〔1〕 崇祯《廉州府志》卷六《经武志·备倭》,第92页。

〔2〕 (清)李士桢:《抚粤政略》卷二《奏疏二·请豁萧振墀等难完赃银疏》,第240页。

〔3〕 Peter Mundy, *The Travels of Peter Mundy in Europe and Asia, 1608~1667*, Cambridge: Hakluyt Society, 1907, p.203.

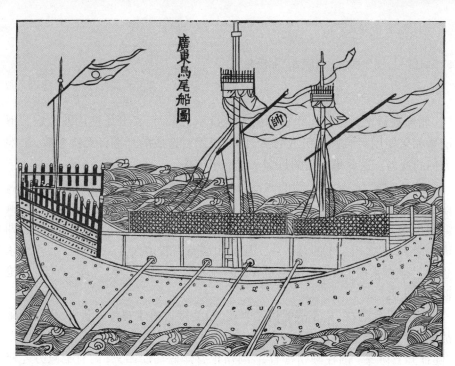

图一　广东乌尾船

（《经国雄略·武备考》卷八《广船》，第16～17页）

图二　广东帅字船

（ Peter Mundy, *The Travels of Peter Mundy in Europe and Asia, 1608～1667*, p. 204 ）

门,船炮数量增加。下层甲板炮的出现显示,当时已经开始使用前膛炮。下层炮如果使用后装佛郎机炮的话,佛郎机发射造成的烟雾将无法发散,影响人们的视力。这些炮采用的是炮车或炮床结构。

这一时期,战船和民船的武器装备都有很大改善。官军炮船数量较多,康熙二年十月二十二日,疍民李荣、周玉起义,在广州鱼珠缆尾海面,一次就烧毁广东水师"哨船三、炮船十及水师舟一(帅船?)"(屈大均《皇明四朝成仁录》作"炮船二十四只")。[1]民船也装备有较多火器,三十日,官军反杀疍民,"获贼大船二十四,快船二十八……大炮、斑鸠、子母、三眼、百子、鸟枪四百六十九"。[2]

康熙平台前夕,广东战船仍无改观,最为接近福建的粤东潮州、碣石两镇战船,多为舴艋船,"止堪防守海港,难入巨洋"。[3]康熙十八年,姚启圣派遣"随征知县陈某"前往潮州密查,"潮州止有修好鸟船四只,尚有七只方才修理。碣石卫苗总兵有大鸟船二十八只,有二十一只堪用,有现成舴艋船一百零六只"。后又密差副将詹六奇前往密查,结果相同,但"舴艋尚少"。[4]

除艋船之外,明末的广东开始装备使用浙江船式的艍船,只是数量不多。

(一)乌艚船

因船身和船尾被涂成黑色,故在明代文献中乌艚也被叫作"乌尾船"或"乌船"。不过从清代外销画中的乌艚船标本来看,其船艒往往为白色,船舷为褐色。乌艚船原本是东莞特有的一种民船,与新会县横江船俱为富家主造,有精壮民夫曰驾船后生者驶船,每船四五十人。其"南至琼州载白藤、槟榔等货,东至潮州载盐,皆得十倍之利",[5]或有航行于涠洲岛采珠者。[6]可能在嘉靖晚期至万历年间,广船成为包括乌艚、横江、白艚在内的各类船的总

〔1〕谢国桢著,谢小彬、杨璐主编:《谢国桢全集》第三册,北京出版社,2013年,第601页。

〔2〕(清)彭孙贻、李延昰:《靖海志》卷三,康熙二年癸卯,《台湾文献丛刊》第三十五种,台湾银行印刷所,1959年,第64~65页。

〔3〕《清代官书记明台湾郑氏亡事》卷一,康熙十八年十二月辛巳,《台湾文献丛刊》第六辑第116册,第11页。

〔4〕(清)姚启圣:《潮州船只》,《台湾文献汇刊》第二辑第二册,第82~83页。

〔5〕(明)俞大猷:《洗海近事》卷上《呈总督军门张(隆庆二年七月初九日)》,《正气堂全集》,第813页。

〔6〕万历《雷州府志》卷四《地理志·珠海·林富〈乞罢采珠疏〉》,第43页。

图三　广东船式或乌艚船

（《筹海图编》卷十三上《经略五·兵船》，哈佛大学汉和图书馆，第1页）

图四　东莞县大头船式或乌艚船

（《筹海图编》卷十三上《经略五·兵船》，第2页）

名。"广船，今总名乌艚，又有横江船各数号。其称白艚者，则福建船式"。[1]实际上，从明代嘉靖《筹海图编》和万历《登坛必究》等兵书的绘图来看，乌艚、横江、尖尾、大头诸船形制略有差异，名广东船式者，没有首尾楼，只有舷侧栅栏（图三）。而其他三种都有明显的首尾楼用作战台（图四）。

乌艚船用材坚厚，船身结实，使用寿命长。乌艚船合铁力大木为之，"其板厚七寸……其硬如铁，触之无不碎，冲之无不破，远可支六七十年，近亦可耐五十年。"乌船十分坚固，就连嘉靖年间横行中国沿海的葡萄牙舰船都非常怕它。但乌艚船造价昂贵，一艘船需要七八百两白银，是福船的两倍以上。[2]

---

〔1〕（明）王鸣鹤：《登坛必究》卷二十五《水战·东莞县大头船》图上注解，第11页。

〔2〕（明）朱纨：《甓余杂集》卷九《公移三·阅视海防事》，第245页。

乌艚船其形如槽,故曰"艚"。"首尾又状海鳅,白者有两黑眼,乌者有两白眼,海鳅远见,以为同类不吞噬"。[1]乌艚船船型上宽下窄,船底为尖圆型,船首前伸,船尾有虚稍,形成带栏的平台,"楼围城垛,尾架敌楼"。[2]而且乌艚船似乎存在梁担结构支撑甲板,使得整个船只上层建筑外展,"状若两翼,在里海则稳,在外洋则动摇"。[3]乌艚船上层建筑多不高于尾楼,船尾成为全船的制高点,舵手视野良好,对航行安全大有裨益。

乌艚船形制有大小繁简之别,例如,隆庆年间,曾一本新败,"止遗大乌尾十三艘,中乌尾六艘,其余三十余艘则皆小白艚、阳江船矣"。[4]大者"其长十丈,其横阔三丈有奇"。[5]

乌艚船最有特色的属具是橹桨,其船"两旁设架,便于摇橹",[6]而且尾部也有大橹两支,用于逆风或风小时操控船只,因而乌艚船行驶灵活快速。从图示来看,乌艚船采用双桅,首桅前倾,主桅和首桅桅顶有望斗。

直到清朝乾隆嘉庆年间,乌艚船还是广东的重要民船类型。文献及外销画中仍屡见"乌艚"之名,安南文献中有"两广乌艚海匪"之称。[7]只是受时代条件制约,此时的乌艚船已经与红头船特征无异,船舶形制、装饰、属具变化明显。最具特色的是,乌艚船船尾有两扇舵舱门,[8]当地船工将之称为"房仔门",而舵舱门里面为舵舱,作船员住舱和杂物舱使用。

(二)横江船

横江船,即新会尖尾船(图五),屈大均《广东新语》又名之为"横江大哨"。其名似有两意,一曰其擅走内河,一曰其体型巨大。它与东莞乌艚船

---

[1] (清)屈大均:《广东新语》下卷十八《舟语·战船》,第479页。

[2] (明)苏愚:《三省备边图记》之《漳潮征海记》,《北京图书馆古籍珍本丛刊》第22册,书目文献出版社,1988年,第894页。

[3] (明)王鸣鹤:《登坛必究》卷二十五《水战·广东船式》,第11页。

[4] 《明经世文编》卷三百五十三《涂中丞军务集录一·与京中诸公书"剿贼"》,中华书局,1962年,第3801页。

[5] (明)朱纨:《甓余杂集》卷九《公移三·阅视海防事》,第245页。

[6] (明)邓钟:《筹海重编》卷十二《经略四·兵船总论》,第108页。

[7] 《大南正编列传初集》卷三十《伪西列传·阮文惠》,《大南实录清越关系史料汇编》,台湾"中研院"东南亚区域研究计划,2000年,第82页。

[8] 王次澄等:《大英图书馆特藏中国清代外销画精华》第六卷,第245页。

形制、大小相似,为乌艚船的子属船型,原为新会等地盐场的运盐船,后被征用改造为兵船。"横江"初见于明嘉靖年间,[1]其在明代广东海防兵船序列中,通常比乌艚略小。[2]嘉靖大倭乱时期,浙江抗倭"调取则有广东新会横江船,东莞大乌尾船"。[3]

其船型亦为方首槽形,上层建筑比较复杂,首尾楼高耸,中有棚盖。

其属具"自六橹至十六橹,皆有二桅"。从其多橹特征和"横江"之名,可以推断其原主要航行于盐场到省关之间的近海和内河,不善于在外海航行。屈大均记载,"里海制贼用横江船"。[4]

其战斗设施有桅上望斗、首尾战棚(云棚)。明末清初,横江船攻

图五　新会县尖尾船式或横江船
(《筹海图编》卷十三上《经略五·兵船》,第2页)

防兼善,既有进攻火器,又有防守措施。"左右架佛郎机炮、磁炮、九龙信炮、蒺藜锡炮、霹子炮、神炮数重,及火砖、灰罐、烟毯之属,尾艄作叉竿连棒。又有箐竹楼橹以隐蔽。又或周身皆炮,旋转回环,首尾相为运用,其捷莫当。此戈船之最精者也"。"舰旁有芭篱,夹以松板,编以藤,蒙以犀兕棉被",作为防护之用。横江船的望斗,即为古所谓"爵室"。"深广各数尺,中容三四人,网以藤,包以牛革,衣以绛色布帛,旁开一门出入"。[5]其平时为候望警戒之所,战时是以高打低的战位。

〔1〕(明)郑若曾:《筹海图编》卷三《广东兵制·沿海卫所战船》,第240～241页;(明)郑若曾:《筹海图编》卷十三上《经略五·尖尾船图说》,第859页。
〔2〕万历《苍梧总督军门志》卷十五《操法·水兵制》,第164页。
〔3〕《明经世文编》卷二百七十五《杨襄毅公奏疏三·覆督察军务侍郎赵文华条陈海防疏防倭》,第2910页。
〔4〕(清)屈大均:《广东新语》上卷七《人语·疍家贼》,第250页。
〔5〕(清)屈大均:《广东新语》下卷十八《舟语·战船》,第478～479页。

（三）福船

在明代文献中福船指称的对象多变,既有指福建战船总名的情况,又有特指福建战船序列中较大几类或一类的情况。本书的福船,仅指代福建战船中几类较大的船型,即大福船(图六)、海沧船(图七)、苍山船三种。福船势力雄大,海战中主要用于冲犁敌船。

从宋代起,福船就是东南海船的优良船型。"南方木性与水相宜,故海舟以福建船为上"。[1]明嘉靖朝以来,东南沿海被倭寇海盗严重侵扰,朝廷征调福船北上南下,在历次海战中战功卓著,不但成为福建的主力战船,而且在整个东南沿海地区都是主力海防战船,成为明代晚期海防的准经制战船。根据明末保留下来的三则福船修造则例——俞大猷《洗海近事》、侯继高《全浙兵

图六　大福船式
(《筹海图编》卷十三上《经略五·兵船》,第3页)

图七　海沧船式
(《筹海图编》卷十三上《经略五·兵船》,第5页)

---

〔1〕（宋）吕颐浩:《忠穆集》卷二《论舟楫之利》,《文渊阁四库全书》第1131册,上海古籍出版社,2014年,第273页。

制》、何汝宾《兵录》(详见本章第三节),可以大体总结一下福船的特点。

1. 用材

福船龙骨、大抽、桅杆等大料用杉木,含檀、舵、桅夹、绞车等小料用樟木,极少用其他杂木。福船用料品质不及广船之铁力木,用材厚度亦不及广船。福船通常重底,即双层板。其累计厚度,如用双料板,厚度之和也只有六寸,况且侯继高则例载福船外层艕板用单料板,单料板的厚度只有一寸五分。[1]而广船的船板厚度可达七寸。[2]因此,福船不如广船坚固,广福"二船在海,若相冲击,福船即碎,不能当铁力之坚也"。虽然福船用材质量、尺度不及广船,但也因此福船体轻可以多载,适宜远洋载货贸易。而且,福船可以通过附加二层板的方式弥补船板用材和厚度的不足。

2. 船型

福船最大者,长九丈,阔三丈,深一丈四尺,其龙骨分为三段。通常"福船高大如城,非人力可驱,全仗风势"。[3]侯氏则例所载一号至七号福船,尺寸相应减杀,长宽比分别为: 3、3.2、3.55、3.63、3.84、3.75、3.65,船体越大,长宽比越小,稳性越好;船体越小,长宽比越大,快速性越好。不过,总体上福船的长宽比均小于4,稳性较好,但快速性和灵活性稍差。这与福船的战场功能相互匹配,福船、海沧船势力雄大,便于冲犁;苍船、草撇船、鸟船、艟𬴍船等,主要用于捞取首级;渔船、哨船体小轻捷,能狎风涛,便于哨探。[4]

同时福船也采用水密隔舱技术,侯氏则例所载一号、二号福船的隔舱数量,分别为三十个和二十七个,平均每三尺一个隔舱,显示隔舱密度较大,船体的横向强度较高。这与广船"船体结构的横向隔舱板"的特点相近。

---

〔1〕 侯氏则例载:"双料板长三丈厚三寸阔一尺二寸。削板长三丈厚二寸阔一尺二寸。单料板长三丈厚一寸五分阔一尺二寸。三开板长三丈厚一寸阔一尺二寸。""换水底艕单料板"云云。详(明)侯继高:《全浙兵制》卷三《附纂造新修旧大小福鸟船工料数式》,《四库全书存目丛书》第31册,第195页。
〔2〕(明)朱纨:《甓余杂集》卷九《公移三·阅视海防事》,第245页。
〔3〕(明)戚继光:《纪效新书》(十八卷本)卷十八《治水兵篇·福船说》,广州出版社,2003年点校本,第103页。
〔4〕(明)郑若曾:《筹海图编》卷十三上《经略五·兵船》,第861~869页。

福船船型为平首平尾两头翘,尾封结构呈马蹄形,有宽平的甲板,有连续的舱口,两舷侧用对开原木厚板加固,强度较大。

福船有尾楼,中间有战棚,"福船高大如楼……其尾高耸,设楼三重于上"。"最上一层如露台(战棚),须从第三层(底舱)穴梯而上"。同时,福船两侧有较好的防护措施,"其傍皆护板,扬以茅竹,坚立如垣"。"两旁板翼如栏,人倚之以攻敌,矢石火炮皆俯瞰而发,敌舟小者相遇即犁沉之,而敌又难于仰攻,诚海战之利器也"。[1]

3. 属具

福船重视摇橹,橹桨设置甚多,人员较众,便于操驾。从福船的修造则列来看,各号福船都要装备大橹六枝,橹床六个。[2]不过福船有巨大的船体,桨橹并非常规动力,而是应对近海航行或进出港之用。侯继高则例所载一号至次三号福船,主桅杆长度与船长的比例为1、1、1、0.97,显示大号福船的桅长是等于或略小于船长的。这个比例是保证帆效和船体重心稳定的最佳值。大桅上悬挂着用布制加筋的疏杆硬篷,帆型略呈三角形。福船的舵为狭长型斜插刀型舵,船首两侧通常还雕绘一对船眼。

4. 修造用银

侯氏则例一号九丈长福船,每只用银三百二十四两二钱四分四厘。俞氏则例大福船,面阔三丈,长九丈者,每只用银三百九十两,总体上比广船便宜。[3]

（四）苍山船

苍山船(图八),首尾皆阔,显然属于平首平尾型船。

苍山船行驶时帆橹兼用,风顺则扬帆,风息则荡橹,其橹设于船之两旁腰半以后,每旁五枝,每枝二跳,每跳二人。"方橹之未用也,以板闸于跳上,常露跳头于外"。船型以板隔为三层,下层镇之以石,上一层为战场,中一层穴

---

〔1〕（明）郑若曾:《筹海图编》卷十三上《经略五·兵船·大福船图说》,第861～862页。

〔2〕（明）侯继高:《全浙兵制》卷三《附纂造新修旧大小福船鸟船工料数式》,第198、201、203页。

〔3〕（明）俞大猷:《洗海近事》卷上《呈总督军门张(隆庆二年七月十二日)》,《正气堂全集》,第816～819页。俞氏则例大福船,面阔三丈者,不载船长,但由桅杆长九丈,可推知船长九丈。

梯而下,卧榻在焉。其张帆下碇
皆在战场之处。船之两旁俱饰以
粉。盖略隘于广船,而阔于沙船
者也,用之冲敌,颇便而捷。[1]

（五）叭喇唬船

叭喇唬船,个别写作叭喇湖,
又有叭唬船、叭喇船、唬船等不同
称谓。其名称当音译自马来语的
prahu一词。叭喇唬船最初为海
盗用船,"叭喇唬船制造,起于番
夷海贼","夷人出哨海上,多用此
船"。[2]嘉靖倭乱以浙江为中心,
海盗使用了这种高效的小船,"分
艘掳掠,倏去忽来,速如飞鸟,我
舟追莫能及"。嘉靖二十七年四
月,朱纨剿灭双屿,海盗就装备有
叭喇唬船数只。[3]

图八　苍山船式
（《筹海图编》卷十三上《经略五·兵船》,第9页）

官军使用和仿制叭喇唬船
"始自浙中",[4]最早见于嘉靖三十七年的浙江舟山之战。当时,总兵俞大猷
"以福船并叭喇、乌艚、八桨、串网船,往来策应",[5]远哨外洋,出奇邀贼,最
为便捷。[6]至嘉靖朝末期及隆庆朝,随着海盗由江浙向闽粤蔓延,这种小
船也出现于广东沿海。海盗曾一本所凭借的小型战船中,以叭喇唬船最为
得用,"乘风驾舰,猛极于乌船。风息驰舸,猛极于叭喇湖"。"叭喇湖多桨

---

〔1〕（明）郑若曾:《筹海图编》卷十三上《经略五·兵船·苍山船图说》,第868页。
〔2〕（明）郑大郁:《经国雄略·武备考》卷八《叭喇唬船》,第21页。
〔3〕（明）朱纨:《甓余杂集》卷二《章疏·捷报擒斩元凶荡平巢穴以靖海道事》,第40页。
〔4〕万历《广东通志》卷九《藩省志九·兵防总下·造船事略附》,第29页。
〔5〕（明）郑若曾:《筹海图编》卷九《大捷考·舟山之捷》,第624～625页。
〔6〕（明）郑大郁:《经国雄略·武备考》卷八《叭喇唬船》,第21页。

多铳"。[1]明末,叭喇唬成为水师的重要船型,屡见于当时兵书的记载。此种船型延续很晚,晚清时浙江内河战船额设快唬船十八只,江苏内河战船额设唬船二十只,湖北省内河战船额设唬船十只,江西省内河战船额设唬船四十只。[2]

叭喇唬船"底尖面阔,首尾一样,底用龙骨,直透前后,阔约一丈,长约四丈,末有小官舱,舰面两旁各用长板一条,其兵夫坐向后而棹桨,每边用桨十枝或八枝,其疾如飞。有风竖桅用布帆。桨斜向后,准作偏舵,亦能破浪,甚便追逐哨探。倭奴号曰'软帆',贼亦畏惮"。[3]布帆、偏舵的设置为典型的东南亚风格,斜桁四角横帆与中国的纵帆显著不同。在马来世界,叭喇唬是海船的同义词,并不特指小型船舶,[4]与明代引入之叭喇唬船不同。

现存的几种叭喇唬船图(图九),与以上叭喇唬船的文字描述差别较大,而文字描述与东南亚的叭喇唬船也并非完全等同,显然,前者都是已经经过汉化改造过的叭喇唬船。

崇祯年间,何汝宾《兵录》所记唬船尺度略大,而且使用双桅:"船身长六丈二尺,深五尺二寸,栎木板为两艕,厚二寸三分。底舱通身用

图九　叭喇唬船
(《武备志》卷一百一十六《军资乘·水·战船二·叭喇唬船》,莲溪草堂修补本,第1页)

---

〔1〕《明经世文编》卷三百五十四《涂中丞军务集录二·行监军道"水防火器募兵"》,第3812页。

〔2〕(清)翁同爵、玉甫:《皇朝兵制考略》卷六《各省外海内河战船数目》,光绪元年夏月刊于武昌节署,第3~4、6~7页。

〔3〕(明)王鸣鹤:《登坛必究》卷二十五《水战·叭喇唬船》,第17页。

〔4〕Herbert Allen Giles, *A Glossary of Reference on Subjects Connected with the Far East*, London: Kelly & Walsh, 1900, p. 190.

杉木,每尺四钉;傍板每尺三钉,至板完,用长杉木钉压坚劲以便安桨。使风面梁,用樟木横阔一丈,直阔一尺五寸,厚五寸。官舱只许高四尺,方不吃风,易于行使。大桅用杉木,二尺围,高五丈,布帆须阔大乃能关艄受风,夹耳一副,横阔一尺,前桅以大猫竹一株为之。前猫梁用樟木,长一丈,后猫梁用樟木,一丈一尺。桨各兵自办,一正一副,以防损折。舵盘用樟木,长五尺,厚四寸。舵二门,俱用槐木,长一丈一尺。碇二门,用青椮树,长一丈,齿长四尺,碇柴一株。铁锚一门。"〔1〕

　　叭喇唬船作为辅助战船,不同于一般的小船,帆桨兼用,逐浅尾深。它既可以斗贼于海,又可以追贼于港。叭喇唬船在广东海防军船序列中,与八桨相通,均属于体制最小者。如,万历四十一年,琼州白沙水寨即配备唬船三只,不见于琼州其他水寨,编列为第八号。其防船军器略简少:狼机铳一架,铳子三个,药四十斤,铅弹三十斤。百子铳一门,小铁子四十斤,药三十斤,铅弹十五斤。鸟铳六门,药十五斤,铅弹五斤。挞刀六把,腰刀五把。过船枪五枝,小铁镖八十枝。钩镰刀、撩钩各四把。挨牌四面,藤牌五面。绑被、罟网各十。角弓一把,黎弓五把。翎箭二百枝。喷筒、火罐各九个。粗火药、响铳药各一十五斤。〔2〕但是广东引入叭喇唬船后,"全不合浙式,且广俱以铁力、椶柯等木打造,又建船舱,摆八橹,用篾篷,是以驾海洋,一遇风浪,橹多颠脱船身,重滞不如浙船便捷也。仅参而酌之,凡打造虽用广材,仍须照依浙式,斯为两得。其宜又必雇觅良匠,而督造把总更加意指使,略不外于浙式,庶为名实相称,无徒虚器云"。〔3〕

　　除了仿制其船以外,为了应对海盗的叭喇唬船,官军还制造了灵活便捷的各类桨快船,其中列桨十二的快船,"上施生杂木尖木驴,以捍铳石。窍其旁以容桨。又窍其旁以容火龙,以容佛郎机、百子铳、鸟铳诸器。自非狂风怒涛,辄可尽人力以施猛毒,自卫攻人,两无遗策。如此,贼之叭喇湖不能措手"。〔4〕

---

〔1〕（明）何汝宾:《兵录》卷十《唬船》图文,抄本,早稻田大学藏,不具页码。
〔2〕万历《琼州府志》上册卷七《兵防志·兵器》,第383页。
〔3〕万历《广东通志》卷九《藩省志九·兵防总下·造船事略附》,第29页。
〔4〕《明经世文编》卷三百五十四《涂中丞军务集录二·行监军道"水防火器募兵"》,第3812页。

图十　八桨船式

（《筹海图编》卷十三上《经略五·兵船》，第10页）

（六）八桨船

从《筹海图编》载八桨船图（图十）可知，其制短小，首低尾昂，尾部往往有成束的长矛，防止敌人跳帮。八桨一橹，桨手使用反手倒挖，行动快捷。八桨船装配两椇竹篷。[1] 不过戚继光《纪效新书》和郑大郁《经国雄略》都记载，八桨船左右十六桨或十五六人，尾置催艄橹一支。[2] 因此，可以推断八桨船并非一定装备八条桨，而是根据实际情况增减两侧桨的数量。八桨船历史悠久，虽不能用于击贼，但可供哨探之用，闽广浙直皆有之。

明末来华的英国人穆迪，在其游记中图绘记录了一种桨战船（Skulling Men of War, Skulling Juncks）。该船首尾之间有竹制的走道，人在走道上荡桨，每侧八九条桨，每条桨二三人，桨以支钉支撑，柄端以绳索牵拉于船侧，叶端沉重，捆绑在柄上。该船轻盈迅捷，类似于英国驳船，属于小船，甲板和船棚圆钝（图十一）。[3] 这种桨船在晚清时期被称为快船（Kun Shun）。

（七）八橹船

第一批来华葡萄牙人记载了一种名为paraos的船只，根据发音可能为八橹船。这类船应为桨船，而且葡萄牙人建议将此种船装配武器，改造为各式

---

〔1〕（明）郑若曾：《筹海图编》卷十三上《经略五·兵船·八桨船图说》，第870页。

〔2〕（明）戚继光：《纪效新书》（十八卷本）卷十八《治水兵篇·三船利钝说》，第104页；
　　　（明）郑大郁：《经国雄略·武备考》卷八《八桨船》，第18页。

〔3〕Peter Mundy, *The Travels of Peter Mundy in Europe and Asia, 1608～1667*, p. 204.

图十一　桨船及桨设置

(Peter Mundy, *The Travels of Peter Mundy in Europe and Asia, 1608～1667*, p. 204)

平底船和双桅小帆船。[1]它比一般的桨船要略小,可以运送给养粮食。"广东隔海不五里而近乡名游鱼洲,其民专驾多橹船只,接济番货"。[2]

（八）渔船

"渔船于诸船中制至小,材至简,工至约,而其用为至重,何也? 以之出海,每载三人,一人执布帆,一人执桨,一人执鸟嘴铳。布帆轻捷,无挚没之虞,易进易退,随波上下,敌舟瞭望所不及也"。[3]

---

〔1〕［葡］巴洛斯著,何高济译:《十六世纪葡萄牙文学中的中国》,第134～135页;Vasco Calvo and Rui Loureiro, *Cartas dos cativos de Cantão: Cristóvão Vieira e Vasco Calvo (1524?)*, Macau: Instituto Cultural de Macau, 1992, p. 56.

〔2〕《明经世文编》卷三百六十八《霍勉斋集一·上潘大巡广州事宜"广州利弊"》,第3976页。

〔3〕（明）郑若曾:《筹海图编》卷十三上《经略五·兵船·渔船图说》,第827页。

图十二　艟艞船式或艟艚船
（《筹海图编》卷十三上《经略五·兵船》，第8页）

（九）艟艚船

或为艟艞船（图十二），为福建苍山船制改制而成，"比苍船稍大，比海沧更小，而无立壁，最为得其中制"。[1]与福船相类，双桅，船侧多置橹桨，尾具稍橹一支。嘉靖年间，艟艞船与福船一同被引入粤西海防战船序列。[2]

（十）灰斗船

灰斗船为北海、涠洲的地方船只，或为北海珠池捞珠、捕鱼的民船。《盟水斋存牍》有"灰斗船陋规一款"，乃是"探池渔船之索取"。[3]灰斗船之"灰斗"所指不明，望斗或收储渔获南珠之容器。灰斗船小，宜于西海浅水。嘉靖浙江的《瑞安县志》记载军船制度，有铜斗船尺寸，亦未详其命名之所由。[4]嘉靖年间，浙江观海卫松海总装备铜斗船六只，金乡总装备铜斗船四十八只。[5]

（十一）蜈蚣船

蜈蚣船（图十三）是以装备有葡萄牙火炮的东南亚桨船为原型，而修造的新型桨船。葡萄牙人博克舍记载，一名叫作裴德禄的中国人，与葡人相处数年，于1521年回华，声言能够制火药、火炮及大船，于是地方官让他在广

---

〔1〕（明）郑若曾：《筹海图编》卷十三上《经略五·兵船·艟艞船图说》，第867页。
〔2〕（明）盛万年：《岭西水陆兵纪》卷上《置造器药》，《四库全书存目丛书》第32册，第197页。
〔3〕（明）颜俊彦：《盟水斋存牍》一刻《勘合贪弁王孟超徒》，第6～7页。
〔4〕嘉靖《瑞安县志》卷六《兵防》，转引自宋烜：《明代浙江海防研究》，社会科学文献出版社，2013年，第192页。
〔5〕嘉靖《观海卫志》卷一《龙山所》，《慈溪文献集成》第一辑，杭州出版社，2004年，第29页。

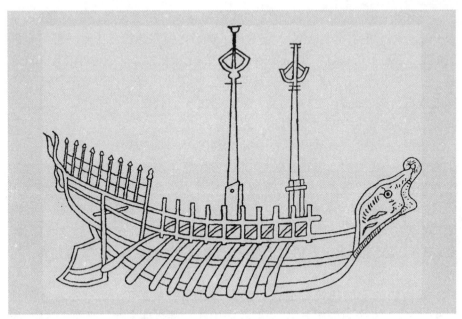

图十三　蜈蚣船

(《南船纪》卷一《裁革船图数五·蜈蚣船》，第81～82页)

州造船(galee)。但其船"既不均匀又极无用,大费木材"。[1]从嘉靖四年开始,南京龙江造船厂制造四艘蜈蚣船。蜈蚣船仿制持续时间短,仿制数量少。"蜈蚣船自嘉靖四年始,盖岛夷之制,用以驾佛朗机铳者也。广东按察使汪铉图其制以献,上采其议,令南京造,以为江防之用。至(嘉靖)十三年而复罢之。"蜈蚣船与东南沿海多桨船大略属同类,实在没有专门引进、仿制的必要,"是船之制,不过两旁多橹,取其行之速耳。而谓之蜈蚣者,盖象形也。考之壹百伍拾料战船,两旁置橹亦略似之。而捍以厢门,义尤为备,特其首尾之制微有不同。因是而增损之,则无蜈蚣之名,而有蜈蚣之用矣。何至堂堂天朝,取法小夷,烦其品式,巧其称谓,以为作者之眩哉!"[2]

---

〔1〕 C. R. 博克塞著,朱杰勤译:《明末清初华人出洋考(一五〇〇——一七五〇)》,《中外关系史译丛》,海洋出版社,1984年,第96～97页。[葡]巴洛斯著,何高济译:《十六世纪葡萄牙文学中的中国》,第105页。
〔2〕 (明)李昭祥:《龙江船厂志》卷二《舟楫志·蜈蚣船》,第79页。

即便仿制成功的四艘蜈蚣船，也没有来得及应用于实战，"数年之间，未及一试，而莫知功用之大者"。它的技术优势停留在想象之中——佛郎机配蜈蚣船，盖岛夷长技也，"其法流入中国，中国因用之以驭岛寇。诸凡火攻之具，炮箭枪球，无以加诸"。"故仿其制造之，则除飓风暴作，狂风怒号外，有无顺逆皆可行矣。况海中昼夜两潮，顺流鼓柁，一日何尝不数百里哉"〔1〕不过其实际运转情况似乎并不理想。

根据《南船纪》载蜈蚣船的用料和图绘，大体可知蜈蚣船的特征。船底尖而面平，不畏风浪。左右有厰堂二路，显示船体较宽，有向外部伸出的框架结构，可以作船桨支点，节省桨手划桨时的体力。船体"长七丈五尺，阔一丈六尺"，〔2〕长宽比为4.7，稳性很好。据《龙江船厂志》记载，仿制蜈蚣船"长捌丈，阔壹丈陆尺"，〔3〕长宽比为5，已经接近桨船的规范尺度。但总体而言，蜈蚣船与标准桨船的尺度差别仍然较大，与追求速度和灵活性的要求还有一定差距。

蜈蚣船的上层建筑有战台、艄楼、遮阳等。蜈蚣船中部"左右遮阳柱二十三根，左右遮阳板四十块"。蜈蚣船后部，"战台柱子并过梁四十三根，战台上下枋八根，战台板三十五块。艄楼柱十五根，艄楼顶板十五片"。〔4〕

蜈蚣船装备两桅，大桅杉木一根，圆四尺五寸，长六丈。头桅杉木一根，圆三尺，长四丈五尺。同时，船身有使风梁一座，高六尺五寸，长一丈六尺。这里的使风梁为落帆后放置风帆之用。同时，桅杆的安装和固定方式为桅夹和桅栓组合方式，桅杆没有牵拉固定的稳索装置。帆装的重力和控制均依靠帆索及桅车。桅杆上部有围框，造型奇特，不见于已知传世其他船图。中国传统船舶在桅杆顶部往往装置桅尖，比较简单，而蜈蚣船顶的装置要复杂得多，或为牵拉桅杆用的侧支索的接头装置。图片未提供帆的形式，但文字叙述为，"风篷二扇，青篷竹二百十根，黄藤四十斤，棕毛五十五斤，杉条篷撑杠四根"。〔5〕可知该船帆装为典型的中式席篷。

据汪铉记载，蜈蚣船"两旁驾橹四十余枝，人立之处，用板捍蔽，不畏矢

〔1〕（明）郑若曾：《筹海图编》卷十三上《经略五·兵船·蜈蚣船图说》，第876页。
〔2〕（明）沈㳒：《南船纪》卷一《裁革船图数五·蜈蚣船》，第82页。
〔3〕（明）李昭祥：《龙江船厂志》卷二《舟楫志·蜈蚣船》，第78～79页。
〔4〕（明）沈㳒：《南船纪》卷一《裁革船图数五·蜈蚣船》，第83页。
〔5〕（明）沈㳒：《南船纪》卷一《裁革船图数五·蜈蚣船》，第84页。

石，每船二百人撑驾，橹多而人众，虽无风可以疾走"。[1]此处即为典型的多桨船特征，也正是因为如此，这种船才有了蜈蚣船的名字。蜈蚣船图显示，每侧仅有九枝桨，总共十八枝桨。桨的数量和操驾人数比汪铉的记载有所减少。文字部分也可以与图片相对应，"橹绷黄藤十八斤""橹脚环十八副，橹丁公十八个"。[2]可惜文献未提供详细的橹的长度信息，很难确定每支橹的操驾人数。

仿制蜈蚣船的船舵呈方块形不平衡舵，由四块舵扇板组成，以两条横向舵筋加固。它并不装备于船尾正中，而是在船尾一侧，以两块舵夹板固定，为典型的侧舵。这是最具标识意义的特征，显示其受到了东南亚船舶的影响。

仿制蜈蚣船的装饰比较繁复。其中旗帜包括：黄布旗二面，号带二条。七星桅杉木一根，圆二尺，长二丈。七星旗一面，号带一条。五方旗五面。船首装饰兽首。[3]

仿制蜈蚣船"专以架佛郎机铳"为目的。佛郎机铳不同于以往的碗口铳等小型船载火器，佛郎机铳体量较大，火力强劲，以后膛填装为主，与传统的中国船舶火器显著不同。据汪铉记载，蜈蚣船"周围置铳三十余管，各铳举发，弹落如雨，所向无敌。其铳管用铜铸造，大者一千余斤，中者五百斤，小者一百五十斤。每铳一管，用提铳四把，大小量铳管以铁为之，铳弹内用铁外用铅，大者八斤，其火药制法与中国异。其铳举放，远可去百余丈，木石犯之皆碎"。关于铳的数量，《殊域周咨录》记载为"三十四个"，《龙江船厂志》记载为"三、四管"。但仿制后的蜈蚣船，火炮数量略为减少，"嘉靖四年，添造蜈蚣船四只，每船架佛朗机铳十二副"。[4]《南船纪》图文所载的火炮数量更少，仅记载"架铳将军柱二根"。

蜈蚣船制成后，主要用于江防。"初，广东巡检何儒常招降佛郎机国番人，因得其蜈蚣船铳等法，以功升应天府上元县主簿，令于操江衙门监造，以备江防"。[5]同样的记载亦见于《龙江船厂志》："行取到广东船匠梁亚洪等三名，

---

〔1〕（明）黄训：《名臣经济录》卷四十三《兵部·汪铉奏稿·奏陈愚见以弭边患事》，《文渊阁四库全书》第444册，第288页。

〔2〕（明）沈啓：《南船纪》卷一《裁革船图数五·蜈蚣船》，第85页。

〔3〕（明）沈啓：《南船纪》卷一《裁革船图数五·蜈蚣船》，第84页。

〔4〕《大明会典》卷二百《工部二十·船只》，哈佛大学图书馆，第6页。

〔5〕《明世宗实录》卷一百五十四，嘉靖十二年九月丁卯，第7页。

发提举司,先行料造蜈蚣船一只,长七丈五尺,阔一丈六尺,及南京兵仗局铸佛朗机铳六副,给发新江口官军领驾操演。"[1]蜈蚣船作为桨船不适宜航海,也就决定了仿制蜈蚣船作为江防船只的命运。

尽管缺乏木板拼接方面的技术特征,但从以上八个方面,可大体明了仿制蜈蚣船兼具中国船舶和东南亚船舶的复合特征,其原型为东南亚的兰卡桨船。

尽管蜈蚣船在明朝并未推广普及,但其作为率先装备先进火器佛郎机铳的多桨船,却颇具盛名。不但各类兵书多有著录,而且各级官员对之也多有

图十四　开浪船式或鸟船
(《筹海图编》卷十三上《经略五·兵船》,第3页)

称道,兵备副使凌云翼认为,沿海守把官员应重视哨探,多多置备蜈蚣船、网梭船等。[2]太仓生员毛希秉论及理想的海运漕船时,提出要海运漕船"宜兼漳船、蜈蚣船制度,而酌其中,有风则帆,无风则楫"[3]这里的蜈蚣船可能就是多桨船的同义词,未必确指仿制蜈蚣船。另明代越南有名蜈蚣船者,亦为多桨快船,"战船高广不过六七尺,长五六丈,两旁各十五六人。以木桨荡之甚疾,名蜈蚣船。然不用钉,以藤束绑,故易坏,岁一修。以吾海舟冲之无不碎"[4]

(十二)鸟船

又名开浪船(图十四),以其头尖像鸟,故名。鸟船之名出现略

〔1〕(明)李昭祥:《龙江船厂志》卷一《训典志·典章》,第13页。
〔2〕(明)郑若曾:《筹海图编》卷十二上《经略三·谨瞭探》,第775页。
〔3〕(明)郑若曾:《筹海图编》卷七《海运说附录》,第459页。
〔4〕(明)湛若水:《治权论》,《越峤书》卷十四《书疏移文》,明蓝格钞本,第24页。

晚。其由原来的开浪船、草撇船等改造而成,体型略小。万历中期,鸟船大小有三号,长度分别为:一号鸟船长四丈八尺,阔一丈二尺五寸;二号鸟船长四丈五尺,阔一丈二尺;三号鸟船长四丈二尺,阔一丈一尺五寸,体型均较小。[1]船型首尖尾阔,吃水三四尺。双桅,凭借船侧桨橹和船尾催艄橹推进,其捷如飞,不受风潮制约。鸟船原为福建沿海的一种货船,后浙直闽广普遍使用,主要辅助大船作战。万历年间,已经扩散至广东沿海的海防战船序列之中。[2]而且,这时鸟船的影响和作用日益增强,例如,侯继高《全浙兵制》所列福船七号,在名称上已经简化为福船和鸟船两种,其中鸟船三号。他甚至认为"海上击贼,莫便于鸟船,鸟船为主,唬船为辅,行走如飞,驾驭便捷"。[3]

第二节　广东商渔船

明代后期,广东沿海保有的货船、渔船等民船数量虽然缺乏具体数据,但从部分关于海盗、倭寇的历史记载中,仍可以探知当时各类民船保有数量之巨。嘉靖二十三年,广东饶平县海贼李大用船近百艘攻东路,遇大风暴,全部毁坏。[4]隆庆万历年间,海寇林凤拥有各类海船百艘以上。[5]天启七年二月,海寇褚彩老连舟一百余只,分南北二溪犯揭阳。[6]

众多民船中,仍以乌艚和横江为著。嘉靖四十三年,吴桂芳《请设海防参将疏》中提及,南头各兵钱粮来源时,强调征收船税的对象仍是以上两种船舶,"东莞、番禺、南海三县乌艚,及新会、顺德横江等船,照依所载斤数,不分纲纪法度字号,俱起税银与惠潮广三府"。[7]万历年间,海盗倭寇处于低潮,

〔1〕（明）侯继高:《全浙兵制》卷三《附纂造新修旧大小福鸟船工料数式》,第206～210页。
〔2〕（明）郑若曾:《筹海图编》卷十三上《经略五·兵船·开浪船式》,第865页;（明）王鸣鹤:《登坛必究》卷二十五《水战·开浪船式》,第16页;（明）范涞:《两浙海防类考续编》卷十《海船图说·鸟船式》,成文出版社,1983年,第1296页。
〔3〕（明）王在晋:《海防纂要》卷五《海防七事》,《四库禁毁书丛刊》第17册,北京出版社,2000年影印本,第552页。
〔4〕郑广南:《中国海盗史》,华东理工大学出版社,1998年,第210页。
〔5〕万历《琼州府志》上册卷八《海黎志·海寇》,第403页。
〔6〕顺治《潮州府志》卷七《兵事部》,岭南美术出版社,2009年,第392页。
〔7〕万历《苍梧总督军门志》卷二十四《奏议二·吴桂芳〈请设海防参将疏〉》,第281页。

广东的民船有所恢复和发展。如万历十二年,由于江西吉安粤盐不行,盐商陈镜、叶宗权等拥乌艚、横江二百余只,党徒万余人往池盗珠。[1]

除一般的货船、渔船外,沿海海盗也建造个别大型船舶。例如,许朝光深居巨舶,高牙大纛,羽卫森严,俨然海外夜郎。[2]嘉靖三十三年十月,海贼徐碧溪曾造万人巨舰。[3]嘉靖十九年,汪直、叶宗满利用海禁尚弛的时机,在广东造巨舰,带违禁物下海贸易;后汪直更造"巨舰联舫,方一百二十步,容二千人,以木为城,为楼橹,四门其上,可驰马往来"。[4]不过,后者所谓"巨舰联舫"云云,似不可信,因其文字与《晋书·王濬》所记王濬楼船极为雷同。晋武帝意图伐吴,诏王濬修舟舰,"乃作大船连舫,方百二十步,受二千余人。以木为城,起楼橹,开四出门,其上皆得驰马来往"。[5]此处应是时人移用的。

广东民船以珠三角地区最多,相应地,珠江三角洲地区的海盗也是最多的。广东滨海诸邑,"若增城、东莞则茶窖、十字窖,番禺则三漕、波罗海,南海则仰船冈、茅窖,顺德则黄涌头,香山、新会则白水、分水红等处,皆盗贼薮也。珠弛禁则驾大船以盗珠,珠禁严则驾小艇以行劫。交通捕快,接济番舶"。[6]

货船属于私有私造,战船则是官有官造,"水军战舰,其坚致不及贾客船",皆因贾舶建造不惜成本,几乎可以达到兵舰的三倍。[7]

记载明代后期广东商渔船的资料很少,只能大体推测这些船属于平首平尾型广船。

明末清初,广东商渔船的代表仍是闽粤海盗船只中的大型船只。崇祯五年十二月,郑芝龙与刘香在福建小埕海战,刘香伙党,战舰二百,其类型包括大鸟船、乌尾船、鸟(乌)舨船。虽名为战舰,实际多为民船充用。"郑然、许泽二船火桶、火罐齐出,焚烧大乌尾一只,白旗写'副帅'二字,火势焰烈。……

〔1〕 万历《广东通志》卷七十《外志五·倭夷海寇附》,第64~65页。
〔2〕 乾隆《潮州府志》卷三十八《征抚》,岭南美术出版社,2009年,第926页。
〔3〕 (明)陈天资:《东里志》卷二《境事》,饶平县地方志编纂委员会办公室,1990年,第81页。
〔4〕 (明)郑若曾:《筹海图编》卷九《大捷考·擒获王直》,第620页。
〔5〕 《晋书》卷四十二《列传十二·王濬》,中华书局,1974年点校本,第1208页。
〔6〕 (明)陈仁锡:《皇明世法录》卷七十五《各省海防·岭海》,《四库禁毁书丛刊》第16册,第219页。
〔7〕 (明)张燮:《东西洋考》卷九《舟师考》,中华书局,2000年,第170页。

查乌尾每船有四百余贼"。[1]载人众多,显示乌尾船的体量比大鸟船的体量略大。明末清初,乌尾船除体量巨大外,威力亦强。海盗李魁奇的乌尾大船,"铳不能入,火不能烧"。崇祯二年三四月间,李魁奇正是凭借乌尾船在广东击败郑芝龙。

除乌尾船,沿海各港口都保有大量民船。如潮州澄海的鸥汀寨,就"有船百余只,加十八桨,水上如飞。遇大船,以绳绊其舵,牵之入港,小船即攻杀之"。[2]

崇祯十五年,海瑞的孙子海述祖在海南曾用千金家产造一大海船到海外贸易,"其舶首尾长二十八丈以象宿;房分六十四口以象卦;篷长二十四叶以象气;桅高二十五丈曰'擎天柱',上为二斗以象日月,治之三年乃成"。"濒海贾客三十八人,赁其舟,载货互市海外诸国,以述祖主之"。[3]这里关于船长、桅高的记述多有夸张,但当时海南能够制造大型商船当是无疑的。

康熙三年,清朝廷实行禁海迁界,引发番禺疍民周玉、李荣起义。他们所辖的缯船有数百之多,其上可以设楼橹,列兵械,三帆八棹,冲涛若飞。[4]这显示清初广东渔船体量巨大,保有数量亦不少。

（一）罟棚船

明代广东渔船已经采用对拖捕鱼的方式。疍家渔船"或十余艇,或八九艇,联合一椶,同罟捕鱼,称为罟朋。每朋则有料船（又名高头料船）一只随之腌鱼,彼船带米以济此疍。各疍得鱼归之料船,两相贸易,事诚善也。但料船素行鲜良,忽伺海面商渔随伴船少,辄纠诸疍乘间行劫,则是捕鱼而反捕货矣"。[5]

（二）白艚船

白艚船,又称白船。其名由粉白油腹而来,"闽粤沿海皆有之,闽船绿头

---

〔1〕（明）邹维琏:《达观楼集》卷十八《奏疏·督剿刘香老报捷疏》,第41页。
〔2〕（清）钦旻锡:《海上见闻录定本》,福建人民出版社,1982年点校本,第20页。
〔3〕（清）钮琇:《觚剩续编》卷三《事觚·海天行》,上海古籍出版社,1986年点校本,第211页。
〔4〕（清）钮琇:《觚剩》卷七《粤觚上·两海贼》,上海古籍出版社,1986年点校本,第140页。
〔5〕康熙《新安县志》卷十二《艺文志·条议·知县周希曜条议十四款》,第396页。

较大,潮船红头较小,用粉白油腹,而甚便于行,故名"。[1]

白艚船原为闽省运米之船,福建山多田少,内陆无水港,"民本艰食,自非肩步担,逾山度岭,则虽斗石之储亦不可得"。福建的福兴漳泉四郡,"皆滨于海,海船运米可以仰给。在南则资于广,而惠潮之米为多"。因此,"玄钟所专造运船,贩米至福行枭,每至辄几十艘,或百艘,或二三百艘"。[2]"白艚者,闽之漳泉,广之潮州用之"。除运米入闽之外,白艚船也成为福建海商贩洋的船只,并随着闽商势力的扩张,渐趋影响广东船舶。早在景泰、天顺年间,闽商严启盛入粤,就主要使用白船。白船有三桅白船、双桅白船、单桅白船之分。[3]而此时的官府有四桅大白船,作为出使占城的使船。这艘四桅大白船由军卫有司备料建造。[4]

明代中晚期,广东由粮食出口地区向粮食进口地区转变。粤省民众苦于粮价高昂,而专门从事粤米外运的白艚船,成为民众声讨对象。万历二十八年,广东总兵王化熙即将离任,谣传海上几只白艚船是其为新军门戴耀公子送行的船只。因而民众聚集,击掷船只,围攻帅府。而之所以如此,恰是因为"粤人素苦闽海之白艚运米,恐腾贵也"。[5]同年四月,倭寇吴川,事情起因即"彼时闽中白艚船籴粟奸徒,遂勾引倭人,即藏白艚船闯入'限门',放火焚贾舶七十余"。[6]

因其"皆望深洋而行,往来无恙,而又迅速,故我兵船取法造之。穷追远讨,疾风巨浪,最是平稳,用以为沙船助"。[7]

其与珠江口地区的艚船均属宽首型,但船首与水面夹角更窄,属于福船式。虽然白艚船与乌艚船在名称上相对应,但形制当比后者简小。例如隆庆二年,曾一本新败,"止遗大乌尾十三艘,中乌尾六艘,其余三十余艘则皆小白艚、阳江船矣"。[8]《苍梧总督军门志》也载录海防船只,白艚为小型海防船

---

〔1〕 嘉庆《澄海县志》卷六《风俗》,成文出版社,1967年,第65～67页。

〔2〕 (明)郑若曾:《筹海图编》卷四《福建事宜》,第278～279页。

〔3〕 (明)于谦:《于谦集·奏议》卷四《南征类·兵部为海贼等事》,第185页。

〔4〕 (明)叶盛:《叶文庄公奏议·两广奏草》卷二《为备倭急用事》,第385页。

〔5〕 (明)释德清:《憨山老人梦游集》卷四十《憨山老人自序年谱实录下·二十八年庚子》,《续修四库全书》第1378册,第337页。

〔6〕 (明)盛万年:《拙政编》之《东粤事实计十三》,《四库全书存目丛书》第32册,第216页。

〔7〕 万历《广东通志》卷九《藩省志九·兵防总下·造船事略附》,第29页。

〔8〕 《明经世文编》卷三百五十三《涂中丞军务集录一·与京中诸公书"剿贼"》,第3801页。

只中的主要船型。[1]

（三）采珠船

廉州珠池采珠船（图十五、十六），"其制视他舟横阔而圆，多载草荐于上。经过水漩，则掷荐投之，舟乃无恙"。其采珠方法有三：其一没水采珠，"舟中以长绳系没人腰，携篮投水"。其二拖网采珠，在船尾木柱板口，"两角坠石，用麻绳作兜如囊状，绳系舶两旁，乘风扬帆而兜取之。"[2]其三拖筐采珠，以"缆系船两旁以垂筐，筐中置珠媒引珠，乘风张帆，筐重则船不动"。其筐坠以

图十五　采珠船

（《天工开物》卷下《珠玉第十八·珠》，明和八年江户山崎金兵卫刊本，第9～10页）

---

〔1〕 万历《苍梧总督军门志》卷十五《操法·水兵制》，第164页。
〔2〕（明）宋应星：《天工开物》卷下《珠玉第十八·珠》，第299～301页。

图十六 采珠船
(《天工开物》卷下《珠玉第十八·珠》,第8~9页)

铁耙。拖筐采珠,关键在于珠媒和铁耙,"以黄藤丝棕及人发纽合为缆,大径三四寸,以铁为耙,以二铁轮绞之,缆之收放,以数十人司之,每船耙二,缆二,轮二,帆五六。"[1]

除专门的采珠船外,东莞、海南等地的艚船也用于采珠。嘉靖八年,两广都御史林富在《乞罢采珠疏》中记弘治十二年采珠船:"东莞县与雷廉琼三府人民,往来买卖熟知海利,东莞县行取大艚船二百只,琼州府白艚船二百只,

---

〔1〕(明)朱国祯:《涌幢小品》下卷二十六《珠池》,上海古籍出版社,2012年,第530页;(清)李调元:《南越笔记》卷五《珠》,收入《清代广东笔记五种》,广东人民出版社,2015年,第256页。

共四百只,每只雇夫二十名……雷廉二府,各小艚船一百只,共二百只,每只雇夫十名……合用器具、爬网、珠刀、大桶、瓦盆、油铁、木柜等件。"[1]

(四)板舟与兰艇

十六世纪来华的葡萄牙传教士克路士,在其游记《中国志》当中提到两种桨船。一种叫板舟(Bancoes),一边三支桨,划行方便,可运载大量货物。再有小的叫作兰艇(lanteas),一边有六七支桨,摇动轻捷,也能载货。这两种船,因为行驶迅速而为海盗所用。划这些桨是立着的,一支桨两人相对而划,一脚在前,一脚在后。[2]而西班牙人艾斯加兰蒂在《中华帝国概述》中,重复了克路士的记载。[3]此后,很多葡萄牙人,记述其在澳门用于广州通商的船只时,使用兰艇(lantee)一词。例如卡勒其(Francesco Carletti)《周游世界评说(1594～1606)》记述葡萄牙的商务代表时说:"乘中国人的船被送往广州……这些船名叫lantee,类同日本的黑船(funee),以桨航行[但日本船大得多,类似我们的大帆(galere)船,但更加舒适]。葡萄牙人不得离开这些船只。"暨南大学吴青将lantee与俞大猷文集中的"龙头划"相对应。[4]此说甚是。持lantee为龙头划之说者,还有金国平,且金氏之说略早。[5]除葡萄牙人使用龙头划外,官军亦使用龙头划。1564年,俞大猷入粤平定枙林兵变之东莞叛兵,双方都有龙头划。[6]

---

[1] 万历《雷州府志》卷四《地理志·珠海·林富〈乞罢采珠疏〉》,第43页。

[2] [葡]克路士:《中国志》第9章《该国内的船舰》,《十六世纪中国南部行纪》,中华书局,1990年,第78～83页。

[3] [葡]巴洛斯著,何高济译:《十六世纪葡萄牙文学中的中国·中华帝国概述》,第234～235页。

[4] 吴青:《广交会　洋行　贸易规则——明清时期欧洲人笔下的广州贸易》,《历史文献与传统文化》(第十八辑),齐鲁书社,2014年,第221页。"贼所恃者龙头划,然贼不过一二十只,我兵用则七八十只,以多制寡,何患不取胜"。(明)俞大猷:《正气堂集》卷十五《与两广军门自湖吴公书十六首·谕商夷不得恃功恣横》,《正气堂全集》,第384页。

[5] 金国平编译:《西方澳门史料选粹(15～16世纪)》,广东人民出版社,2005年,第272、284页。

[6] (明)俞大猷:《正气堂集》卷十五《与两广军门自湖吴公书十六首·谕商夷不得恃功恣横》,《正气堂全集》,第384页;(明)俞大猷:《洗海近事》卷上《呈总督军门张条议三事(隆庆二年正月十七日)》,《正气堂全集》,第794页。

第三节　衰落与转型

嘉靖朝以前，广船籍籍无名。朝廷和地方大员很少关心广东地方商民使用何种货船谋生，卫所使用何种军船巡哨。而明嘉靖朝纷繁复杂的海防形势，葡萄牙东来，安南之乱，倭寇、海盗侵扰，筹海问题日迫。在御敌于海的战略之下，兵船建设日益受到重视，原为民船的乌艚、横江等广船渐次取代卫所战船成为海防主力，在巡海戍守，打击海盗，平定安南，抗击倭寇的斗争中发挥了重要作用。

一、广船的辉煌

（一）本省巡海戍守

明代前期，乌艚即已经被征用，用于广东沿海的戍守[1]、巡海[2]。明代中期，广船再次进入人们的视野。正德嘉靖之际的屯门海战和西草湾之战，中葡双方均无详细的中方战舰构成情况的详细记载，只有个别葡萄牙文献提及"中国海岸警卫队"有十二艘戎克船和四十艘兰卡桨船，中国船全为竹管枪炮，火力小，射程短。[3]葡萄牙人笔下的戎克船和兰卡桨船对应广船的何种船型，难以确定。葡萄牙语境下，这两种船都是帆船，前者以帆为主，桨略少，后者桨多，可以看作桨帆船，且戎克船与兰卡船的比例大约为3∶10。这种情况

---

[1] （明）俞大猷：《洗海近事》卷上《呈总督军门张（隆庆二年七月初九日）》，《正气堂全集》，第812页。"（乌艚）各船隶名于官，每年轮十只东守柘林，又十只西守龙门。如海上有贼窃发，势大，则共调船百只上下；势小，则共调船五十只上下，随其所往，无不扑灭，而广东之海向无大警者，此也"。

[2] 嘉靖《广东通志初稿》卷三十五《海防·防御海道旧规》载："东莞县贮候雇募南头、福永、西乡等处骁勇兵夫与驾船后生，共一千五百名，查取该县乌艚船，每年三十只。分拨五百名，驾船十只，前去高雷廉等处紧关海澳，听各备倭官员部领防守。一千名驾船二十只，分发任于南头海澳及佛堂门、伶仃洋等处，协同备倭官员防御巡缉。"嘉靖十四年，又有"坐守南头兵夫一千名，合无于内摘拨二百名，坐驾高大乌艚船四只，委官一员部领，前去公同哨守湖东海澳，碣石卫备倭千户李缵官军在于潮州、柘林等处沿海一带地方，往来巡缉"。

[3] John Francis Guilmartin, *Portuguese Sea Battles, Vol. 1, The First World Sea Power, 1139～1521*, Kindle Edition, 2011, "Veniaga island（贸易岛，即屯门岛）June to September, 1521".

与当时明朝军船和民船的比例接近,且卫所战船与雇募民船之间在用桨多少上也存在显著差别,前者或许为卫所战船,后者或许为雇募的多橹的乌艚船或横江船。正是这点差别,让葡萄牙人对两种船舶有了明确区分。

不但官军使用乌艚船,广东海盗也主要依赖乌艚船。隆庆年间,海盗曾一本"乘风驾舰,猛极于乌船。风息驰舸,猛极于叭喇湖。乌船高大坚固,边施横梁,旋逼福船,动为所碎,量度彼制更为高大坚固"。[1]

(二)海上打击安南

嘉靖十六年,为从海上打击安南莫氏,兵部尚书毛伯温计划征调广船,海道由廉州府发舟师,筹划打造大乌艚战船二百艘,每船兵夫九十名;大白艚战船四百艘,每船兵夫三十名。大乌艚每只用银五百两,大白艚每只用银六十两。[2]从造价及承载兵夫数量可知,乌艚比白艚要大很多。后因莫氏投顺,最后是否兴工打造,不得而知。

嘉靖二十八年,安南范子仪叛乱,进扰钦州、廉州等地,时俞大猷为广东都司,征调"东莞在澳大乌船数百只",这些乌艚船"各有佛郎机、铳牌、镖等器械"。其中武器装备,"大兵船一只,要用佛郎机铳二十门。中哨船一只,要用十二门。小哨一只,要用八门。"而且不分大船小船,每船俱分给硝三十斤,磺六斤,铅二十斤。[3]乌艚船已经是当时广东水师进攻安南的主力战船。

(三)北上支援闽浙

除用于广东本省戍守巡海及安南平叛外,乌艚船在打击东南海盗、倭寇中的表现也非常突出,征调广船入闽、入浙之议,于嘉靖年间屡被提及。

嘉靖二十七年,为打击盘踞浙江双屿的海盗,福建按察司巡视海道副使柯乔,呈文浙江巡抚兼理福建军务朱纨,对广东乌艚大加推崇:"查得广东东莞有乌尾船者,其打造以铁梨木,其板厚七寸,其长十丈,其横阔三丈有奇,其硬如铁,触之无不碎,冲之无不破。远可支六七十年,近亦可耐五十年。是佛

---

〔1〕《明经世文编》卷三百五十四《涂中丞军务集录二·行监军道"水防火器募兵"》,第3812页。

〔2〕(明)郑士龙辑:《国朝典故》卷九十二《安南奏议》,北京大学出版社,1993年标点本,第1874页。

〔3〕(明)俞大猷:《正气堂集》卷二《议征安南水战事宜》,《正气堂全集》,第102页。

郎机所望而畏焉者。"他主张"差官移咨广东军门,转行东莞县,将民间乌尾大船加价收买",每只"或费七八百两",同时雇佣骁勇兵夫撑架御敌。[1]此后,嘉靖三十一年,王忬提督闽浙军务,也有调用广船之议。[2]

嘉靖三十一年,倭寇骚扰日益频繁,出现了汪直、徐惟学、叶宗满等大股海盗势力。他们彼此纠集,勾结倭寇,动辄万人,倭船数百,给东南沿海以极大的破坏。明朝政府调集两广兵力支援东南抗倭。东南各省也加强了彼此协调,共同对敌。其中,广船广兵多次北上闽浙,与福船福兵协同作战,打击海盗。嘉靖三十四年五月,总督各地军务的张经兵分三路,卢镗督帅保靖兵增援,俞大猷督永顺兵由泖湖赶往平望,汤克宽率领舟师(广船与东莞打手)由中路冲击,取得了嘉兴王江泾大捷。[3]

嘉靖三十五年,胡宗宪提督浙江,征调广东乌尾、横江大船一百八十只,分拨浙直海洋哨御,定海总留用五十只,每只用兵六十名,后俱发回。[4]这批广船参与了嘉靖三十七年对付汪直的舟山之战,在总兵俞大猷统领下发挥了重要作用。[5]此次征调入浙剿倭的一百只大型广船,经三四年,尽皆损坏,一只不得返广东。[6]隆庆二年,为打击海盗曾一本,福建漳州调广中南头乌尾、横江船八十艘。[7]甚至到天启年间,荷兰盘踞澎湖,闽督仍计划调粤船会剿。[8]

---

〔1〕(明)朱纨:《甓余杂集》卷九《公移三·阅视海防事》,第245页。
〔2〕(明)俞大猷:《正气堂集》卷五《呈浙福军门思质王公揭十二首·议广船不宜调》,《正气堂全集》,第164页。
〔3〕《明世宗实录》卷四百二十四,嘉靖三十四年七月丁巳,第9页。
〔4〕(明)范涞:《两浙海防类考续编》卷二《各区战船》,第190页。
〔5〕(明)郑若曾:《筹海图编》卷九《大捷考·舟山之捷》,第624～625页。
〔6〕(明)俞大猷:《洗海近事》卷上《呈总督军门张(隆庆二年七月初九日)》,《正气堂全集》,第812～813页。载胡宗宪曾调体形巨大乌艚船一百只远赴浙江直隶剿倭。(明)王在晋:《海防纂要》卷五《梁文〈船器墩台总哨四款〉》,第557页。"广东海上在在克敌,皆以乌船为疾捷,追奔逐北,皆此船也,浙江则以之(乌船)守港,以沙唬船为探敌冲击之用"。谭注:原书"乌船"写为"鸟船",今改。
〔7〕《明经世文编》卷三百五十三《涂中丞军务集录一·与巡海道副使张凤来密柬"造船募兵"》,第3800页。
〔8〕(明)崔奇观:《驳闽抚请粤会剿红毛夷议》,转引自吴道镕原稿,张学华增补,许衍董编校:《广东文征》第四册卷十六《崔奇观》,香港中文大学出版社,1976年,第226页。

（四）广船航行性能

出省作战的广船广兵，在闽浙剿倭过程中发挥了重要作用，赢得了普遍的赞誉。胡宗宪就称："乌艚船子弟兵，勇于水战，实为御倭前茅。"[1]布衣战略家郑若曾对广船也赞誉有加，认为相较于当地的沙船"仅可于各港协守，小洋出哨"，广船可以"出赴马迹、陈钱等山"防守。[2]

明末清初，作为兵船翘楚的广船，其性能仍为人们所津津乐道。至天启二年二月，祖籍广东东莞的袁崇焕擢升山东按察司佥事，山海监军，上筹辽第一疏，亦力主使用广兵广船从海上进攻，"若远图恢复，非锐卒不可，势必用广兵。……防海则必需船，又当及时早计，须如广船样范，方可以御铳炮。彼中自有匠人带来，当于天津打造"。[3]

郑大郁把广船与西洋"夹板船"相提并论，"海中巨舰，自番舶夹板船而下，则广船为第一"。[4]清初万斯同认为："海舟，首推粤之乌艚。"[5]屈大均则说："广之蒙冲战舰胜于闽艚。"[6]

广船备受推崇，与其优异的航行性能密切相关。

首先，广船用材讲究，体巨船坚。"广船视福船尤大，其坚致亦远过之，盖广船乃铁栗木所造，福船不过松杉之类而已，二船在海，若相冲击，福船即碎，不能当铁栗之坚也。倭夷造船亦用松杉之类，不敢与广船相冲"。[7]通常情况下，"广船又大于福船"。[8]隆庆年间，福建总督涂泽民论及广东参将王诏统领之广船，亦直言其船"高大数倍于贼，且俱系铁梨木成造于知县杨守仁辈者，比之闽地杉松板料迥异矣"。[9]

---

〔1〕（明）胡宗宪：《海防图论·广东要害论》，第1352页。

〔2〕（明）郑若曾：《筹海图编》卷十三上《经略五·兵船·沙船图说》，第880页。

〔3〕（明）《袁崇焕集》卷一《奏疏题本·急切事宜以图报称疏》，上海古籍出版社，2014年点校本，第2页。

〔4〕（明）郑大郁：《经国雄略·武备考》卷八《广船》，第16页。

〔5〕（清）万斯同：《明史》卷一百二十四《志九十八·兵卫十九·战车战船》，《续修四库全书》326册，第125页。注：《明史》卷九十二《志第六十八·兵四·车船》，第2268页，记"海舟以舟山乌艚为首"，似无据。

〔6〕（清）屈大均：《广东新语》下卷十八《舟语·战船》，第479页。

〔7〕（明）郑若曾：《筹海图编》卷十三上《经略五·兵船·广东船图说》，第857页。

〔8〕（明）王在晋：《海防纂要》卷五《防海七事》，第552页。

〔9〕《明经世文编》卷三百五十三《涂中丞军务集录一·与总督公书"计处舟师"》，第3805页。

其次,广船善用桨橹,操驾灵活,航行迅速。为了弥补广船船型巨大带来的行动迟缓、操驾不便的缺陷,"广东船制,两旁设架,便于摇橹"。[1]"两艕多橹,进上颇捷"。[2]文献对广船的多橹特征着墨不多,但从广船图片来看,其普遍装备多橹,既有催艄橹两支,又有边橹多支,便于无风状态下船舶的快速行驶。

二、广船的衰落

(一)雇募制的瓦解

广船能在嘉靖朝抗倭战役中发挥作用,与良性运转的广船雇募制度密不可分。明代前期,关于广东海防战船来源,有"军三民七"的说法,即海防战船中三成官造,七成雇募。嘉靖十四年以前,东莞南头的乌艚,潮州鲘江都、大家井等地的大艚船等被雇用于巡海。[3]

嘉靖二十八年,安南范子仪叛乱,广东都司俞大猷征调"东莞在澳大乌船数百只"以防御。这是乌艚船规模最大的一次征调。当时,东莞、新会合计乌艚、横江三百余只,"各船隶名于官,每年轮十只东守枢林,又十只西守龙门。如海上有贼窃发势大,则共调船百只上下;势小,则共调船五十只上下,随其所往,无不抟灭,而广东之海向无大警者,此也"。[4]

曾任广州知府的福建海澄人谢彬,致家乡官员、海防同知邓士元的《剿抚事宜议》中,对广州乌艚船的雇募制记述颇准:"彬前在广州,患乌艚至为害,逐一编号,轮流上班。该班者借其兵力出海捕贼;下班者听其揽载商货,前往海南等处贸易,彼有所利,自不为盗,而官府亦赖其用足,省兵粮。"广东编差乌艚船轮班巡海的做法,是可以仿效的良策。[5]

即便嘉靖三十一年,浙江倭乱略平,而闽粤乱起之时,官军雇佣民船的

---

〔1〕(明)邓钟:《筹海重编》卷十二《经略四·兵船总论》,第108页。

〔2〕(明)郑大郁:《经国雄略·武备考》卷八《广船》,第16页。

〔3〕嘉靖《广东通志初稿》卷三十五《海寇·防御海道旧规,增减夫船新议》,第584~585页。

〔4〕(明)俞大猷:《洗海近事》卷上《呈总督军门张(隆庆二年七月初九日)》,《正气堂全集》,第813页。

〔5〕崇祯《海澄县志》卷一九《艺文志·剿抚事宜议上邓司理》,《日本藏中国罕见地方志丛刊》,书目文献出版社,1990年,第527页。

数量与规模仍然是有限度的。吴桂芳《请设海防参将疏》建议对东莞、番禺、顺德、新会等地民间乌艚、横江等船征税银，用于维持雇募乌艚等船的饷银开支。这种"以民船养战船"的政策，颇能说明当时民间保有相当数量的船只。

雇募之外，官造战船仍占相当比重。前述嘉靖十九年，兵部尚书毛伯温在备战安南时，曾筹划打造大乌艚战船二百艘和大白艚战船四百艘，并非全部依赖雇募民船。

在相当长的时期内，广东战船雇募制运转良好，满足了巡哨和海战需要，官民两利。一方面，雇募制使得官军可以得到高质量的战船，又可节约高昂的维护和保养费用。另一方面，民间又可利用海船出海牟利。

然而，随着海防形势日益严峻，官府不断增加征用民船的数量和频度，超出了民船得以自我维系的限度。广船消耗过快，大型民船数量锐减，以致无船可调，雇募制随之瓦解。

嘉靖三十五年，浙直总督胡宗宪调广船一百余只北上剿倭，皆拔其大者。及至彼处，日久损坏，片板不返。而尚存船只，连年被贼攻焚殆尽，损失严重。[1]嘉靖四十二年，戚继光督帅浙兵入福建作战，海盗遁入广东境内，广东官军与海盗多次邀战。次年，枳林叛兵变为海贼，据大乌船三十只，白艚船四十只为乱，犯广州，败总兵汤克宽，广州战舰被焚毁殆尽。[2]"叛兵等贼将在海乌尾、横江到处追焚，所余遂无几也"。[3]

隆庆元年十一月至十二月初，曾一本等与官军战于雷州海域，官军战船一百四十五只悉数被焚毁，广省数年预备攻战之具，坐视一空。隆庆二年六月，曾一本攻打省城，半载经营的战船杠棋，复为贼烧毁占据。同年，海寇曾一本又驾大艚六十只，于大鹏将官军兵船焚掠净尽。[4]"海寇横行，广船屡出屡败"。[5]

〔1〕（明）俞大猷：《正气堂集》卷十六《后会剿议》，《正气堂全集》，第409～410页。

〔2〕万历《广东通志》卷六《藩省志六·事纪五》，第50页。

〔3〕（明）俞大猷：《洗海近事》卷上《呈总督军门张（隆庆二年七月初九日）》，《正气堂全集》，第813页。

〔4〕万历《广东通志》卷七十《外志五·倭夷海寇附》，第62～63页。

〔5〕（明）俞大猷：《洗海近事》卷上《呈总督军门张（隆庆二年七月初九日）》，《正气堂全集》，第813页。

同时,海盗许栋、吴平、曾一本所据民船甚多,无形中减少了官军征调民船的数量。隆庆二年六月,海盗曾一本攻广州,其乘船总数达二百余艘。[1]

嘉靖隆庆朝,长期的战争消耗,造成乌艚船、横江船大量减少。"广东先年有商人艚船,器械锋利,兵夫强劲,如黄萧养、林乌铁等贼,皆系艚船剿灭,后因浙直借御倭患,片板不归,夫尽客死。及吴平等各贼猖獗,官府勒行重造,商人丧家亡身,怨恨彻骨,宁受刑责,不肯造船,致海上备御无策,盗贼纵横自如"。[2]

广船消耗与征调无度是互为因果的。"广东沿海各县先年商民打造乌艚、横江、白艚等船,分别大小,编以纲纪等字号,立法可为详尽矣。以后闽、浙军兴,借调数多,前船漂没,势不复振。故议设六水寨,各领船兵若干,于是民间出海之船益稀"。[3]

熟悉广州民情的南海人霍与瑕,对征募之弊体味颇深:"广东沿海备倭兵将原有可恃者,以东莞、香山多走海及生盐艚船,轮差守御,舟巨而士勇,习于风涛战斗之险,无有畏敌之心也。"但"闻近日上司不知存恤,诛求厚而征调烦,商人多告去者。夫商人利微而害大,则不愿走洋海之货,不愿走海,则不作大艚,不作大艚,则上无以应备倭之差,下无以养敢死之士,敢死之士无所依,势将他图。此所谓弃干城而借寇兵者也。《大易》'有'之,惟能容民,即所以畜众。今能恤海商,即所以固海防也。"

民不愿效力,自然带来官府更进一步的征索。"广州之南水县也,舟楫者民所自便也,十年前,顺德偶有兵旅调发,责令大户取船接送,遂为定例。前任陈知县恣其狼饕,因小有上司征调,挨门报点大户,每名(户)要船一只,得银二三十两乃免,如银不入,既备船一只,又令备大铳二函,枪数十根,刀数十把,人夫十名。不时点闸或责器械不整,或责人夫不到,多般寻害,计其出船雇夫置造家火,不下四五十两。而且有官威之害,所以不得不入银也"。[4]

严苛的征调,必然挫伤民间的造船积极性。"民间方造得船一二只,尚未得载货之利,未有精壮后生在船,官府遂刷以载兵,或为贼焚,或为贼得,或经

〔1〕 万历《广东通志》卷六《藩省志六·事纪五》,第52页。
〔2〕 《明神宗实录》卷二,隆庆六年六月乙亥,第21页。
〔3〕 万历《苍梧都督军门志》卷二十七《刘尧海〈条议海禁事宜疏〉》,第327页。
〔4〕 《明经世文编》卷三百六十八《霍勉斋集一·上潘大巡广州事宜》,第3977页。

年载兵不得退还,而各主者钱本亏损,以后造船觅利之念皆灰矣"。[1]从而导致民间可募广船数量减少。乌艚、横江船无以为继,大型民船数量锐减,以致无船可调。

需要说明的是,雇募制的瓦解并非广东一省之事,福建、浙江可能比广东更早,"先年,六寨借用民船,可暂而不可久,故汛地应空,贼盗犹炽。近设官船,与福建事例相同,船常在寨,甚可经久"。[2]隆庆年间,为对付海盗曾一本,福建频繁提调各澳民船、大盐商船,亦存在无船可调的局面。

(二)广船式微福船入粤

万历初年,广东的常备海防战船中福船和广船已经掺和并用,单纯的广船已经不敷使用。此时,广东六水寨兵船大小等次规定:一号乌艚、福船最大,配兵夫七十名;二号乌艚、福船,一号横江次之,配兵夫六十名;三号乌艚、福船,二号横江再次之,配兵夫四十名;四号乌艚、三号横江、次三号福船复次之,配兵夫三十名;之后为四号横江,配兵夫二十九名;大白艚,配兵夫二十六名;哨马、中白艚、罟船、鸟船,配兵夫二十三名;八桨船,兵夫十二名;喇叭唬船,配兵夫十四名;尖头船,配兵夫十七名。[3]福船、白艚、鸟船、八桨等已经占据广东海防战船的半数左右。

至万历二十八年前后,广东总兵王化熙著《粤东兵制》,内载《造船事略》一文,对广船极尽贬抑之辞。他主张广东海防广船不可用,而"惟福船、鸟船、唬船可用"。"于诸船酌定五种。曰福船、白艚、鸟船、唬船、渔船,若加之合式沙船,足称海上之利器"。[4]而西路的高、雷、廉,由于"西海水浅",多用灰斗船。王化熙任职广东总兵时间甚长,堪称"久于粤,熟粤事者",[5]深谙粤东海防之堂奥,其对广东海防战船的分析判断,当是比较客观公允的。

〔1〕(明)俞大猷:《洗海近事》卷上《呈总督军门张(隆庆二年七月初九日)》,《正气堂全集》,第813页。

〔2〕(明)陈瑾:《海防要务策》,转引自吴道镕原稿,张学华增补,许衍董编校:《广东文征》第三册卷十四《陈瑾》,第469页。

〔3〕万历《苍梧都督军门志》卷十五《操法·水兵制》,第162～165页。

〔4〕万历《广东通志》卷九《藩省志九·兵防总下·造船事略附》,第27页。

〔5〕(明)祝以豳:《诒美堂集》卷十二《序·粤东兵制序(代直指作)》,《四库禁毁书丛刊》第101册,第4页。

当然，王化熙所言未必全无半点虚妄，但广船的式微当是不争的事实。这在广东海防战船的实际配置中也有体现。如隆庆元年，琼州府初设水寨，尚置备有"二号、三号乌艚、横江等兵船共六十只"。而至万历四十一年十一月，奉文改造，"计战船六十三只：四号艚船三只，五号艚一十二只，六号艚五只，七号艚一十六只，八号艟艚六只，八号长船十只，八号唬船三只，八号桨船八只"。"第四号艚船三只，原系三号福船"，〔1〕乌艚、横江这种准确的广船名称，被艚船之名取代，而且当时最大的四号艚船原来也是福船。琼州海防兵船中已不见昔日"乌艚"、"横江"、"尖尾"的踪迹，可以与《造船事略》彼此印证。

成书于万历三十四年秋，崇祯五年五月又有增订的何汝宾《兵录》第十卷《战船图说》不见前此各种兵书所备载的乌艚、横江等广船，而为福船、冬船、鸟船、苍船、沙船、唬船、渔船、草撇船、哨船、艍船、鹰船、网梭船、套船子母轮舟船，与王化熙主张的船式略同，颇能说明广船在当时的战船序列中已经式微。〔2〕

广船的式微，福船的入粤，雇募制的瓦解，使得民间造船业得到了喘息之机。乌艚船逐渐淡出广东水师的战船序列，但仍为主要的货船和渔船。万历援朝战争结束没多久，日本政府就不惜重金，通过中国沿海奸民以千金购福船，以数百金购乌船。〔3〕而且，尽管明朝官方一再贬抑乌艚船，但在实际的海战过程中，无论官军，还是海盗，都十分看重乌艚船的作用。同时期的广东民间和官府的存量乌艚船仍然发挥着重要作用。海盗和渔民仍会使用乌艚，官军也还在修造和使用乌艚。

崇祯元年，先抚后叛的海盗李魁奇、钟斌手中就有不少乌尾船。钟斌曾"领乌尾船七只，大小鸟船四十余只"。对此，同安知县曹履泰主张"以毒攻毒"，借用粤中乌尾船打击海盗。〔4〕而另一海盗刘香也凭借乌尾船横行粤洋，"贼所恃止乌尾船。细查之，委是难攻。其船有外护四层。一破网，一生牛皮，一湿絮被，一周回悬挂水瓮。铳不能入，火不能烧。且比芝龙船高丈余。

---

〔1〕 万历《琼州府志》上册卷七《兵防志·兵器》，第383～384页。
〔2〕 王兆春：《〈兵录〉提要》，《中国科学技术典籍通汇·技术卷》第5分册，河南教育出版社，1994年，第657页。（明）何汝宾：《兵录》卷十《战船图说》。
〔3〕 《明神宗实录》卷四百九十三，万历四十年三月辛丑，第4页。
〔4〕 （明）曹履泰：《靖海纪略》卷三《上熊抚台》，北平文殿阁书庄，1935年，第72页。

自上击下，更易为力。此皆粤中资以利器，真有无如之何者"。[1]崇祯六年的料罗湾海战，两广部院曾以乌尾粤船助战。[2]

（三）修造制的弊端

广船雇募制瓦解后，广船修造制又因弊端丛生未能及时跟上形势，实现广船的官造官修。明代前中期，广东卫所海战船的打造就已经问题丛生，但是由于海上安全局势尚可，战船打造的问题被掩盖起来。但至嘉靖万历时期，倭患海盗问题严重，海战频繁，战船损耗严重。特别是雇募制瓦解之后，广东一省已无船可募，不得已地方督帅纷纷力倡造船。隆万时期，官造兴起，"先年，六寨借用民船，可暂不可久。故汛地空虚，盗贼尤炽。今改官船，与福建事例同。船常在寨，甚可经久"。[3]相应地，有关战船修造弊政的批评、改革的倡议，乃至制度的设立也增多起来。

官造官修战船可谓弊政丛生，从造船经费的划拨、承造、监修、检验及至船只维修，整个流程都存在问题。

第一，造船经费划拨之际，各级官吏，为博取虚名，不顾造船实际，经费预算"务为节省"，再加之督造官吏和匠头克扣，"诸凡造船、制器，其分理董治之官，无有不以请托而得用者，其工料价值之费，无有不以贿求而得领者，尽船器之常价而强半入于官吏、作头之手"。[4]真正用于造船的经费往往不及预算的一半。

第二，船只建造过程中，则"有掺用旧料者，有私减梁头阔数，以图侵匿料物者，有板薄钉稀，甚而掺用竹钉者"[5]。实际承造时，只能"不顾船工之可否。又有染指于中，通同下人，以致短狭其尺寸，稀薄其钉板，而船无实用矣"。[6]造成官用船只质量极差，不敷使用。"及其造作既成也，但具有船形、

[1]（明）曹履泰：《靖海纪略》卷三《上熊抚台》，第68页。
[2]（明）邹维琏：《达观楼集》卷十八《奏疏·奉剿红夷报捷疏》，乾隆三十年刻本，哈佛大学汉和图书馆，第49页。
[3]（明）陈瑾：《海防要务策》，转引自吴道镕原稿，张学华增补，许衍董编校：《广东文征》第三册卷十四《陈瑾》，第469页。
[4]万历《苍梧总督军门志》卷二十七《奏议五·刘尧海〈申明军政条例疏〉》，第330页。
[5]万历《广东通志》卷九《藩省志九·兵防总下·造船事略附》，第27～28页。
[6]（明）侯继高：《全浙兵制》卷三《造修福船略说》，第194页。

备其器数"。[1]

第三,船只划拨给各水寨后,"则坚脆美恶适用与否,在海防官不敢辨,而以海防各官之力发之于各寨,则总哨又敢辨耶?故戈船满湾,而欲片桨枝橹之可以破浪冲敌,则未也。蛇矛、鸟铳、长戟、短兵非不森然备矣,然皆为军容、为戏具耳"。而负责监督的文官"则知其出纳有染也,而不敢明督总哨之勒兵;在总哨,则知其行伍未全也,而不敢过望海防之修具"。[2]在此种情况下,制造的战船质量极差,以至于水兵不愿驾船出海打仗,"驾此危舟出海。故每遇海贼,只于船上鸣锣放铳,送之出境,必不敢涉波涛半步,以一矢相加遗,诚不得已耳"。甚至海防官员不敢使用官船,而"买民舸以济"。[3]

第四,船只保养问题,"造成之后,拨兵看守。一月之间,一次烧洗。略有损坏,即当修葺。军兵岂肯视官船为己物,时时爱护之乎?此造成之船,皆不及一年,遂沉水莫用也"。[4]"修船之弊,奚啻万端。议修之后,阁(搁)岸日多,浮水日少,以之守港则可,以之出洋追捕则全不足恃矣"。[5]"其大小修,有复将旧板木,铇(刨)削粉饰以掩耳目者,难以枚举"。[6]

(四)相关对策

1. 涵养民船,力图恢复雇募制

面对问题丛生的战船官造官修,很多议论都力主恢复雇募制度。

俞大猷慨叹:"在官府不能立无弊之法,在民间不能克不可制之情,天下古今岂有视官物为己物者哉?"他仍然怀念雇募制。"此惟熟于海务者自知之,乌得而尽言,或曰:民间安有许多私船可募乎?曰:厚之以税,使逐利之民,争造新船以应募,何患其不多。责府县以及时给税,责船户以及时修整,则经年累月,皆有坚船可用。然则用官造之船以守港,用私募之船以追捕,则

---

[1] 万历《苍梧总督军门志》卷二十七《奏议五·刘尧诲〈申明军政条例疏〉》,第330页。
[2] 万历《苍梧总督军门志》卷二十七《奏议五·刘尧诲〈申明军政条例疏〉》,第330页。
[3] 万历《雷州府志》卷十三《兵船·打造兵船》,第269~270页。
[4] (明)俞大猷:《正气堂全集》卷五《呈浙福军门思质王公揭十二首·议以福建楼船击倭》,《正气堂全集》,第160页。
[5] (明)郑若曾:《筹海图编》卷十三上《经略五·兵船总论》,第884页。
[6] 万历《广东通志》卷九《藩省志九·兵防总下·造船事略附》,第28页。

如何？曰：必若是,然后攻守各适其用也"。[1]

隆庆年间,工科给事中陈吾德就主张:"东莞、新会、顺德三县有乌艚、横江船千余艘,有警刷取,兵壮气精,所向成功。自浙直征倭,调至三四百艘,南渡之败,船户且尽,乃议官造。夫以乌合之众,操所不素习之船,何救缓急?宜兴复民船,免其刷掳纳税,以往时输差之法行之,则可以收勇力,待功守。"[2]

官府试图对民船采取休养生息之策,一方面打造大福船、冬仔船一百只,用于各水寨防守,海上有警则调取各寨兵船,以舒缓民力;另一方面鼓励民间修造大船,载货买卖,既不征税,也不刷取民船防海。这样五年之后,乌尾、横江等船就可恢复至原有水平,满足广东海防征调需要。[3]

隆庆二年题准:"广东六处水寨额数船只,通行查理,缺者处补,坏者修治,一切刷虏商船,尽行放免。……"但是,隆庆四年,却又"令东莞、新会两县劝谕大户,仍造乌艚巨舰,听募本地壮兵,分作四班,于南头、马耳、柘林等处防御"。并"令县官招募精健乡夫一千二百名,分为四营,内立营长,量给白艚、八桨船只,分拨柘林、马耳防守"。[4]隆庆年间,广东在官修官造与雇募制之间的摇摆政策,隐晦地说明地方在刷雇民船上的尴尬境地。一方面,隆庆二年,俞大猷主持广东海防,筹划进剿海寇,首倡造福船用福兵,不再刷雇民船,说明刷雇民船在广东已经无法延续下去,不得不放弃。隆庆四年,官修官造弊端丛生,所以又推翻前议,鼓励大户造乌艚巨舰,以备雇募。其结果就是,地方可以支配的战船只有白艚和八桨这类小船。

2. 推行责任制,强化监督

除努力恢复雇募制外,为了应对官修官造战船过程中存在的问题,强化监督和管理,开始推行责任制。侯继高对战船修造,在在用心,事必躬亲,并且改革预算及验收制度,推行责任制:"凡系估计委官,就董其工,工完之日,必令兼同将官出洋驾驶,船果堪用,定行荐奖,以酬其劳。又必选殷实惯海之人,充为捕盗,庶以本船为家,休戚所系,自尔经心,必得坚固。苟不如式,亦

---

[1] （明）王在晋:《海防纂要》卷六《战船说》,第576页。

[2] 《明穆宗实录》卷三十八,隆庆三年九月辛酉,第7页。

[3] （明）俞大猷:《洗海近事》卷上《呈总督军门张(隆庆二年七月初九日)》,《正气堂全集》,第814页。

[4] 《大明会典》卷一百三十一《兵部十四·镇戍六·广东》,第13页。

可究诘赔偿也。"[1]

强化对造船过程的管理监督,建立官方造船物资储备。"预行梧州、肇庆二厂委官。遇有广西罗旁簰筏,到厂投单报抽,查系铁力、紫荆、楥黎、槁桂、枦楠堪为造船美材者,长一二丈,围圆三四尺以上,及松木大桅长八九丈以上,与黄藤、青香藤,皆抽本色,就于木上凿记字号,并长大丈尺、价银数目与青黄二藤,俱停在厂"。[2]万历丁巳,又在白沙水寨设立了收储造船物料的"厂"。

把采购物料的权利转移至厂官和各府。由各寨把总上报造船计划,由各参将把"修造船只合用木料、桅藤等,估计的数呈报"。"兵备道并海防官覆实,请支饷银,差官径解,厂官收贮,照数支发,运回应用其余物料。本府行令铺户买办,径交把总验收,该管海防官定价出给小票,付铺户收储,赴府领价,厘毫不致短少"。[3]这在一定程度上削减了各寨把总对战船修造的干预。

再次,把总将物料领回后,在修造过程中,订立"循环簿",每天填写施工进度,物料使用情况,十天一送,由兵备道稽查。[4]

最后,将造船过程中工价银的管理也收归各府。"盖监视在府则官无浮克,工无情窃,"与此同时,在造船预算上还适当放宽,"至于价值又不必谬希节省,拘执成例,估计大小船号,通融增补,务在足敷材料工匠销费,期于造作坚厚,可垂兵家战守之利而已"。[5]

这种承造与物料分离的措施,设计初衷很好,但无形中增加了环节,特别是物料的收储转运,饷银的支付转移。而且,由于在以上各个环节中"有抽头陋规,承委官以为畏途"。到头来,前面所揭各种弊端,不但没有减少,反而增加了若干情弊。特别是最终的验收官员,"今不问合式与否,概文致其罪,仍追工料还官。官捕知违法罪,守法亦罪。先以不肖之心,预克罪赔银,贮囊以待"。[6]

〔1〕(明)侯继高:《全浙兵制》卷三《造修福船略说》,第194～195页。
〔2〕万历《广东通志》卷九《藩省志九·兵防总下·造船事略附》,第26页。
〔3〕万历《广东通志》卷九《藩省志九·兵防总下·造船事略附》,第26页。
〔4〕万历《广东通志》卷九《藩省志九·兵防总下·造船事略附》,第26页。
〔5〕万历《广东通志》卷九《藩省志九·兵防总下·造船事略附》,第26页。
〔6〕万历《雷州府志》卷十三《兵船·打造兵船》,第269～270页。

3. 制定造船修船则例

应对战船官造官修弊端的另一举措,就是制定造船则例,把料物工价、丈尺数目,一一计算,画有成规,期望以此杜绝造船之弊端。"至于料物丈尺,件件可得指数"。[1]这个时期的造船则例,俞大猷《洗海近事》、侯继高《全浙兵制》、何汝宾《兵录》各保留一份。

俞氏则例,收入俞大猷《洗海近事》,附于隆庆二年七月十一日呈递给两广总督张瀚的揭帖之后,则例不具标题。[2]当时俞大猷任广西总兵,应张瀚所请暂驻广东视师,力主到福建修造福船,用以剿灭海盗曾一本。这份则例是俞大猷呈递给两广总督张瀚赴福建修造福船的具体式样、工料和价银等的汇编。其适用年代当在隆庆二年前后。侯氏则例,收入侯继高《全浙兵制》,附于《造修福船略说》之后,标题为《附纂造新修旧大小福鸟船工料数式》。[3]侯氏则例形成于"继高备役潮漳,专驻南澳,实摄广福两省之事"时,为防止修造战船时"后之同志者,无以籍手",于是,"蒙二省军门允行",将则例"开之于彼矣"。隆庆五年,侯继高开始执掌广东都司事。万历六年,以分守广东惠州等处海防参将升任潮漳等处副总兵。万历九年,以协守潮漳等处副总兵调任狼山副总兵。[4]由此可知,侯氏则例开列于万历六年至九年间,继高任"备役潮漳"的副总兵时。两份则例相差十年左右,年代十分接近。另外,何汝宾《兵录》成书于万历三十四年,又于崇祯五年五月增订了西洋火炮和袁崇焕守边等内容。其卷十涉及福船修造内容,也具备则例形式。当是万历年成书,晚于侯氏则例二十多年,晚于俞氏则例三十多年。

俞氏则例共开列福船五号:大福船面阔三丈者、大福船面阔二丈八尺者、冬仔船面阔二丈二尺者、冬仔船面阔二丈者、冬仔船面阔一丈八尺者。每号福船则例内容的编次顺序为:船体、属具、小艇、军火器械,钉油灰草诸项内容散落于各部分。除军火器械列举每项细目用银外,其他船舶工料等项只给出

---

[1] （明）侯继高:《全浙兵制》卷三《造修福船略说》,第195页。

[2] （明）俞大猷:《洗海近事》卷上《呈总督军门张（隆庆二年七月十二日）》,《正气堂全集》,第816~827页。

[3] （明）侯继高:《全浙兵制》卷三《造修福船略说》,第194~235页。

[4] 芮赵凯:《〈全浙兵制〉研究》,东北师范大学硕士学位论文,2016年,第6页。

价银总数,不细分。[1]俞氏则例内容简陋,只有造船的内容,没有修船的内容,所载军火器械、船舶属具、工料尺寸等信息稍详,价银内容最简。隆庆初年,闽广"巨寇"曾一本"戕人夺舶于漳潮堧海,荼毒浸淫至于高雷廉琼之间",隆庆二年六月,曾一本甚至"直犯广州,杀掠无算,城门闭者七日"。行事稳健的俞大猷临危受命。当时广船已不堪用,因此俞大猷力主到福建募兵造船,但引起了广东各级官员的抵制,两广总督张瀚对俞大猷的建议也态度暧昧。因此,在给张瀚的揭帖之中,俞大猷附上福船的造船则例,向张瀚说明福船式样与装备,寻求张瀚对到福建造船的支持。俞氏则例一再强调船舶尺度、木料尺寸和军火器械的情况,价银情况从略,力图说明福船的性能优势。

侯氏则例共开列福船七号:一号福船、二号福船、三号福船、次三号福船、一号鸟船、二号鸟船、三号鸟船。每号福船则例内容的编次顺序为:船体木料、属具、钉油灰草、舢板、燂修制度。侯氏则例内容较详,体例也比较完整,其中价银内容最繁,各项内容都详细列举价银细目。但在除船体长宽深等基础数据和大桅长度外,其他构件和属具长度均不见载,也不见军火器械方面的内容。[2]从万历六年起,侯继高备役漳潮。当时,曾一本、林道乾、林凤等盗相继遭官军荡平,广东严重的海盗之乱暂时平息,海防的严峻局面有所缓解。侯继高以副总兵的身份督造并维护柘林、玄钟二水寨的战船。因职司所在,他十分关心战船的质量。"舟不坚固,不惟无借以克敌,而数十之生命攸关。大海鸿蒙,风涛霾雨,变幻倏忽而天日改观,掀揭澎湃,人力莫支。虽一具不良,鲜不有误,况于舟乎!是以继高留心其间,每遇造修之时,必躬亲监督,若匠首然。而且命之曰:某也斧、某也凿,某可为艕,某可为底,某当抱极,某当勾拴,自起舱以至竣工,逐舱、逐板、逐缝一一为理。"而对质量问题影响最大的因素,就是贪渎导致的偷工减料,"有司委官,务为节省,以要虚名,不顾船工之可否。又染指于中,通同下人,以致短狭其尺寸,稀薄其钉板而船无实用矣"。所以侯继高在闽广二省总督的支持下,把"料物工价、丈尺数目,一一算计,画有成规"。这样明确开列各种工料价格、长度数量等等,有效避免了贪渎行为。而且侯氏则例,不但重造,也重修。燂修内容为侯氏则例的特殊

---

〔1〕(明)俞大猷:《洗海近事》卷上《呈总督军门张(隆庆二年七月十二日)》,《正气堂全集》,第816~827页。

〔2〕(明)侯继高:《全浙兵制》卷三《造修福船略说》,第194~235页。

之处,为俞氏则例所未备。

何氏则例开列福船、冬船、鸟船、苍船、沙船、唬船、渔船、草撇船、哨船、艍船、鹰船、网梭船、套船子母轮舟船等船,除鹰船、网梭船、套船子母轮舟船外,每船的则例内容包括:船体、属具使用物料的尺寸数量,以及每船器械的装备情况,而不载船只造价银两等内容。《兵录》成书之时,何汝宾虽在浙江任职,但造船的弊端却有相同之处。"但造船之弊窦甚多,如造时有私减梁头阔数,以图侵匿物料者,有板薄钉稀,或掺用旧料者,其大小修,有复将旧板木刨削新鲜,粉饰灰油,以掩人目者,难以枚举,制造之时,必须如式,方利行驶,又须坚固,方能经久,不得短小尺寸及料薄等弊,以致船身无力,修理之日,必拆去损坏旧木,换上新料,加钉加灰,如新造一式"。[1]其编辑造船则例的目的也是加强对造船的管理,杜绝各类弊端,只是内容过简。

明代晚期战船则例的出现,规定战船尺寸、用料用银,是对明晚期弊窦丛生的战船官修官造的应对,对规范明晚期战船修造起到了一定作用,推动了明代造船技术、工费使用等项的标准化。而且,这些战船则例都有相当的弹性,各方面均有"通融增补"的余地,在实际造船过程中不必"拘执成例",不至于对明代官造官修有过多限制。

在任何制度环境下,官修官造的弊端都很难根绝。早在宋代,就有"官中造船,决不如民间私家打造之精致"的说法。[2]此后,嘉靖二十七年,提督闽浙军事的朱纨也说"官船不若民船之完也,虽造船、买船不若民船之可久也"。甚至出现拨银造船之后,"银船皆无下落"的局面,有的卫所官造之船只能用一两年。[3]

嘉靖三十一年,俞大猷也强调雇募民船对官造战船在质量和成本上的优势,"船必雇募,而不用官府打造者。卑职自有知识以来,每见官府所造船只,或费银数千两,或数百两,曾无一只得用。盖官府委人造船,就与委人起盖公廨一同也。公廨之屋,安有如民间之屋坚固乎?此打造之,必不能如法也。造成之后,拨兵看守。一月之间,一次烧洗。略有损坏,即当修葺。军兵岂肯

---

〔1〕（明）何汝宾:《兵录》卷十《战船说》。
〔2〕（宋）《李纲全集》中册卷一百二十一《书十四·与张枢密书别幅》,岳麓书社,2004年,第1170页。
〔3〕（明）朱纨:《甓余杂集》卷九《公移三·阅视海防事》,第244页。

视官船为己物,时时爱护之乎? 此造成之船,皆不及一年,遂沉水莫用也"。[1]
这种官修官造的弊端,已成积弊,至清末仍然存在。所以,清代大盐商许拜庭
认为"私船之法式,视战船之造于官者,其狙钝相万也"。[2]

三、广福船比较

理论上,广船雇募制度瓦解后,还可以官修官造广船代之。但广船的官
修官造制度并未建立,在更大范围内,广船反而为福船所取代。这种取代关
系,是广船和福船在修造、运行、战斗素养等方面比较后的结果。

(一)修造成本比较

广船以铁力木修造,强度极高,不惧冲撞,而且广船寿命长,使用久,
海蛆咬噬不影响船舶性能。但广船以铁力木修造,使得"造船之费,加倍
福船"。[3]

嘉靖十六年,大乌艚每只用银五百两,大白艚每只用银六十两。[4]嘉靖
二十七年,购买一艘广船需要七八百两白银。[5]隆庆年间,造二十只大乌船及
募兵备器,计用银三万两,当时建造乌艚船的成本已经在千两以上。[6]在常规
承担广盐运销的情况下,高成本打造高质量的乌艚、横江等运盐到省或外销,
路线以近海或海口航行为主,利润有保证,在使用过程中实现"贵造而贱用",
船主完全能够负担。但用于海战,广船使用周期缩短,损耗极快,又因为原材
料问题而不能及时修补,"广船若坏,须用铁力木修理,难乎其继"。[7]铁力木
的产地局限于两广云南,取材不易,造成广船修理不便,使用成本高昂。"造费

---

〔1〕(明)俞大猷:《正气堂集》卷五《呈浙福军门思质王公揭十二首·议以福建楼船击倭》,
　　《正气堂全集》,第160页。
〔2〕(清)《龚自珍全集》第二辑《书番禺许君》,上海人民出版社,1975年,第178页。
〔3〕(明)王鸣鹤:《登坛必究》卷二十五《水战·广东船式》,第11页。
〔4〕(明)郑士龙辑:《国朝典故》卷九二《安南奏议》,第1874页。
〔5〕(明)朱纨:《甓余杂集》卷九《公移三·阅视海防事》,第245页。
〔6〕(明)俞大猷:《洗海近事》卷上《呈总督军门张(隆庆二年七月十二日)》,《正气堂全
　　集》,第816页。
〔7〕(明)郑若曾:《筹海图编》卷十三上《经略五·兵船·广东船图说》,第857页。

浩烦其敝甚易,移文修造理势难行"。[1]船舶性能和高成本之间的矛盾就凸显出来。

同样是隆庆年间,三万两白银在福建可以建造面阔三丈大福船十五只,面阔二丈八尺大福船十五只,面阔二丈二尺冬仔船十五只,面阔二丈冬仔船十五只,面阔一丈八尺冬仔船二十只,大小总计八十只。其中,面阔三丈大福船,造船和军火器械用银五百八十八两六钱三分;面阔二丈八尺大福船,造船和军火器械用银五百五十六两九钱五分;面阔二丈二尺冬仔船,造船和军火器械用银三百二十四两九钱五分;面阔二丈冬仔船,造船和军火器械用银二百七十九两四钱八分;面阔一丈八尺冬仔船,造船和军火器械用银二百八十二两五钱五分五厘。[2]

两相比较,福船的成本优势十分明显。

（二）技术性能差异

事实上,船舶的六大航行性能是紧密联系的有机整体,它们往往彼此制约。造就广船辉煌的优越的航行性能,在离开其适航海域和脱离其航行任务时,在新的海况条件、航行任务中,往往会成为劣势。因此,单纯的损耗,并不是导致广船在军事应用上衰落的唯一原因,另一重要原因是其各种性能缺陷。

广船设架,有桨橹,其灵活快速超越福船,但在增强快速性、灵活性的同时,必然会损害和让渡部分稳性。熟知广东海防的总兵王化熙,对乌艚船稳性差的缺点了然于胸。乌艚船上层建筑复杂,航行碍风,"船底最尖,行水最深,船架高阔,甚碍风力,只可民间装载重货,方得平稳。若兵船则无重载,上重下轻,而数十兵士又在棚上行走,以之待敌,闪侧不定,安能戗风"。[3]同时期的王在晋也说,广船"其制下窄上宽,状若两翼,在里海则稳,在外洋则动摇"。稳性差必然影响火器发射的准确性,"广东大战舰用火器于浪漕中,起伏荡漾,未必能中贼,即使中矣,亦无几何,但可假此以褫敌人之心胆耳"。[4]

---

〔1〕（明）郑若曾:《江南经略》卷八《兵器战具·海船论》,第564页。

〔2〕（明）俞大猷:《洗海近事》卷上《呈总督军门张（隆庆二年七月十二日）》,《正气堂全集》,第816～827页。

〔3〕万历《广东通志》卷九《藩省志九·兵防总下·造船事略附》,第26页。

〔4〕（明）王鸣鹤:《登坛必究》卷二十五《水战广东船式》,第11页。

万历年间,任广福守备的庄渭阳对广船上层建筑宽大、稳性差的缺陷也颇有微词,"广船不如福船,广船下狭上阔,不耐巨浪"。游击侯国弼改造福船,底用广船式,上用福船面,广船的宽大框架损害了船舶的稳性。[1]

在使用广船的过程中,人们还发现,广船不防火。广船"其上编竹为盖,遇火器则易燃,不如福船上有战棚,御敌尤便也"。[2]福船正好弥补广船稳性差和不耐火的缺点。"福船者,闽式也。船底圆平,行水不深,船架收敛,不碍风力,即在洪涛中可使戗风,且两边竹舷可蔽矢弹,遍身板棚,不畏贼火,故谈海战者,以高临下,冲犁勍敌,莫如福船之利便也"。[3]

(三)战斗素养差异

从嘉靖十年初登东南海防舞台,至万历二十八年,广船在闽粤两省的抗击倭寇、剿灭海盗中战功卓然。不但如此,广船帆影所踪,北上浙直,西渐安南,在整个东南海防作战中表现不俗。表现如此优异的广船退出海防战船序列,是否如《造船事略》所载全为技术缺陷? 广船的技术缺陷是否足以促使东南沿海海防,特别是广东本省海防弃用广船? 事实上,广船与广兵紧密相连、不可分割,广船遭弃用实为广兵遭弃用。对此需要从纵深角度观察,尤其注意东南海防战船修造与海防协同作战中的矛盾因素。

俞大猷《洗海近事》中出现福船、广船与福兵、广兵连用,或者福船、广船单独使用,用以指入浙参与抗倭的福建、广东水军战船。如嘉靖三十七年,"舟山之捷",胡宗宪不得已,亲莅定海,分遣将领,各与信地,福船由岑港南口,广船由岑港北口。[4]而且,雇募制的核心并非广船,而是广兵,即"乌艚船子弟兵"。雇募制的良性运转,离不开对广兵的涵养,所谓"编号定甲,更番作息,无事则随宜农商以养其财,听用则时使休闲以养其力,有警则预给工食,椎牛酾酒以养其气,恩威相济得其心,有不战,战必胜矣"。[5]显然,胡宗宪对募兵制的设想过于理想化。在对广船广兵称许有加的同时,对广船广兵的批评也从未中断。布衣战略家郑若曾列举广船的七大缺陷,其中多为对广兵

---

〔1〕(明)王鸣鹤:《登坛必究》卷二十五《水战·开浪船式》,第16页。
〔2〕(明)王鸣鹤:《登坛必究》卷二十五《水战·开浪船式》,第16页。
〔3〕万历《广东通志》卷九《藩省志九·兵防总下·造船事略附》,第29页。
〔4〕(明)郑若曾:《筹海图编》卷九《大捷考·舟山之捷》,第625页。
〔5〕(明)胡宗宪:《海防图论·广东要害论》,第1352页。

的批判。"盖广船非我军门所辖,不似福船之易制御,一也"。"造船大户倩人驾驶任其敝而不惜,三也"。"将欲重价以雇之,则此船在广,鱼盐之利自多,区区价微,不乐于雇,五也。欲许其带货,则广货之来,无资于海,盖福建收港,溪水甚逆,浙直道远,风涛可畏,不如一逾梅岭,即浮长江,四通八达,故虽带货亦非其所愿,六也。向来通倭多漳泉无生理之人,广船自以鱼盐取西南诸番之利,不必如福船之当唛以取中国之利,七也。知乎此,则广福船之当用与不当用岂不相去径庭矣乎"。

　　缘何广兵广船出省作战,就不听调度,战斗力不行呢?广船广兵在省内作战勇猛,冲杀用命,"盖因寇阻其商贩之路也"。[1]但是一旦出省作战,官给饷银不足,人们不乐于雇。无利可图,自然动力不足,难以指挥。这种募兵制的弊端,并非局限于广船广兵。隆庆年间,海瑞甚至把"二三十年以来,闽广浙直之变"都归因于"募兵","招之为兵,散之为贼,再有招募,又不过即此前日之贼应之"。[2]广船广兵,船人一体,广兵的调度不灵,直接关系着对广船的评判。

(四)船舶体系比较

　　除前面已经对比过的,广船与福船在成本、技术性能等方面的差异之外,福船有一个最大的优势是广船所不具备的,那就是福船完整的战船序列。相对于广船,福船的船型多样,用途广泛,适应海战战船"大小兼用"的多重需求。

　　明人已经深刻认识到战船大小相配的重要性,并总结出了一套实用的混成舰队作战和装备理论:战斗构成上,"以船之大者为中军坐船而当其冲,以船之中者为左右翼而分其阵,以船之小者,绕出于前后两旁之间";随船器械上,"众军大船仍用佛郎机大铳数架,两翼中船亦用铜将军大铳数十架,其小船亦载鸟铳、铅筒数十架。各船编定字号,昼则麾旗,夜则振鼓为节,迭出更进,则彼此众寡劳佚之势不同"。[3]

---

〔1〕 万历《广东通志》卷七十《外志五·倭夷海寇附》,第66页。
〔2〕 (明)海瑞:《革募兵疏》,转引自吴道镕原稿,张学华增补,许衍董编校:《广东文征》第三
　　　 册卷十二《海瑞》,第183页。
〔3〕 (明)邓钟:《筹海重编》卷十二《经略四·兵船总论》,第106页。

按照郑若曾《筹海图编》可将福船划分为三级,各有其职能。[1]

级别	名　　　称	动　力	作　用	吃　　水
Ⅰ级	大福船、海沧船	利用风帆	冲犁敌舟	一丈一二尺、七八尺
Ⅱ级	草撇船→鸟船、苍山船→鸟船、苍山船→艟𪚔船	帆橹并用	捞取首级	六七尺
Ⅲ级	八桨船、渔船		哨探敌情	

　　戚继光对福船的大小等次和功能也有论述。福建船六号,"一号、二号俱名福船,三号哨船,四号冬船,五号鸟船,六号快船。福船势力雄大,便于冲犁。哨船、冬船便于攻战追击,鸟船快船能狎风涛,便于哨探或捞首级。大小兼用俱不可废,船制至福建备矣"。[2]万历年间,广东总兵王化熙《造船事略》酌定五种船型——福船、白艚、鸟船、唬船、渔船,很大程度上,也是看到不同体量的福船能够兼顾不同职能。[3]相较而言,广船序列的完整性远远不及福船。

四、福船的兴起

　　广船从战船序列中被移除,从海防将领的视野中消失,而福船却在明晚期的海防舞台上大放异彩。

　　广船叠经消耗,难以为继,广兵也不乐于雇,导致广船雇募制的瓦解。不得已地方督抚纷纷力倡造船,开始采用官修官造。从隆庆以至明末,广东的海防战船以官造为主。而此时,广东海防船型选择了价廉物美的福船。"每只该银三百三十两,其船用福建造船尺,宽二丈六尺,船外钉以竹板,并船上杠棋器械完整,总在三百三十两数内。每船合用头目一名,听将把总自选。每船用兵七十五名,并头目七十六名,每头目合给银三两,每兵合给银一两五钱,造完各船齐驾南下,以广之白艚船五十只,共用兵一千五百名,鸟

〔1〕(明)郑若曾:《筹海图编》卷十三上《经略五·兵船》,第861～869页。

〔2〕(明)王鸣鹤:《登坛必究》卷二十五《水战·大福船式》,第13～14页。

〔3〕万历《广东通志》卷九《藩省志九·兵防总下·造船事略附》,第27页。

艚、横江船四十只,共用兵二千八百名,与福船合,以总兵总统之,何患贼之不灭乎".[1]

需要说明的是,明代晚期的福船扩张,并非在广东一省有所体现,福船也成为浙江、直隶以致北部沿海各地之主力战船。

明代前期,浙江沿海九卫三十二所先年原有战船五百四十八只,内有四百料、二百料、八橹、风快、铜斗、高把梢船、十桨等项名色,分属定、临、观总一百四十五只,松、海、昌总一百五十八只,金、盘总二百二十五只,海宁总二十只。但很快就由于前项军船驾哨不便,"损者不修,缺者不补"。至嘉靖三十一年,倭寇猖獗,浙江海防军船也开始大量使用福船。定海、昌国二总改募福苍等船共二百四十只,临观总改募苍山平底船一百零二只,松海总改募福舱等船一百一十六只,金盘总改募福苍等船一百三十五只,海宁总改募福苍等船七十七只,俱官为给税。[2]

万历十二年,临观三哨,共有福船四只,苍船四只,渔船八只,沙船四只,叭喇唬船八只,网船六只。[3]松江府也需要"福船、苍山船各数十只"。[4]

福船也曾被分拨至北方驻防。万历二十年,为应对日本侵略朝鲜,明朝廷设立天津、山海、登莱等处水寨,曾建造福、苍、唬等船一百五十只,计划分防各处,后集中于天津。汪应蛟曾试验使用苍船,从天津经登州至旅顺,与使用唬船,从天津经莱州三门岛至旅顺的航行时间的长短。[5]万历援朝战争期间(1592~1598年),汪应蛟曾经发船二十只应援朝鲜,冲锋斩馘,作用甚大。除此之外,苍船保有五十七只,唬船保有五十八只。[6]

福船的影响亦不局限于沿海,还深入内河。崇祯年间,南京工部郎中董鸣玮造龙骨炮船。其制"仿之闽海,一船可安红夷炮八门,百子炮十门,其制

[1](明)俞大猷:《洗海近事》卷上《呈总督军门张条议三事(隆庆二年正月十七日)》,《正气堂全集》,第795页。
[2](明)范涞:《两浙海防类考续编》卷二《各区战船》,第189~190页。
[3]万历《绍兴府志》卷二十三《武备志一·战船》,宁波出版社,2012年点校本,第475、484页。
[4](明)郑若曾:《筹海图编》卷六《直隶事宜》,第423页。
[5](明)汪应蛟:《海防奏疏》卷一《倭氛未灭防御宜周疏》,哈佛大学汉和图书馆,第7页。
[6](明)汪应蛟:《海防奏疏》卷二《酌议海防未尽事宜疏》,第8页。

更善,造有二只"。江上试放"坚稳便利"。[1]康熙十三年,吴三桂叛乱,清军与吴周对峙于岳州,京口将军副都统张思恭,因福船之制而增损之以为鸟船,以对抗吴周杜辉的鸟船。[2]这批鸟船原为江南造作。康熙十八年,岳州、长沙军事平息,万正色把这批鸟船带至福建用以对付郑成功。[3]杜辉的鸟船也是福船,"(吴三)桂以两人(杜辉、林兴珠)为帅,守洞庭湖,因为造海上鸟船,出入洪波大浪如平地,大小铳炮布列左右首尾,所当糜烂"。[4]

明末清初,除福船外,广东海战船的类型主要包括前期的艚船和从浙江引入的艍船,其他还有诸多小型桨船。至少到康熙九年,艍船就已经在广东水师中占有主导地位。[5]

〔1〕(明)范景文:《南枢志》第一百五十九卷《遵旨酌议制造铳船》,成文出版社,1983年,第4180页。
〔2〕(清)厉鹗:《樊榭山房全集》中《鸟船纪略·序》,上海古籍出版社,2012年,第722～724页。
〔3〕《清代官书记明台湾郑氏亡事》卷一,康熙十八年五月甲寅,《台湾文献丛刊》第六辑,第8页。
〔4〕(清)佚名:《平滇始末》,《丛书集成续编》第25册,上海书店,1995年,第187页。
〔5〕《清初郑成功家族满文档案译编》(三)之《金光祖题为沿海地方复设水师战船及广东各海口设防本(康熙九年十月初十日)》,《台湾文献汇刊》第一辑第八册,第342页。

第三章　清中前期的缯艍船

康熙二十二年（1683），施琅收复台湾，东南海疆底定。国家海防重心由外海转向内海，海防战船设置由战时转为平时，大型海防战船失去用武之地。在澎湖海战中发挥决定作用的大鸟船相继被裁撤，而起辅助作用的福建赶缯船和艍船则成为清朝水师的主力。具广东地方特色的拖风、艋仔等船处于辅助地位。而商渔船领域，海禁的解除与国家对商渔船的严苛控制并行不悖。广东的洋船、渔船在船型和数量上受到极大制约。康雍乾三代一百多年的时间，可以视作广船发展的低谷期。

第一节　广东海战船

一、广东海战船的数量

康熙四十二年，清廷在全国范围内进行战船定额，规定："沿海各营汛有岛有屿，应分定船数，以备官弁驻守巡游。"广东沿海各营汛巡哨船只，外海赶缯船八十四只，其中碣石镇标中左右三营共二十六只，南澳镇标右营九只，大鹏营九只，虎门协六只，龙门协二十只，琼州协十四只；艍船六十只，其中香山协五只，春江协五只，雷州协一只，澄江协十二只，平海营九只，新安营二只，广海寨二只，电白营七只，海安营五只，硇洲营八只，崖州营六只；艋仔船十七只，其中南澳镇标右营六只，海门营八只，达濠营三只；拖风船五只，均属吴川营。另，额设内河桨船三百九十三只。[1]清前期的海防战船布置，基本上承接明朝，重粤东粤中，而轻粤西。粤西军船以小哨船为主。此后，雍正、乾隆两朝，战船体制未见大的变动。乾隆五年（1740），广东有外海战船一百六十六

---

[1] （清）薛传源：《防海备览》卷五《修战舰》，嘉庆十六年刻本，第4页。

艘,与康熙年间相等,没有增减。乾隆二十四年二月,广东额设外海战船增至
一百七十二只,额设内河桨船二百四十三只。但从乾隆三十三年至四十年,
广东战船进行了多次裁汰:三十三年,裁汰三十二只,又缯船改拖风船一只,
缯艍、拖风等船改设内河快船十只。又裁汰内河战船五十六只,又橹船二只
改造外海拖风船一只。三十五年,广州、潮州二府裁汰巡检司巡船九只,广
州将军标绿旗营裁汰巡船三只。三十八年,广东省抚标裁汰桨船六只。四十
年,广东省水师旗营裁汰赶缯船二只,桨船四只。至乾隆五十四年,广东额设
外海战船已经降至一百三十七只。[1]

关于战船修造,雍正三年,议准:"广东省外海战船,广惠肇三府于省城河
南地方,潮州府于庵埠地方,高雷廉三府于高州芷芎,琼州府于琼州海口地方,
共设四厂。委道员二人监修,武职令有战船之该管副将或游击守备等官协
理。"此外,又有盐运司船厂一所,承修部分战船。[2]这些厂下又有分厂,如高
州芷芎厂有龙门子厂。乾隆五年,高雷二府转由省城河南地方修造。[3]乾隆
十六年,又改高雷二府的海安营、雷州协右营归琼州之海口厂,吴川、电白、硇
洲三营归高州之芷芎厂修造。乾隆十八年,议准海安营、雷州协右营,统归海
口厂办理。吴川、电白、硇洲三营战船更造,因高廉产木有限,仍归省城河南
地方办理。[4]

二、广东海战船的类型

明末清初,广东外海战船仍以乌艚为主,不存在使用鸟船的阶段。在收
复台湾的过程中,广东外海战船完成了从乌艚船向新式战船的过渡,确立了
赶缯船与艍船的水师主力战船地位,除赶缯船、艍船外,还有拖风船、艋仔船、
乌艚船、哨船等。[5]清中前期的广东海战船的类型,全为福建船式取代。凭借
国家的力量,赶缯船、艍船成为经制船只。从形制类型看,赶缯船和艍船全为

[1] 光绪《钦定大清会典事例》卷九百三十七《工部·船政·战船二》,清内府石印,不具页码。
[2] 光绪《钦定大清会典事例》卷九百三十六《工部·船政·战船一》。
[3] 光绪《钦定大清会典事例》卷九百三十六《工部·船政·战船一》。
[4] 光绪《钦定大清会典事例》卷九百三十七《工部·船政·战船二》。
[5] 《清朝文献通考》第二册卷一百九十四《兵十六·军器·战船》,商务印书馆,1936年,第6594页。

平首平尾船。双篷艍船或艍船，"制同赶缯，其稍异者，头微低，口张无狮头，尾部高耸"，[1]其他特征大同小异。需要说明的是艍船与赶缯船相比，其体量并不简小。各省战船虽均为缯艍，但大小尺寸却不尽一致。广东的各种类型战船，"其身长一丈九尺至九丈，板厚一寸至三寸一分，每板一尺用三四五六钉有差"。[2]

（一）赶缯船

赶缯船（图十七），原为福建民间渔船，康熙二十七年，成为额设战船。明末清初，赶缯船就已经出现，并被征用为战船。顺治十七年正月，清军管民安镇水师事副总兵官韩尚亮报告，在官塘黄岐地方，与郑军水战，在清军征调的各类船只当中，有赶缯船二十只，又夺获郑军赶缯船六只，双篷艍船二只。其中赶缯船的武器都为斑鸠炮、百子炮等小型火器，偶尔也有少量大炮。单只缯艍船的火炮数量，少的只一二门，多的十三四门。[3]康熙二十二年，施琅平台。在澎湖海战中，刘国轩与施琅都使用了大量赶缯。[4]康熙二十七年，清朝廷将赶缯船额定为外海水师主力战船之后，东南海

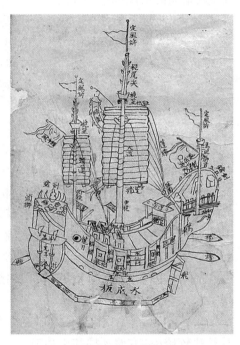

图十七　赶缯船
（《闽省水师各标镇协营战哨图说》之《赶缯船》）

---

〔1〕《闽省水师各标镇协营战哨船只图说》之《双篷船》，德国国家图书馆藏本。

〔2〕《清朝文献通考》第二册卷一百九十四《兵考十六·军器·战船》，第6592页。

〔3〕《韩尚亮为黄岐地方拿获郑军船只事塘报（顺治十七年正月初五）》，厦门大学台湾研究所、中国第一历史档案编：《郑成功档案史料选辑》，福建人民出版社，1985年点校本，第329～331页。

〔4〕（清）施琅：《靖海纪事》上卷《飞报大捷疏》，黑龙江教育出版社，2016年点校本，第346～354页。

疆平静,赶缯船战绩不彰。乾隆朝以后,水师多次裁减战船,广东水师的缯艍船等大型战船的数量已不足百只。至嘉庆初年,除拖风、艋仔船外,广东额设缯艍船只有八十二只。[1]后出于对付海盗的需要,广东水师逐渐以米艇取代笨重不灵的赶缯船。

赶缯船的形制特征,具有以下几点:

第一,尺度。大赶缯船最巨者,"长十丈、广二丈"。[2]但在实际应用上,赶缯船的尺度以中小型为主。雍正八年,议准"广东战船,身长一丈九尺至九丈,板厚一寸至三寸一分,每板一尺,用三四五六钉有差,各省战船宽九尺六寸,至二丈三尺五寸有差,均令道员,会同副参等官监督。广东外海战船委道员,内河委知府各会同副参等官监督"。[3]嘉庆初年,广东赶缯船较大者,长七丈六尺九寸一分、宽一丈八尺九寸。[4]其总体长宽比已经超过4。

第二,框架。明末清初,广东战船一直沿用明晚期的乌艚船。乌艚船原为货船,其上层建筑相对而言比较杂乱,首尾为封闭式的战棚,两边有为摇橹而设置的外展框架结构。而赶缯船由渔船发展而来,其船首便于牵网,设有前伸上翘的框架结构。这个框架结构,由首尾上翘的船舷支撑形成,是船首战棚的简化形式。头狮,即"船首伏狮","伏狮前为阀阅,后为寝堂",伏狮是指船体首尾横穿两边船膀的大横木。[5]"头狮"彩绘,其下有空档,空档之下为船首甲板。由于存在空档,所以关于赶缯船的描述中,往往称其"首昂而口张"。[6]这个特征与明代福船"首昂而口张"的特征有明显的承继关系。

第三,船舷。明代广东的乌艚船因采用梁担结构,船甲板横向外展,船舷往往比较矮小,方便摇橹和士兵战斗。而且,当时以冷兵器和简易火器作战

---

〔1〕 光绪《钦定大清会典事例》卷九百三十七《工部·船政·战船二》。
〔2〕 光绪《金门志》卷五《兵防志·国朝新改营制·附录》,台湾大通书局,1984年点校本,第95页。
〔3〕 光绪《大清会典事例》卷九百三十六《工部·船政·战船一》。
〔4〕 中国第一历史档案馆藏宫中朱批奏折,《两广总督吉庆奏为将粤东水师缯艍船只分别酌改米艇事》,嘉庆四年四月初三日,档号:04-01-36-0045-003,转引自祁磊:《鸦片战争以前清朝水师战船的演变》,《历史档案》2018年第1期,第88~95页。
〔5〕 (明)宋应星:《天工开物》卷下《舟车第十五·漕舫》,第245~246页。
〔6〕 光绪《金门志》卷五《兵防志·国朝新改营制·附录》,第95页。

为主，士兵手持盾牌或凭借排栅就能进行防御，所以船舷不明显，不密实。而且，广船通常会采用疏松的"截竹两破排栅，树于两旁以抵浪"。[1]这也是广船区别于福船之处，后者比较重视防御，"两旁板翼如栏"，而达到"倚之以攻敌"的目的。[2]赶缯船明显继承了福船重视防御的特征，采用外展的梁担结构，船舷与船艕板拼接紧密，高大并向前后伸展上翘，更便于甲板上的人隐蔽。这样的设计或许与当时舰载火炮技术的进步有关，船舷和甲板作为船舶最脆弱的位置，采用厚实木板作船舷，增强了士兵的防护能力，特别是针对火炮的防御能力。"两旁为舷，护以板墙，人倚之以攻敌"。[3]赶缯船还普遍在船舷开挖炮眼，便于施放火炮，即便一些仅装备回旋炮、斑鸠铳的小赶缯船，也彩绘假的炮眼。[4]然而，这种巨大的船舷使得赶缯船"首尾大小均齐，形制笨重，船头过高"。[5]

第四，装饰。广东赶缯船有红色的船头装饰，两舷彩绘黑白相间的大眼，头狮坪彩绘兽头，船头和船尾也有黑红彩绘。康熙五十二年，议准："各营艔犁、赶缯等船，于船头船尾刊刻某营某镇某号捕盗船名。"[6]康熙五十三年，规定各营哨船必须刊刻某营某字某号舵工水手等。[7]此外，各省水师标镇协营之间的战船，为区别隶属关系，须编刻字号。此外，赶缯船"头桅冲风红旗一面，九幅，每幅一丈五尺。大桅一条，龙旗一条，中用白布一幅，长六丈，两边用青布，配长上作荷叶顶，下作蜈蚣尾"。赶缯船船尾桅亦有旗帜。[8]这些都是原有的乌艚船所没有或不完备的。

第五，装备。赶缯船帆橹兼用，二桅席篷，桅杆望斗消失。船尾有多片遮阳棚。大橹两枝，头抄一枝。大烦铳两门，但重量仅三四百斤，斗头

[1]（明）宋应星：《天工开物》卷下《舟车第十五》，第253页。
[2]（明）郑若曾：《筹海图编》卷十三上《经略五·兵船》，第862页。
[3]光绪《金门志》卷五《兵防志·国朝新改营制·附录》，第95页。
[4] William Alexander, *The Costume of China*, London: Published by William Miller, 1805, "a ship of war".
[5]（清）《丁宝桢全集》第一册卷八《整顿山东水师购造船炮折》，贵州人民出版社，2017年，第323页。
[6]光绪《钦定大清会典事例》卷九百三十六《工部·船政·战船一》。
[7]（清）卢坤、邓廷桢：《广东海防汇览》卷十二《方略一·通论·船形制》，河北人民出版社，2009年点校本，第364页。
[8]（清）陈良弼：《水师辑要》之《赶缯船备用器械》，第335页。

烦一门，重二三百斤，子母铳十个。另有喷筒、火罐、火箭、刀枪、藤牌等武器。[1]"左右设闸，曰水仙门，人所由出；左曰路屏，右曰帆屏（泊船即架帆于此），中官厅，祀天后，厅左右小屋各三间，曰麻篷。厅外，总为一大门，出官厅，为水舱，左旁设厨灶，置大水柜，水舱以前格舱为六，迄大桅根格堵，乃兵士寝息所，下实米石沙土，以防轻飘。口如井，板盖之。桅高十丈，篾帆、绁索、插花皆备，别有小舱二格，乃水手所居。头桅亦挂小帆，短于大桅。头桅前即鹢首，安碇三个，碇用铁梨木，重千斤；袄绁百数十丈，有铁钩曰碇齿，以泊船者。厅中格曰圣人龛，安罗盘，以定方向。后曰舵楼，左右二小屋，舵楼右小桅挂帆，曰尾送。另备小艇一，曰杉板，以便内港往来；大船行，则收置船上（船小，即佩带杉板于船旁）"。[2]此外，赶缯船也装备大橹及桨。

（二）水艍船

水艍船又名双篷船、艍船（图十八），原为江浙外海捕盗之用。明末，艍船之名频现于文献。崇祯八年，郑芝龙破刘香于海坛，俘获刘香部水艍船一艘。[3]崇祯十五年（1642），郑芝龙筹议辽东觉华岛之防，"拟造大水艍船二十只……又造中水艍二十只。……水艍皆闽式"。[4]入清以后，清军也开始大量装备艍船，但多装备给江浙水军，艍船入粤略晚。顺治四年（1647），南明将领沈廷扬"统舟山水艍、沙船二百余号犯崇及吴淞"，清军从南明水师中"夺获水艍、八桨船、沙船共十二只"。次年，清军就大规模开建水艍船。至顺治七年，浙江水师共建造水艍船一百一十五艘。顺治八年，清军攻破舟山时烧毁南明军"新造未曾竖桅大水艍船百十余号"。顺治十一年，南明将领张名振率"水艍、沙船八百余号"驻泊羊山。经年损坏，顺治十一年，浙江巡抚遂请再造一百五十艘新艍船。顺治十三年初，郑军大举进攻台州、舟山，台州副将获悉郑军水师中"水艍有千余艘"，遂献城投降；兵部尚书孙廷铨亦称郑军

〔1〕（清）陈良弼：《水师辑要》之《赶缯船备用器械》，第335页。
〔2〕光绪《金门志》卷五《兵防志·国朝新改营制·附录》，第95～96页。
〔3〕国立中央研究院：《明清史料》乙编第七本《海寇刘香残稿一》，第694页。
〔4〕《两广总督沈犹龙题本》，台湾银行经济研究室编：《郑氏史料初编》，台湾大通书局，1962年，第175页。

"尚有新造大型水艍六七百艘"。[1]
施琅平台,双篷艍船亦是主要船
型。[2]康熙九年,广东水师中艍船已
经与艚船一起成为主力战船,比赶
缯船早。

　　水艍船与赶缯船形制稍异的地
方,在于艍船没有头狮坪,船首微低。[3]
　　雍正六年(1728),议准承造战
船:头号艍船阔二丈二尺五寸,船
身增长八丈九尺,舱深七尺九寸,板
净厚三寸一分。[4]嘉庆初年,广东
艍船长五丈八尺五寸、宽一丈八尺
五寸。[5]道光二十四年(1844),福建
省外海战船中仍有白底艍船三十二
只。[6]其船头、船尾刊刻某镇某营某
号捕盗船名,船体庞大。浙江水艍船,
船身阔二丈二尺五寸,长十丈一尺,舱
深七尺九寸,船板净厚三寸一分。

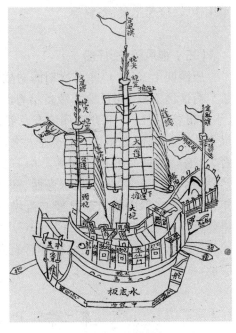

图十八　双篷艍船
(《闽省水师各标镇协营战哨图说》之《双篷艍船》)

　　清军艍船的杠具武器装备,按《水师辑要》包括:"大篷一面,头篷一面,
舵二门,碇三门(存一),大绯索二条,缭母一条,大缭绳一付,头篷缭母一条,
棕碇绳二条(各长三十五丈八寸围)、小索十条(每条十六丈),天后旗一面,
大桅口带一条,头抄一枝。"武器有子母铳六枝,以及喷筒、战箭、火罐、双手
刀、挑刀、竹篙枪、藤牌等。生活用具有铁锅、水桶、饭桶、饭碗等。此外,还有

〔1〕祁磊:《鸦片战争以前清朝水师战船的演变》,《历史档案》2018年第1期,第88～95页。
〔2〕(清)施琅:《靖海纪事》上卷《飞报大捷疏》,第346～354页。
〔3〕《闽省水师各标镇协营战哨船只图说》之《双篷船》,德国国家图书馆藏本。
〔4〕(清)薛传源:《防海备览》卷五《修战舰》,第12页。
〔5〕中国第一历史档案馆藏宫中朱批奏折,《两广总督吉庆奏为将粤东水师缯艍船只分别酌改
米艇事》,嘉庆四年四月初三日,档号:04-01-36-0045-003,转引自祁磊:《鸦片战争以前
清朝水师战船的演变》,《历史档案》2018年第1期,第88～95页。
〔6〕(清)翁同爵、玉甫:《皇朝兵制考略》卷六《各省外海内河战船数目》,第1页。

军用锣鼓、修船工具、备料等。[1]

（三）拖风船、艒仔船

康熙四十二年，广东首次对海防战船进行定额。拖风船被列入其中，数量只有区区五只，而且全部装备给粤西高州的吴川营。[2]康雍时期，陈良弼《水师辑要》提出："惠州府属亦有营船快哨、拖风二式，小于艍船，不过七八尺梁头。只能行走岸边，未敢驶入大洋。民船之拖风，亦有大只出洋揽货者，亦有一对两只共拖一网者。……虽大风巨浪，后坠为稳，渔人喜用之，然易于藏奸。"[3]零星出现于粤西、粤东的拖风船，此时数量较少。雍正十年，在官方文献中拖风船已经与赶缯、艍船等相提并论。"议准：广东外海缯艍及拖风船，向来设碇二门……"[4]它已经成为广东外海水师的重要战船。至乾隆年间，拖风船变得非常普及。[5]艒仔船为福建、广东海域之平底船。[6]

第二节 广东商渔船

一、广东商渔船的类型

明末清初，东南沿海地区持续战乱。清朝政府严苛的海禁与迁界政策，给商业和渔业及与之关联的商船、渔船建造带来毁灭性打击。康熙二十三年重开海禁，康熙五十六年禁止与东南亚诸国的南洋贸易，只保留与日本的北洋贸易及国内沿海贸易。雍正五年再开南洋海禁，开海通商为民间海船建造提供了有利条件。在允许渔民捕鱼和商人贸易的同时，清朝对船舶的梁头丈

---

〔1〕（清）陈良弼：《水师辑要》之《艍船备用器械》，第336页。
〔2〕（清）薛传源：《防海备览》卷五《修战舰》，第4页。
〔3〕（清）陈良弼：《水师辑要》之《各船式说》，第331页。
〔4〕（清）薛传源：《防海备览》卷五《修战舰》，第14页。
〔5〕杨培娜：《"梁头"、"关切"——清代前期广东渔船规制的形成》，《明清档案与潮州文化》，广东人民出版社，2008年，第173～195页。
〔6〕（清）顾炎武著，黄汝成集释：《日知录集释》下卷二十九《海师·陈总兵曰》，上海古籍出版社，2014年点校本，第640页。

尺和桅杆数量进行了严苛的限定。

（一）渔船

康熙四十二年,覆准海洋渔船梁头不得过一丈,只许单桅,舵工水手不得过二十名;商贾船只,梁头不得过一丈八尺,许用双桅,舵工水手不得过二十八名。这可以看作清朝商渔船的"国标"。而具体到广东一省,康熙四十四年,两广总督郭世隆议定广东渔船标准:梁头不得过五尺,只用单桅,舱面不许钉盖板,水手不得过五人。可见,广东"省标"比全国标准还要严苛。

在实际执行过程中,出洋渔船往往"违式"。除单桅之外,梁头大小、水手数量和舱面盖板往往以康熙四十二年的"国标"为准。而广东内港渔船比出洋渔船的标准更加严苛。

出洋渔船包括贸捕船和拖风船。前者单桅,梁头不过一丈,舵水不过二十名,既可以出海采捕,也可以装载客商货物在沿海口岸往来。后者单桅,梁头七八尺至一丈不等,船式与贸捕船相似。两船成对,专门从事采捕。拖风船又有网缯、板罟、捞缯等称呼。广东此种严苛的渔船管理规范,从康熙开海一直持续至嘉庆年间。

内港渔船的名称则有夹罟、板缯、鸟船、钓艍船、蜊船等名。内港取鱼小船比出洋渔船更为严苛,梁头不许过五尺,舱面不许盖板,水手不得过五人,准带一日口粮,朝出暮归。[1]

（二）红头船

红头船是清初加强广东出海民船管理的产物。黄光武对红头船的考证至为翔实。雍正元年七月二十一日,两广总督杨琳在一道关于出海民船通行编号的奏折中,复述了雍正的朱批谕旨:"着将出海民船按次编号,刊刻大字,船头桅杆油饰标记。"广东提督董象纬在关于拆毁拖风船的奏折中也提到上述圣旨:"近奉特颁谕旨:各省出海船只分别油饰,刊刻编号某省某府某州县之船。"杨琳为了执行雍正的命令,"会同广东抚、提二臣通行沿海文武将商渔船只各挨次编号,刊刻籍贯。船头油以红色,桅杆亦油红一半。面写黑大字,

---

〔1〕 杨培娜:《"违式"与"定例"——清代前期广东渔船规制的变化与沿海社会》,《清史研究》2008年第2期,第74～87页。

令人显而易见。并咨会福建、浙江、江南督抚提诸臣，各遵谕旨油饰标记"。
接替杨琳出任两广总督的孔毓珣，继续执行这一政策。东南四省"出海商渔
船只自船头起至鹿耳梁头止，并大桅上截住一半，各照省份油饰；船头两舷刊
刻某省某州某县某字某号字样。福建船用绿油漆饰青色钩字；浙江船用白
油漆饰绿色钩字，广东船用红油漆饰青色钩字，江南船用白油漆饰白色钩字。
其篷上大书州县船户姓名，每字俱径尺。蓝布篷用石灰细面以桐油调写，篾
篷、白布篷用浓墨书写，黑油分抹字上，不许模糊缩小。如遇剥落即行填写油
饰"。[1]之所以广东船船头大桅用油饰红色，大概与五方五色的思想相关，四
省因方位不同，配以不同的颜色：广东在南，南方属火，用色为赤，赤即红色。
江南在北，北方属水色黑；浙江在西，西方属金色白；福建在东，东方属木色
绿。[2]从黄氏的考证可知，船头桅杆油红乃广东一省商渔船之通例。不过，由
于粤东潮汕和东南亚各地建造使用红头船最频繁，习惯上，红头船成为粤东
地区和东南亚建造的海洋贸易船的称呼。红头船红头画黑白眼睛的特点，很
像红头公鸡，且两目甚巨，以骇海底鱼龙，禁其作祟。因此该船又有"大眼鸡"
或"鸡目船"的称呼，或称本港洋船。[3]清代洋船主要航行至澳门、海南以及
东南亚一带从事贸易。

红头船的样本很多，尤其在十九世纪外销画中是常见母题。广州博物馆
藏玻璃画《广州十三行》，在海珠炮台旁边停泊的三桅大船就是被称作"大眼
鸡"的洋船（图十九）。另外广州博物馆藏有一册题为"新呱"所画的通草水
彩画画册，其中一幅专门描绘了广州的洋船（图二十）。《长崎港南京贸易绘
图绘卷》图绘了一幅清朝红头船（图版一）。大英图书馆收藏有一幅红头船
主题的外销画（图版二）。英国维多利亚阿伯特博物院收藏有一幅名为洋船
的红头船外销画（图二十一）。[4]此外，部分来华的外国画家对红头船情有独
钟，描绘了多幅红头船的图像（图二十二至二十四）。

〔1〕（清）严如熤:《洋防辑要》（一）卷二《洋防经制上·稽查商渔船只桅篷》，《中国南海诸群岛文献汇编之四》，台湾学生书局，1975年，第72页。
〔2〕黄光武:《红头船考源》，《樟林古港》，香港天马出版有限公司，2004年，第113～125页。
〔3〕（清）陈坤:《不翼而飞大眼鸡》，《中华竹枝词（四）鲁豫鄂湘粤桂琼》，北京古籍出版社，1997年，第2843页。
〔4〕刘明倩、刘志伟:《18～19世纪羊城风物:英国维多利亚阿伯特博物院藏广州外销画》，第190页。

图十九　《广州十三行》玻璃画红头船
(《清代外销画里的珠江船舶》,《文物天地》2014年第4期,第86～88页)

图二十　三桅红头船
(《清代外销画里的珠江船舶》,《文物天地》2014年第4期,第86～88页)

图二十一　红头船

（《18～19世纪羊城风物：英国维多利亚阿伯特博物院藏广州外销画》，第190页）

图二十二　红头船

（1805～1806 Hong Kong Museum of Art [cwC_1805c_AH6424]. http://
visualizingcultures.mit.edu/rise_fall_canton_03/cw_essay01.html）

图二十三 红头船

（1805～1810 National Maritime Museum [nmm_1805～10_ZBA1291] http://visualizingcultures.
mit.edu/rise_fall_canton_03/cw_essay01.html）

图二十四 红头船

（ Roderick Conway Morris, "How Maritime Routes Led to Cultural Exchanges" , *The New York Times*, Nov 05, 2011 ）

1971年10月4日,澄海县南畔洲河滩,出土一艘红头船。船身长三十九米,宽十三米,从船头到船尾,有四十九片壁板,船上设有五层舱房。整船用泰国楠木制成,全部用铜钉紧固。1972年10月初,在和洲村坪河滩出土另一只红头船,船身残长二十八米,连烧焦残断处共四十一点六米,船舷上刻"广东省潮州府领　船双桅壹佰肆拾伍号蔡万利商船"字样,每字四十五厘米见方。[1]

红头船首平、底尖、体长,吃水较深,梁拱小,甲板脊弧不高,有较好的远航性能和较大的续航力。船体结构的横向以密距肋骨与隔舱板构成;纵强度依靠龙骨和大樐维持,龙骨分为三节。船材多为荔枝木、樟木、楠木,木料质地缜密而坚硬。红头船有单桅、双桅之分(后发展至三桅)。大型的红头船,中桅和前桅均向前,上悬布质硬帆,篷杆较疏而粗,篷边用铁索、铁链加固,也有一部分用席篷。个别红头船主帆会加装辅助帆招风,形成"四帆开笑"的效果。一般中小型船都备有橹和桨。[2]红头船载重多的达三千石,少的一千六百石。

红头船的木料多从东南亚进口,尤其是从暹罗进口的楠木、柚木占很大比重,在潮汕本地制造。由于暹罗大量出产造船所需木材,材美价低,加之潮汕移民聚居于此,红头船的建造逐渐转移至暹罗。暹罗制造的红头船被称为暹罗船或暹罗贡船,品质颇佳。

乾隆后期,航行于海中的商渔船只已经突破了朝廷规定的规范限制。船只承造的梁头丈尺,往往虚报。因此,征税时不再以申报的梁头丈尺为准,而是以实际丈量的结果为准。"海中商渔船只,并无一船符合实在丈尺,治以捏报之罪,则罚不及众"。嘉庆十一年至十五年(1806~1810),福建为缉捕蔡牵、朱渍等海盗,特别雇募大型民间商船四十九艘为军用,其梁头大者二丈九尺五寸,最小的也有一丈七尺九寸,几乎全部超过官方规定的一丈八尺。嘉庆年间,广东南海县发给赴南洋贸易船金协成船照,其梁头为三丈七尺二

---

〔1〕李绍雄:《若水斋诗词文选》,中国书画出版社,2013年,第218页;林瀚:《清代潮阳赤产古庙船运碑刻考释》,《元史及民族与边疆研究集刊》2015年第30辑,第186页。

〔2〕邱立诚、杨式挺:《从文物考古资料探索潮汕地区的古代海上"丝绸之路"》,《潮学研究》1994年第2辑,第34~49页。

寸。[1]嘉庆后期，横行东南沿海的海盗大致被肃清。嘉庆二十三年，为应对兵粮配运的实际需要及沿海居民之生计，并回应闽浙总督董教曾等之奏请，取消了对造船尺寸大小之限制，而船桅数量、武器情况等也随之发生变化，[2]三桅大商船与两桅渔船开始普及。

另外，广东有名为乌尾出洋商船者，与红头船十分类似，但明朝乌尾船的稳性差、驶风能力不足的缺陷在清代乌尾船身上依然存在，"重载往闽浙，遇风浪沉礁，多有打破"。[3]大英图书馆收录有多幅嘉庆年间名为乌尾洋船的外销画，体型巨大，展示了这个时代出洋商船的形制特点。

---

〔1〕《福建沿海航务档案》之《广东南海给船户照式现行式》，第23～24页，转引自刘序枫：《清政府对出洋船只的管理政策（1684～1840）》，《中国海洋发展史论文集》2005年第9辑，第371页。

〔2〕刘序枫：《清政府对出洋船只的管理政策（1684～1842）》，《中国海洋发展史论文集》2005年第9辑，第356～359页。

〔3〕（清）陈良弼：《水师辑要》之《各船式说》，第357页。

第四章　清中后期的米艇与红单船

乾隆五十五年至光绪元年(1790~1875),东南海盗活动猖獗,西方国家侵略加剧,加之太平天国运动延宕整个东南沿海,清政府加强了对广船的征调,一定程度上放松了对广船的管制,形成了广船修造的高潮。广东沿海先后创制出了米艇、红单船、老闸船等新式船型,而传统的缯艋船等则日趋式微。商渔船领域,除传统的平首平尾的艚船之外,出现了新式的尖首圆尾型船只。

第一节　广东海战船

一、广东海战船的数量

至嘉庆三年(1798),广东额设拖风、艍仔等船五十三只,缯艋船八十二只,其中留用三十五只,改造四十七只。这四十七只中的缯船被改为大号米艇,艋船被改为中号米艇,加之乾隆年间修造的九十三只米艇,广东外海战船的数量接近康熙年间之定额。[1]

嘉庆五年,又奏准添造米艇二十只,拖风船八只。至嘉庆十二年,广东新旧米艇共有一百三十五只,以一百二十只分为四帮,分东、中、西三路巡缉,其余一帮往来策应。以十五只为轮换替修之用,照现存只数作为定额。其额设缯艋、拖风等船共一百三十五只,留防巡哨者五十一只,其余暂停修造。其节省之修费即可移为修理米艇之用。至嘉庆十四年,又再次奏准,因计划建造的二十只登花船难于购料成造,所以改设为大中小米艇四十号。嘉庆二十年,海盗投诚,大帮洋匪平靖。两广总督蒋攸铦以驾驶不灵为由,奏请裁中小

---

〔1〕　光绪《钦定大清会典事例》卷九百三十七《工部·船政·战船二》。

米艇二十号,酌改捞缯船三十四只。[1]

鸦片战争前,因东南剿匪需要,广东省额设外海战船大米艇五十一只,中米艇四十八只,小米艇十六只,捞缯船三十四只,缯艍船二只,大八桨十只,草鸟船六只,以上共一百六十七只,恢复至乾隆三十三年以前的水平。道光二十七年,新设大战船三只,三板船十一只,三扒船十只,缯船一只,巡船一只,大米艇一只,中米艇二只,捞缯船一只。内河战船桨船五十四只,快船十三只,急跳船十一只,两橹桨船九只,快桨船九只,急跳桨船四只,罟艚船四只,四橹桨船二只,橹桨船四只,巡船一百二十七只,二橹巡船三十只,共二百六十七只。[2]

道光朝后期,广东通省外洋巡缉额设大中小米艇一百五十只,捞缯船三十六只,大八桨船十只,派分六路。[3]广东水师旗营:外海赶缯船一只,艍船一只,内河桨船一只,入额内河两橹桨船一只,桨船一只。入额内河两橹桨船一只,桨船二只。水师提标中左右三营:中营大米艇四只,小米艇一只,捞缯船一只;左营大米艇三只,中米艇二只,捞缯船二只;右营大米艇二只,中米艇二只,小米艇一只,捞缯船一只;额设内河巡船五只。水师提标后营:额设内河巡船七只,入额内河巡船六只。顺德协:额设内河巡船二十五只,入额内河巡船八只。香山协左右二营:左营大米艇一只,中米艇三只,小米艇一只,捞缯船一只;右营大米艇二只,中米艇二只,小米艇一只,捞缯船一只;额设内河巡船五只,入额内河巡船八只。新会营:额设内河巡船二十二只,入额内河巡船五只。广海寨:大米艇一只,大船二只,中船三只,捞缯船四只。永靖营:额设内河巡船二只。大鹏左营:大米艇三只,中米艇三只,大鹏右营:大米艇二只,中米艇二只,捞缯船三只;入额内河巡船三只。前山营:内河船二只。清远营:内河船五只,内河桨船二只。[4]

二、广东海战船的类型

清中后期,广东战船先后发生了两轮显著的变革,先是米艇取代缯艍船,后是红单船和拖风船取代米艇,成为广东水师的主力战船。广东地方特色的

〔1〕咸丰《琼山县志》第二册卷十《经政志·船政附兵船》,海南出版社,2004年,第499～501页。
〔2〕(清)翁同爵、玉甫:《皇朝兵制考略》卷六《各省外海内河战船数目》,第4～6页。
〔3〕光绪《广州府志》卷七十四《经政略五·船政》,光绪五年冬月粤秀书院刻本,第15页。
〔4〕光绪《广州府志》卷七十四《经政略五·船政》,第15～18页。

米艇、红单、拖风、老闸等船的影响日益扩大,甚至超越广东沿海,向北部扩散。在广东省外,红单、拖风、捞缯等以广艇之名发挥了重要作用。

(一)米艇

乾隆五十九年,经过乾隆中期的多次裁汰,广东省沿海水师各营额设的缯艍、拖风等兵船仅有一百三十五只,比康熙年间的数额要少,而且船身笨重。这些船只分守海口尚可,如擒匪捕盗,则多要雇觅民船,而雇觅民船的弊端无穷。清代中后期,广东海战船仍以平首平尾的缯艍船为主。乾隆五十五年,为了应对猖獗的海盗,已有"搜捕海盗,战船拙滞,允水师将弁之请,仿民船改制战船,以期迅捷"之议论。[1]乾隆五十八年,广东布政使吴俊就历陈民船雇募不便,而请建米艇,盛赞东莞米艇"因其船身、桅舵坚固灵捷,便于追驶"。[2]朝廷批准动用养廉银六万两,仿照民船式样,捐造米艇九十三只,分拨各营应用。[3]乾隆六十年、嘉庆二年,先后降旨令"沿海各督抚,将现有官船照依商船式样,一律改造以为外洋缉捕之需"。东南各省战船,"一律收小,仿民船式样改造,以便操防而收实效"。[4]

此后,各地陆续开始新一轮的战船更新换代。福建起用了同安梭船,广东则引入了东莞米艇。米艇原为运米船,因其迅捷,而在乾隆年间为水师征调,用以缉捕海盗。除米艇的称谓之外,中外又多以战船、兵船、广艇、师船称之。[5]嘉庆年间,广东旗帮海盗的发展,加速了沿海水师旧有舰船的裁汰和新式米艇的引入。《粤海关志》记载了各营水师所拥有的船舶数量,显示出米艇在嘉庆时期已经成为主要兵船。广州之外,潮州也在嘉庆十五年开始添置米艇,作为海防战船。[6]经过历次增添改造,至嘉庆时期,广东基本形成了以米艇和捞缯为主力战船的局面。

---

[1]《清史稿》卷一百三十五《兵六·水师》,第3985页。

[2]《皇朝经世文编》卷八十五《兵政十六·海防下·请建米艇状(乾隆五十八年)(吴俊)》,《魏源全集》第十七册,岳麓书社,2004年,第669页。

[3] 光绪《钦定大清会典事例》卷九百三十七《工部·船政·战船二》。

[4](清)明亮、纳苏泰:《钦定中枢政考》卷四十《营造·各省战船照商船式样改造》,《续修四库全书》第855册,上海古籍出版社,1997年,第36页。

[5](清)袁永纶:《靖海氛记》卷上记"官号师船曰米艇",第10页。

[6] 嘉庆《澄海县志》卷二十二《营汛兵马船附》,第272页。

　　道光七年，广东只有一百二十只米艇，与海寇的三百余号船只相比，显得单薄。两广总督李鸿宾采纳程含章提出的添造新旧米艇一百八十号，再雇红单船四十号的奏议。第一次鸦片战争时期，米艇是虎门及省河防御的主要船型，称为师船，与被称为雇船的红单船相对。鸦片战争之后，米艇仍是主力战船，但逐渐让位于红单船。道光二十二年，总督祁𡎴议造战船，不再更新米艇、捞缯，以为造战船之费，共停大小米艇、捞缯四十号。[1]

　　米艇与赶缯船和艍船，在结构和装饰上并无大的差异，但在船型上有三处显著的不同。

　　第一，船身低平。米艇的首尾降低，上翘不明显，尾楼低矮，船首没有头狮坪。

　　第二，舷墙较高，结实封闭，唯有前部开口，加上舷墙两侧的船眼，整个船看起来就像一个张嘴的猛兽。[2]

　　第三，船身变长。米艇相较于赶缯船、水艍船等笨重的船型，体型变得修长，有种被拉伸的感觉。米艇头低，而口微张，无头狮坪设置的特征与艍船类似，可以看作是被拉长了的双篷艍船。赶缯船的长宽比一般在4左右，而米艇的长宽比已经普遍超过4。米艇有大小之别，"如乾隆年间官方建造的第一批米艇，大号米艇四十七只，身长九丈，宽二丈，深九尺四寸；中号米艇二十六只，身长七丈六尺五寸，宽一丈八尺八寸，深八尺四寸七分；小号米艇二十只，身长六丈四尺八寸，宽一丈六尺四寸八分，深五尺五寸"。[3]《广东海防汇览》引《司册》载："大号米艇身长九丈五尺，宽二丈六寸，深九尺三寸；中号米艇身长八丈六尺，宽一丈八尺一寸，深八尺六寸；小号米艇身长七丈六尺，宽一丈六尺四寸八分，深六尺五寸一分。"[4]

　　米艇的兵士配备数量不多，程含章《筹办海匪事宜疏》载："向例捕贼米艇，大船配兵六十名，中船五十名，小船四十名。数原不少，惟是米艇长大，每船掌舵六七人，管头篷八九人，管大篷十余人。又每船炮位多者十七八位，少者十二三位，每位派兵三名，数恒不敷，其火罐、喷筒、藤牌、鸟枪等物，往往不

〔1〕　光绪《广州府志》卷七十四《经政略五·船政》，第15～18页。
〔2〕　Charles Toogood Downing, *The Fan-qui in China, in 1836～7*. Vol. 1, London: Henry Colburn publisher, 1838, p. 111.
〔3〕　光绪《钦定大清会典事例》卷九百三十七《工部·船政·战船二》。
〔4〕　（清）卢坤、邓廷桢：《广东海防汇览》卷十二《方略一·通论·船形制》，第367页。

能兼顾。"[1]米艇的兵士配额,至鸦片战争前后并无明显改变。例如,当时琼州府洋浦港就有小米艇一只,配官一员,兵丁四十七名。[2]

第一次鸦片战争期间,米艇作为主力战船,其战斗效果不佳,英国人对其评价极低。据夏士德记载,清军米艇"粗笨吃水浅,最大排水量二百五十至三百五十吨,方头,甲板平整,首尾上翘,尾楼及瞭望室高大;使用木碇、藤棕绳缆、席帆;通身黑红,彩绘船首大眼;一般只有二至四只小火炮。"不管大船还是小船都追求速度,小船更快,因其装备十至二十支桨,装备一至二门两磅至四磅回旋炮,船舷一侧悬挂虎头藤牌,武器以矛、剑以及大火绳枪为主,后者需要由木杆支撑在船舷上。战船上火炮口径不同,大多为中国生产,少量外国进口。除此之外,还有火药罐、防护渔网、水雷等武器。[3]

1. 大号米艇

1831年来华的帕里斯图绘有当时的三桅大号米艇战船(图二十五),并测绘了其中一只的结构图(图二十六)。根据帕里斯的记载,米艇船体首尾圆弧,中间平直,底平吃水浅,首低尾高,船体最宽处接近船尾,看起来很像水禽的肚子。船壳水线以上部分为数条粗大的加强材。这些加强材的两端分别固定在首尾柱顶端的两块横板之上。两条舷侧列板,首尾上翘,与横隔板拼接成若干隔舱。两条舷侧列板均延伸到首尾柱之外,构成虚艄。其中船尾虚艄构成方形船尾框,尾板彩画十分鲜艳明亮。而船首虚艄为开放式框架,以一根横梁连接,两舷侧列板彩绘船眼。

船尾舵匣装置可升降吊舵,舵叶为镂孔舵。三桅均装备席帆,以竹为横桁,每根横桁以圆形套索固定在船桅之上。这种席帆,操作省力,特别是转帆驶风极为简便,而且可以根据风力大小折叠船帆,随意调整帆的面积。[4]此外,为加强主桅的强度,有支撑主桅的辅助材,一端顶在主桅根部偏上的位

---

[1]《皇朝经世文编》卷八十五《兵政十六·海防下·上百制军筹办海匪书(程含章)》,《魏源全集》第十七册,第662~663页。

[2] 华林甫:《英国国家档案馆库藏近代中文舆图叙录》,上海社会科学院出版社,2009年,第93页。

[3] *George R. G. Worcester, "The Chinese war-junk", The Mariner's Mirror*, Vol. 34, No. 1, 1948, pp.16~25.

[4] Éric Rieth, *Voiliers et Pirogues du Monde au début du XIXe siècle*, Paris: Éditions du Layeur, 2012, p.72.

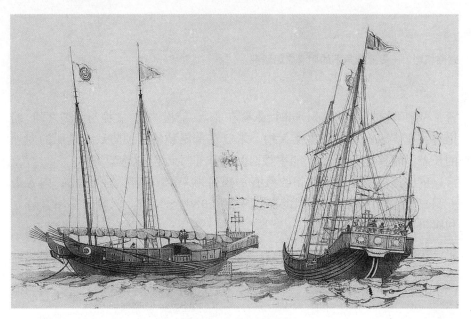

图二十五　米艇战船

（Éric Rieth, *Voiliers et Pirogues du Monde au début du XIXe siècle*, p. 72）

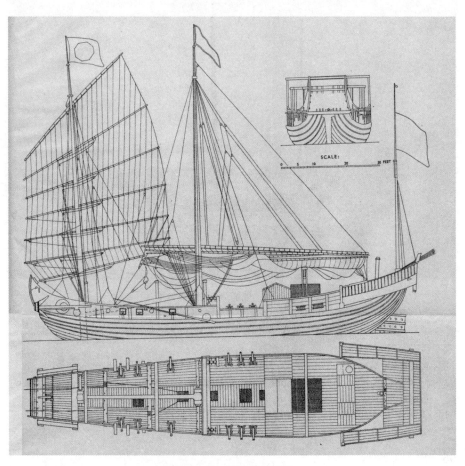

图二十六　米艇战船结构

（Éric Rieth, *Voiliers et Pirogues du Monde au début du XIXe siècle*, planche 49～50, pp. 145～146）

置,一端顶在前桅的根部。同时,米艇在船首、前桅一侧、主桅与前桅之间、船尾有绞车。米艇也备有多支大橹。米艇在首尾装备有预防敌人跳船的向外的长矛。船首有一门火炮,船甲板两侧各有五门火炮,以炮架支撑。[1]

皮博迪埃塞克斯博物馆收藏有一幅名为"杀贼战船"的外销画,内容为一只三桅大号米艇。[2]其画的制作年代在1800~1807。该船的船尾有灯笼和旗帜(图版三)。

2. 中号米艇

大英图书馆收藏有一幅"捕盗米艇"外销画,为一只双桅中号米艇(图二十七)。[3]还有一幅名为"解饷炮船"的双桅中号米艇(图二十八),为二桅

图二十七　捕盗米艇/双桅米艇
(《大英图书馆特藏中国清代外销画精华》第六卷,第124页)

---

〔1〕 Éric Rieth, *Voiliers et Pirogues du Monde au début du XIXe siècle*, p.146, planche 50.

〔2〕 MIT Visualizing cultures网站https://ocw.mit.edu/ans7870/21f/21f.027/rise_fall_canton_04/cw_gal_04_thumb.html 查阅日期2018-4-5.

〔3〕 王次澄等:《大英图书馆特藏中国清代外销画精华》第六卷,第124页。

图二十八　解饷炮船/双桅米艇
(《大英图书馆特藏中国清代外销画精华》第六卷,第110页)

小型艚船,船首如鱼形,有一凤眼,船尾建小旗楼,可作瞭望,船型上宽下窄。[1]
税银的运输经常利用此种船只。此外,英国维多利亚阿伯特博物馆院收藏有
一幅名为"盐船"的双桅中号米艇(图二十九)。[2]

(二)海盗船

实际上,海盗船并不是一个独立的船舶种类,往往是各类渔船、商船的
混合杂糅,并加载了武器和特殊装饰。"海盗船往往大小相杂,最大的船装载
二十至三十门不同口径的大炮,使用炮车,发射速度普遍较慢。有时海盗船

---

〔1〕　王次澄等:《大英图书馆特藏中国清代外销画精华》第六卷,第110页。
〔2〕　刘明倩、刘志伟编:《18～19世纪羊城风物:英国维多利亚阿伯特博物院藏广州外销画》,
　　　第192页。

图二十九　盐船/双桅米艇
（《18～19世纪羊城风物：英国维多利亚阿伯特博物院藏外销画》，第192页）

会捆缚使用火炮，需要调整船舶到特定位置才能发炮。在西方海员眼中，海盗船水上部分粗糙不堪，而水下部分则干净平滑，油漆光亮，利于浅水航行，追逐猎物。上层建筑少且小，可以抵挡一般的枪炮射击，而不至于损坏。甲板略圆突，破烂不堪。他们少有超过两桅的，而且桅杆粗壮，不需要过多的稳索，很难使用炮弹打折船桅。船尾桅不起推动作用。中国帆闻名遐迩，不遑多论。仅就海盗船帆而言，最大的特点就是大，操纵灵活。战斗中，以破渔网和牛皮做防护阻挡敌人登船和射击。他们的主要武器是刀和矛，打起仗来甲板堆满火药而不会爆炸，随时向敌船投掷各类燃烧弹等。泉州建造的洋船为海盗所钟爱，虽然航行不快，但体大结实，用作海盗旗舰。"[1]

---

〔1〕　Philip Maughan, "An Account of the Ladrones who infested the Coast of China", *Further Statement of the Ladrones on the Coast of China Intended as a Contribution of the Accounts*, London: Published by Mr. Dalrymple, Alexander Dalrymple, ed., 1812, pp. 24～25.

（三）捞缯船

捞缯船原是渔民聚族而居,出海采捕之船,无论外洋、浅水、沿海港口均能驾驶,足可配兵缉捕,较之米艇更为灵便。嘉庆二十年,经总督蒋攸铦奏请,裁撤中小米艇二十号,快马船九只,内河巡船十五只,共三十四只,酌改为捞缯船三十四只。此为捞缯船成为海防战船序列中主要船型之始。[1]鸦片战争前夕,广东捞缯船依然维持着三十四只的额定数量。[2]

捞缯船体量较小,官军征用和建造捞缯船以为辅助战舰。英国国家档案馆藏1850年代《琼州府西北部沿海军事地图》载,莪山曼港外、海头港外、英潮港外各驻捞缯船一只,配官一员,兵丁二十七名。[3]《广东海防汇览》引《司册》记载了捞缯船的具体尺寸:"捞缯船头长二丈二尺,面宽八尺八寸,底宽五尺八寸八分,深四尺八寸;中长二丈二尺,面宽一丈四尺,底宽八尺四寸,深六尺;尾长二丈六尺,面宽一丈一尺九寸,底宽七尺一寸四分,深五尺四寸,计二十二舱。"[4]

捞缯船相对于米艇有以下两个特点:

第一,"捞缯船头(首)尖尾(尾)大,利于乘风破浪"。[5]这与明代乌艚船、赶缯、米艇等船首尾大小均齐的特征有显著区别,特别是尖首与阔尾相匹配,船舶的快速性有很大提升。

第二,"船身甚低,无虞轰击,可施桨橹,河海皆宜"。[6]船舶首尾低平,船舷也降低,采用开放式甲板。

目前,仍未发现明确为捞缯船的样本或图像,不过帕里斯记录和图绘的珠江口上的拖网渔船,既符合捞缯船为渔船的文献记载,又在形制上也是尖首宽尾,属具上可施桨橹,似为捞缯船。香港海事处网站曾发布一幅名为《米船》巡逻船的油画。该船尖首的特征最为显眼,但又非全靠风帆驱动的红单战船,而且船型较短多橹驱动,又非一般的桨橹长船,极有可能是捞缯帆船。最主要的是,该图像的船首特征与对拖渔船十分接近(图版四)。

〔1〕（清）梁廷枏:《粤海关志》卷二十《兵卫》,广东人民出版社,2014年,第406页。
〔2〕（清）卢坤、邓廷桢:《广东海防汇览》卷十三《方略二·船政二·承修》,第387～390页。
〔3〕 华林甫:《英国国家档案馆库藏近代中文舆图叙录》,第93页。
〔4〕（清）卢坤、邓廷桢:《广东海防汇览》卷十二《方略一·通论·船形制》,第367页。
〔5〕（清）《丁宝桢全集》第一册卷八《整顿山东水师购造船炮折》,第323页。
〔6〕（清）《丁宝桢全集》第一册卷八《整顿山东水师购造船炮折》,第323页。

（四）红单船

红单船又名头艍，是清代广东沿海的一种货运船，其名称出现于嘉庆年间。英国国家档案馆收录一份嘉庆十二年的档案，内容为新会县船民请求英国洋船护航，记"今有黄永胜等红单船七号，往崖州、琼州、嘉积、海南地方，装载槟榔、椰子、黄藤等货，运回江门镇南行交卸"等语。[1]另《粤海关志》收录嘉庆十五年八月《澳门同知王衷驳西洋国使眉额带历乞架布隆多土厘咸辖议》内第五条，有"红单盐船寄碇者，饬定停泊娘妈阁"之语，[2]说明红单船之名在嘉庆朝就已出现。所谓"红单"，是指广东海关对商船开具的完税证明，而"红单船"成为运输商品、完纳税收船只的代名词，最初并无特定形制可言。

根据广东按察使赵长龄说帖和粤海关监督明善的说明，红单商船素以贩油、贩糖为业，又名"油糖船"，涉历大洋，往来吕宋、暹罗诸国。这种船大小参差，大者约计水手六十余人，次亦四五十人，或三十余人不等，价值合共牵算，每船每月纹银一百四十余两。但普遍"船只快利、炮火精锐、点放娴熟，比官方的师船，还厉害数倍。红单船的修造，仿古人彻法，每合数十家共造一船，所有舵工、水手皆其父子兄弟，从不向外间雇觅。因此，红单船遇敌合力向前，战斗众心齐力，无推诿溃散之虞"。[3]

较强战斗力是红单船成为官军征用对象的主要原因。红单船成为广东海战船，不过是明代以来官军征用民船的再演而已。嘉庆年间，署理雷州府同知程含章曾"带领红单船百号出海，与舟师相从两月"，提出雇募红单船四十只，以辅助新造米艇，用于广东沿海四路防守。[4]鸦片战争前，广东外海战船缺额严重，额定一百四十九只，分别为大米艇五十四只、中米艇四十六只、小米艇十六只、捞缯船三十三只，但多半废弛，不能使用。[5]为弥补战船缺额，应对英国入侵，林则徐再次雇募红单船，并以雇船称之，以便与原有米艇

---

〔1〕 陈国栋：《红单与红单船——英国剑桥大学所藏粤海关出口关票》，《海洋史研究》2013年第5辑，第212页。

〔2〕 （清）梁廷枬：《粤海关志》卷二十九《夷商四·澳门同知王衷驳西洋国使眉额带历乞架布隆多土厘咸辖议》，第557页。

〔3〕 （清）梁廷枬：《粤海关志》卷二十九《夷商四·澳门同知王衷驳西洋国使眉额带历乞架布隆多土厘咸辖议》，第557页。

〔4〕 《皇朝经世文编》卷八十五《兵政十六·海防下·上百制军筹办海匪书（程含章）》，《魏源全集》第十七册，第664页。

〔5〕 （清）卢坤、邓廷桢：《广东海防汇览》卷十三《方略一·船政二·承修》，第385～387页。

师船相区分。1840年8月,林则徐在虎门狮子洋部署各营大号米艇二十只,并雇红单船二十只,拖风船二十六只,进行操演,准备迎战。[1]次年的虎门之战,是红单船以主力战船的身份参加的第一次大规模的水战。咸丰三年(1853),为应对太平天国起义,原任户部尚书孙瑞珍,奏请雇佣广东顺德县陈村地方的红单船前往江南作战。[2]在镇压太平天国起义的过程中,广东红单船给太平军以极大打击。第二次鸦片战争期间,广州水师也曾调动红单船抗击英军入侵。咸丰六年十一月初五日,当时的珠江东炮台旁河面有红单船二十多艘。[3]咸丰七年五月初十日,琼州镇黄开广以师船、红单百余号(内红单船六十多艘)与英军战于佛山三山。[4]直到二十世纪初,红单船作为广东海防主力战船一直发挥着重要作用。

与水战中的表现相比,红单船以头艋之名在沿海货运中的作用更为突出。有些航道几乎为红单船所垄断,特别是在北部湾各口岸及港澳地区。到十九世纪末,随着外国航运业的兴起,广东沿海的头艋运输才走向衰落,只能从事短程近海运输和鸦片走私业务。1938年前后,为抗日需要,广东沿海仅存的百艘左右的头艋被征集到珠江口外凿沉,作为江障之用,成为对红单船最大的一次打击。[5]

红单船出现的时代较晚,样本数量也较多,既包括商船,也包括兵船。安特卫普河边博物馆收藏有三件中国红单商船模型(图版五,图三十、三十一),帕里斯著作中收录有一幅被称作快船(Fast Boat)的红单战船(图三十二),一幅名为广顺安(Couang-Dzoui-Hann)号的商船(图三十三、三十四),还有一幅1900年巴黎世界博览会展览的头艋船。帕里斯绘制的船图,图中所示的帆船长120英尺(36.6米),宽25.5英尺(7.8米),深12英尺(3.7米),采用布帆(当时多数用席帆)。船舶中部主桅旗子上写着指挥官的名字,而船尾旗用不同的颜色表示出该船所属的水师。[6]

---

[1] 茅海建:《1841年虎门之战研究》,《近代史研究》1990年第4期,第1～28页。
[2] 茅海建:《1841年虎门之战研究》,《近代史研究》1990年第4期,第1～28页。
[3] (清)华廷杰:《触藩始末》(卷上),《第二次鸦片战争》(第一册),上海人民出版社,1978年,第168页。
[4] (清)七弦河上钓叟:《英吉利广东入城始末》,《第二次鸦片战争》(第一册),第215页;(清)华廷杰:《触藩始末》(卷中),《第二次鸦片战争》(第一册),第177页。
[5] 黄家蕃:《清代北部湾的航运主角——头艋》,《航海》1984年第3期,第18～19页。
[6] [美]V. A.索高罗夫著,陈经华译:《中国船》,海洋出版社,2013年,第110页。

图三十　头艋商船

（安特卫普河边博物馆藏品　编号 AS.1935.048.081　拍摄：Bart Huysmans & Michel Wuyts）

图三十一　头艋商船

（安特卫普河边博物馆藏品　编号 AS.1935.048.080　拍摄：Bart Huysmans & Michel Wuyts）

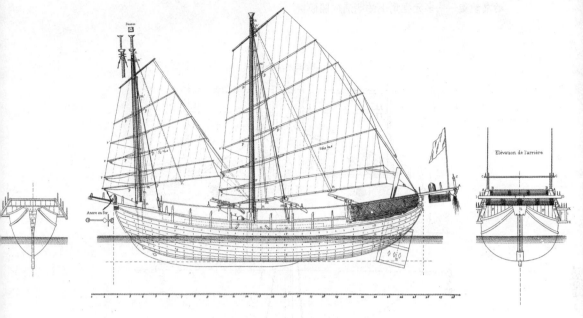

图三十二　广东快船

（ Edmond-Francois Pâris, *Souvenirs de Marine: Collection de Plans ou Dessins de Navires et des Bateaux Anciens ou Modernes*, Vol.1, No.80 ）

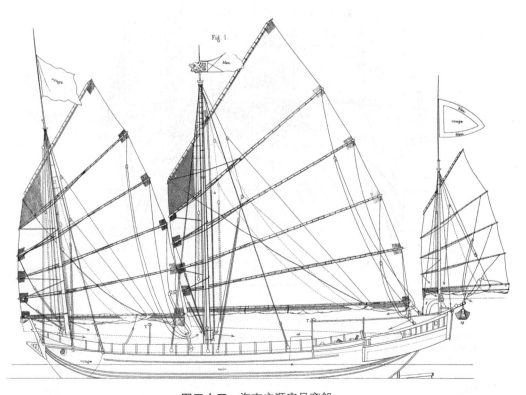

图三十三　海南广顺安号商船

（ Edmond-Francois Pâris, *Souvenirs de Marine: Collection de Plans ou Dessins de Navires et des Bateaux Anciens ou Modernes*, Vol.2, No.192 ）

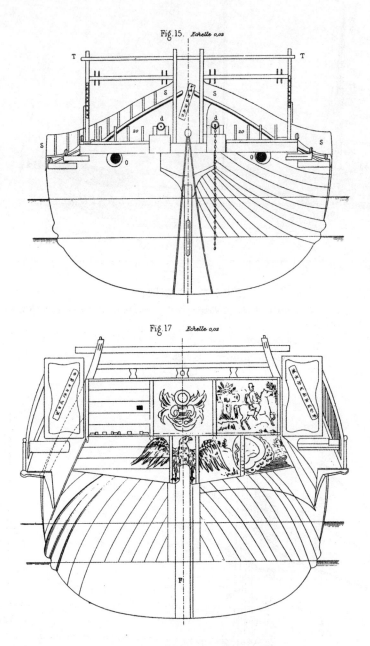

图三十四　海南广顺安号商船首尾

（ Edmond-Francois Pâris, *Souvenirs de Marine: Collection de Plans ou Dessins de Navires et des Bateaux Anciens ou Modernes*, Vol.2, No.193 ）

这种红单船(头艍)与米艇、拖缯船相比,变化较大。

第一,船型肥大。不同于米艇和赶缯——海关不征税或征税数量较轻,红单船是大型货船,是清代关税的主要征收对象,而且其命名也是因海关征税而来的。由于海关以梁头丈尺长短征税,为了避税,"商船欲腹广而多载,含檀短少以省税"。[1]所以红单船船舷窄小,但前后宽度均匀,船腹宽大。船甲板整体简洁,船舷顶列板简化变矮,以致消失。船舷顶列板的弱化,也影响到了船舶的装饰。原有船舷顶列板的彩绘装饰消失,因而保留了船木本色。1900年,巴黎世界博览会上曾展出一艘头艍的模型,可以清晰地看出船型十分肥大。类似肥圆的红单船(头艍船),还见于安特卫普河边博物馆收藏的清代船舶模型。其中一艘琼州货船模型长104.5厘米,宽31厘米,型深18厘米。实船一般长32.9米,宽8.5米,型深3米,载重量300吨。[2]

第二,尖形船首。不同于米艇或赶缯船的倒梯形平头上翘的船首,红单船没有首封板,舽板汇聚在船首柱之上,构成船首。首柱与龙骨相接处,安装带棱形孔的呆木,又名头鳌。其作用在于开浪,稳定航行方向。这种尖形船首,外形干净利落,加工工艺简单,是受西洋船影响的结果,是红单船最明显的欧化特征。1886年版《远东风物词典》"头艍(TAI-MUNG)"条,释其作"小型轻快,采用中式帆装的老闸式戎克战船"。[3]

第三,桅杆为三桅或双桅,普遍有侧支索。除风帆外,还可用桨橹驱动,在内河或沿海行驶。同治年间,出现了以铜包底的头艍船。[4]

红单船行驶迅速,舱面宽敞,便于装置火炮,大者可安三十余尊,小者也可安二十余尊,清军视其为"水师中之最剽捷者"。[5]

(五)水师快蟹

明清广东官军保有相当数量的巡哨船只。这些船只只能巡缉内河近海,不敢深入大洋。其中,最著名的就是快蟹船。

---

〔1〕(清)陈良弼:《水师辑要》之《或问篇》,第357页。

〔2〕沈毅敏:《国际视野中的广东帆船》,《"广州新海上丝绸之路与航船"学术研讨会论文集》,广州,2014年,第20页。

〔3〕Herbert Allen Giles, *A Glossary of Reference on Subjects Connected with the Far East*, p. 234.

〔4〕光绪《广州府志》卷七十四《经政略五·船政》,第23页。

〔5〕《水运技术词典》编辑委员会:《水运技术词典——古代水运与木帆船分册》,人民交通出版社,1980年,第32页。

快蟹,偶尔写作"快鞋",又名扒龙、蜈蚣艇,当时来华西人称之为Smug boats centipedes或fast boat,因其由多桨驱动,形似螃蟹或蜈蚣而得名。[1]它主要活动于珠江口及周边沿海地区,原来主要从事黄埔港与广州之间的货物转运、鸦片走私。乾隆年间,诗人张九钺记黄埔西洋船到港卸货转运盛况,有"蜈蚣锐艇桨横飞,婆兰巨捆山笼罩"句,[2]诗中的蜈蚣锐艇就应是此类桨船。

道光六年(1826)十月,两广总督李鸿宾与水师提督李增阶会同筹划对付粤东及珠江三角洲地区外海内河的盗匪。盗匪的杀手锏就是快蟹艇,"数十人每共坐一船,其船身长而狭,两边各设木桨数十枝,驾驶捷便,行走如飞,每遇官兵巡船奋力追捕,亦不能及。甚且敢用炮械抗拒巡兵"。李鸿宾等以毒攻毒,与粤海关共同筹措经费,仿照快蟹艇式样,共造快蟹船七只。船长五丈六尺,宽九尺六寸,安设木桨四十枝。自黄埔以及虎门外洋面各要隘地方,分设巡查。"水师提标中左右后营及香山协左右各营配驾,在外海内河要隘分段巡查",[3]效果极好:"凡行劫走私各匪,大半潜纵。即偶然驾艇窥伺,一遇巡船,即自弃其艇而逃,陆续夺获快蟹艇六只,余多该匪自行凿破沉溺。深井、黄埔、虎门一带河道海口,颇觉肃清,办理不为无效。"[4]道光十一年,伶仃洋洋面约有快蟹、扒船一二百只。[5]嗣后,快蟹船因其船速迅捷,成为清朝内河水师战船的主要船型,影响所及不再局限于珠江三角洲。鸦片战争期间,林则徐征用快蟹用于虎门、(三水与高要交界处)琴沙炮台防务,琴沙炮台"快蟹巡船一只,长五丈二尺,中舱宽九尺,配桨四十四枝"。"编列第二十一号巡船"。"船内配一百斤铜炮二门,配子母铁炮八口,并炮子四十颗,配军器二十枝,配大顺双刀十副,配藤牌三十八面,配大顺单刀十把,配铜锣一面,配更鼓一面"。[6]

〔1〕 Old Nick, *La Chine ouverte: aventures d'un Fan-Kouei dans le pays de Tsin*. Paris: Editions des Régionalismes, 2016, p.10;[法]老尼克著,钱林森译:《开放的中华:一个番鬼在大清国》,山东画报出版社,2004年,第7~9页;Henry Coleman Folkard, *The Sailing Boat*, London: Edward Stanford, 1870, p. 525.

〔2〕 (清)张九钺:《番行篇》,《中国古代海上丝绸之路诗选》,广州旅游出版社,2001年,第294页。

〔3〕 (清)黄恩彤:《粤东省例新纂》卷五,道光二十六年刻本,第8页。

〔4〕 (清)梁廷枏:《粤海关志》卷二十《兵卫》,第408页。

〔5〕 [美]马士著,区宗华译:《东印度公司对华贸易编年史1635~1834年》第4卷《附录二十七 关于鸦片贸易的文件》,广东人民出版社,2016年,第312~313页。

〔6〕 全国公共图书馆古籍文献编委会:《道光间广东防务未刊文牍六种》上,全国图书馆文献缩微复制中心,1994年,第265~266页。

快蟹船"可载百五十斤大炮一位,佛郎机四位,进退捷速,较作安南轧船工省而用便"。[1]太平天国运动期间,快蟹船进入长江流域,参与了镇压太平天国运动。湘军建造了很多快蟹船,一时之间长龙、快蟹等大战舰成为湘军主力战船。快蟹船头有巨炮,两旁列着子母炮。通常,"快蟹配四十五人,摇桨者二十八人,橹八人"。[2]

目前,已知明确为快蟹船的图片不少于七幅,包括:英国航海画家威廉·哈金斯一幅作于1824年名为《伶仃洋上鸦片船》的油画,画面右下方绘有一艘快蟹船[3];西洋画家根据中国画刻的一幅题为《19世纪航行于广州附近的中国海盗船》的版画,亦刻有快蟹船一只(图三十五);[4]帕里斯也图绘了一幅名为"战快船"的快蟹船图,并对该船进行了结构图测绘(图三十六、三十七);[5]波尔舍在其著作中,也曾绘有两艘名为"快扒"的快蟹船;[6]索高罗夫《中国船》一书中收录"战用快渡船"图两张,从其多桨等特征来看,实际为快蟹船;[7]马丁·格里戈里画廊收藏有一幅题为《荷兰人炮台旁的船只》的油画,绘有清军水师快蟹船一只;[8]《伦敦新闻快报》也曾登载一幅快蟹船(英文名为opium smuggling)的图片。[9]另,广州市文物考古研究院在广州南关北京路发掘两艘清代快蟹船残骸。[10]

---

[1] 齐思和等编:《筹办夷务始末》道光朝第二册卷二十八《奕山等又奏官兵渐次到粤分守要隘折》,中华书局,1964年,第1005页。

[2] (清)《曾国藩全集·文集上·杂著》卷一《水师得胜歌并序》,河北人民出版社,2016年,第93页。

[3] 索斯比拍卖行官网拍品目录2011年第296号拍卖品. http://www.sothebys.com/de/auctions/ecatalogue/2011/old-master-early-british-paintings-l11030/lot.269.html 查阅日期2016-6-10.

[4] Chinese pirate-boat at Canton Engraving after a drawing by a Chinese artist, 1857 https://www.alamy.com/stock-photo-china-junk-1857-nchinese-pirate-boat-at-canton-engraving-after-a-drawing-95410144.html查阅日期2019-6-15.

[5] Éric Rieth, *Voiliers et Pirogues du Monde au début du XIXe siècle*, pp.74~75, planche 50.

[6] Captain E. Belcher, *Narrative of A Voyage Round the World*, London: Colburn, 1843, p. 238.

[7] [美]V. A.索高罗夫著,陈经华译:《中国船》,第111~112页。

[8] [英]孔佩特著,于毅颖译:《广州十三行:中国外销画中的外商(1700~1900)》,商务印书馆,2014年,第256页。

[9] 沈弘编译:《遗失在西方的中国史——〈伦敦新闻画报〉记录的晚清1842~1873》上,北京时代华文书局,2014年,第84页。

[10] 易西兵:《广州南关清代古船的埋藏环境与初步认识》,《广东造船》2015年第1期,第89~91页。

图三十五　广州附近海盗快蟹船

（朱江:《清朝的海盗船"快蟹"》,《羊城晚报》）

图三十六　快蟹船

（Éric Rieth, *Voiliers et Pirogues du Monde au début du XIXe siècle*, p.46）

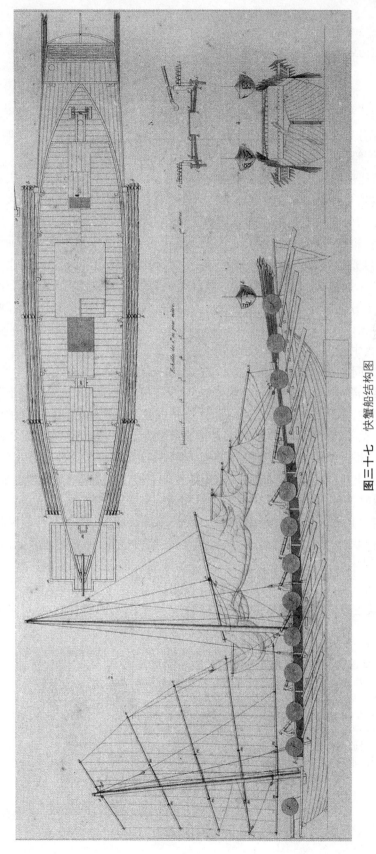

图三十七 快蟹船结构图

(Éric Rieth, *Voiliers et Pirogues du Monde au début du XIXe siècle*, planche 50)

　　从图片和考古材料来看,快蟹船船身狭长。广州南关外北京路的两条快蟹船船壳分别为长19.2、宽3米,长15.2、宽2.6米。从索高罗夫《中国船》的记载来看,船长72英尺(21.9米),宽15英尺(4.6米),深6英尺(1.8米)。[1]

　　快蟹船船壳采用肋骨框架和隔舱板的复合结构支撑。船型底圆,尖首圆尾,船舷低,吃水浅,船舷两侧捆缚竹捆作浮材以抵浪。船身修长,最大船宽位于船尾向前三分之一处。船壳板有天蓝色彩绘及红色小方块彩绘。船尾甲板升高,框架外展,亦彩绘有花卉及人物形象。船尾框架两侧各有油纸灯笼一盏,灯笼上有彩色图案及文字。船尾旗杆,悬挂红镶边黄色三角旗。甲板由纵向木板铺成,以沥青艌缝。甲板面上有多个舱口。由于船体型深较浅,船棚十分低矮,仅安置有铺位及盛放粮食的柜子。[2]乾隆二十一年,两广总督杨应琚建议,为了使沿海战船与巡哨船更容易分辨,规定将巡哨船通身染红色,大书白字,编刻某府州县第几号巡役某人等船,镌刻船尾两旁。[3]但实际上,不同时期的快蟹船按此执行的情况并不相同。

　　这些船装有回旋炮、枪矛、盾牌之类,配有精干水手三四十人。[4]水手头戴竹编斗笠,取代遮雨棚,斗笠不用时,则挂在舷外。这些斗笠有时会被误认为盾牌。桨手各个身强体壮,划桨动作整齐划一,很少站立起来。每边的桨手数量不超过二十一或二十二个,一个桨手只能持一支桨。船首分水尖削,阻力小,船尾很少产生涡流,所以船行甚速。船桅三支或两支,均为可眠桅。便于驶风时,则以席、竹和藤做成的主帆和前帆来增加推动力。

　　不管是用作走私,还是用作缉私,快蟹船都快速灵活,有着性能极佳的武器装备和防护措施。"船之大,可容数百石,帆张三桅,两旁尽设铁板,以御炮火。左右快桨凡五六十,来往如飞,呼为插翼。星夜遄行,所过关津,明知其带私,巡丁呼之,则抗不泊岸,追之,则去已不及。竟敢施放枪炮,势同对敌"。[5]其主要武器为舰载回旋炮,以支架固定在两侧船舷之上,炮尾系有红

〔1〕［美］V. A. 索高罗夫著,陈经华译:《中国船》,第112页。
〔2〕Éric Rieth, *Voiliers et Pirogues du Monde au début du XIXe siècle*, p.46, planche 50.
〔3〕(清)卢坤、邓廷桢:《广东海防汇览》卷十二《方略一·通论·船形制》,第365页。
〔4〕John Phipps, *Practical Treatise on the China and Eastern Trade*, pp. 209~210, 转引自姚贤镐编:《中国近代对外贸易史资料1840~1895》第一册,中华书局,1962年,第331页。
〔5〕《湖广道监察御史冯赞勋奏陈夷人夹带鸦片烟入口积弊请饬查禁折》,转引自马模贞主编:《中国禁毒史资料(1729~1949)》,天津人民出版社,1998年,第231页。

色飘带。舰首主炮较长,炮架固定。此外,船尾两侧捆缚成束的长兵器。[1]晚清时这些快蟹船逐渐装备燧发枪和防身的藤编盾牌。不过和中国水师巡船相比,"走私船"武装略弱,水手较少,并且船身漆得很光亮,而不是油成官方水师船的黑红相间的颜色。[2]船舶交错之际,船上之人使用铜锣互相致意,通报信息。[3]

快蟹船是宋元以来岭南传统桨船的延续,是西瓜扁船之外,最主要的货物接驳船。其多桨驱动的特点,与清初之大小拨桨、龙艇、多桨船类似。这些船或为快蟹船之源头。

"大拨桨,每船一艘,桨百余,小者亦五六十。人坐船内拨之,其行若飞。人各有所隐蔽,箭炮莫能中。桨之利胜橹,橹立桨坐,立则人在舱外易受敌,坐则人在舱中,每一桨有一鸟枪或三眼神枪辅之,桨动则群枪齐发"。[4]

龙艇,可能又叫龙头舺或龙头划。[5]康熙四十二年以前,乾体营(后改砳州营)就配备龙艇六艘,湾泊乾体冠头岭。其体量在大战船之下,哨船之上。[6]广东疍户为盗行劫,亦用龙艇,"大舟叫龙艇,这龙艇长十余丈,日间埋在泥内,夜间数十人,荡桨如飞,杀掠只当儿戏"。[7]龙艇"长四五丈,裸无篷盖,数十人以桡拨之,奋迅如龙,最利攻劫。吾粤水道多歧,山海相通,盗贼易为出没,龙艇之为害,无处无之。其曰大龙艇者,长九丈七尺,宽一丈一尺六寸,两旁有桨四十四,橹十二。入洋则纯用桨,出洋则纯用橹及风篷。每橹八人,桨一人,更番出力。凡有三百余人,为两班。船上有木柜,其形方,长六七尺,可避波涛。两旁为铳眼及强弩架,弩亦四十有四。又有竹栏,以支牛皮、絮被、罾罛,为御矢石铳炮之具。其船轻而疾,受水浅,倏忽可数百里,白艚、乌艚最畏之,以其无风可行,不能追逐故也。其名生船,以乌、白艚无风则死也。其柜以水椰之木,帆以布,布以粗麻为之,染以薯莨,浸以矾水及盐。其

〔1〕 Éric Rieth, *Voiliers et Pirogues du Monde au début du XIXe siècle*, p.46, planche 50.
〔2〕 [美]亨特著,冯树铁译:《广州番鬼录》,广东人民出版社,2009年,第71页。
〔3〕 Éric Rieth, *Voiliers et Pirogues du Monde au début du XIXe siècle*, p.46, planche 50.
〔4〕 (清)屈大均:《广东新语》下卷十八《舟语·战船》,第479页。
〔5〕 (明)俞大猷:《洗海近事》卷上《呈总督军门张条议三事(隆庆二年正月十七日)》,《正气堂全集》,第794页。
〔6〕 《清史稿》卷一百三十五《兵六·水师》,第4017页。
〔7〕 (清)蒋士铨:《清容外集·雪中人》第四出《占茶》,《蒋士铨戏曲集》,中华书局,1993年点校本,第301页。

底以铁力木或红卢桂木,性柔耐水,可长久。更佐以香舠之船,左右相夹,往往无敌。香舠长短与相等,宽亦如之,周以竹篱而头方,上亦有柜稍圆,惟不用桨而纯用橹耳。橹十四或十六,桅则三之,或于船两旁作代风轮二或四,以激水,水力即风力也。或止作空底一层,于最近水处,稳便愈甚。不然止在船两旁顺置长空匣,疾亦如之"。[1]

"多桨船,番禺县茭塘十数村,世以海盗为业。其船曰'多桨船',盖海船皆趁风使帆,此独用桨,故不论风之顺逆皆可行,其桨有至三十六枝者。行劫皆以白昼,遥望他船如黑豆许,则不能追及;或大如鸭,则无有不追及者矣"。[2]

咸丰年间,广东之坡山艇亦为此类。鹤山县城东北二十多公里有坡山,因苏东坡在前往海南的途中曾在这里停舟,故名。清咸丰时天地会起义,坡山是起义军船艇集结的基地,所以志书称起义军的船为"坡山艇"。[3]船队活跃在西江梧州上下,向荣"筹画上游师船片"记坡山艇:"广西浔、梧、柳州一带,有种坡山艇,一名古劳艇,出自广东肇庆府之鹤山县,常在广西往来,其船身坚大,舱面平敞,两旁多桨,驾驶轻便,操舟者类多强悍敢死之徒,炮火器械俱全。"[4]太平军曾在坡山艇上架设火炮,将其改成小型快战船。

(六)巡检缉私船

广东滨海各县,如南海、番禺、顺德、东莞、新宁、香山、新会等港汊纵横,盗贼出没无常,因此其下所设巡检司,往往配备巡船、巡丁,以巡逻港汊及沿河陆路,由各巡检亲自管驾巡查。[5]巡司巡船最大的特点是船尾摆列军器,其形制装饰与水师桨船同。巡船武器一般为鸟枪二杆,不过到清代晚期,巡检司巡船也开始装备火炮。

目前,宁波宝德古船研究所、广东省博物馆、中国海关博物馆收藏有此类晚清巡司巡船模型,均为银制三桅巡检司缉私船,船尾刻"巡检司"或"缉捕

〔1〕(清)屈大均:《广东新语》下卷十八《舟语·战船》,第480页。
〔2〕(清)赵翼:《檐曝杂记》卷四《西洋船》,中华书局,1982年,第62页。
〔3〕曾定夷:《广东风物志》,花城出版社,1985年,第119页。
〔4〕罗尔纲:《波山艇与红单船》,《历史研究》1956年第7期,第46页。
〔5〕李克勤:《清代广州府属巡检司研究》,《广东史志》1994年第3期,第45~49页。

巡船"字样。[1]此外,社会上也流传有类似铜或银质船模。安特卫普河边博物馆也收藏有一艘类似的木质巡船模型(图版六)。

这类巡检司船,吃水较浅,船尾高翘,框架外展,船首前伸,中有方形船楼。三桅或单桅,席帆。装备甲板火炮若干门,束状长矛、钢叉、画戟等武器,船舷尾部外侧挂盾牌。此类巡船船舵装备典型的广船开孔舵。从安特卫普河边博物馆木船模看,这类船的油漆彩绘可与雍正十三年的规定相匹配。另外,此类巡检司缉私船,船首有月镜板用于搪浪。

(七)海关缉私船

在水师之外,粤海关各口多设有巡船,负责缉私,检查中外船只。随着鸦片走私贸易愈演愈烈,走私船只往往轻捷快利,武器精良。因此海关缉私船也多使用轻快桨艇,以图快速追击。1830年,帕里斯图绘了名为《澳门海关缉私船》的画作(图三十八),其中刻画了两艘海关缉私船。可以确定为海关缉私船的还包括:大英图书馆藏的两幅名为《桨艇》的外销画(图版七),《东方手信》收录的名为《桨艇》和《南海正堂纠查船》的外销画,银川当代美术馆展出的名为《南海巡逻船》的一幅布面油画等画作中的船舶。这些船只的共同特点是:有可以移动的稻草盖顶,用以掩蔽,以免引起注意。之所以如此,一是为伏击走私船只,二是此类船只肩负着运送海关税银的职能。乾隆四十九年,清朝廷规定:"各省战船准用彩绘,以壮观瞻,至巡船原为改装,密缉盗贼之用,应概照民船油饰,不准彩绘以资巡缉。"[2]覆以稻草,便于隐蔽的海关缉私船,或许是乾隆四十九年法令的反映。不过当时的外国旅行家对此的解释是:通常的竹制船棚,夏不防暑,冬不御寒,所以覆盖稻草可以增强原有竹棚的保护作用。[3]

这类船只中桨的数量不等,总体上桨的数量比快蟹船的要略少。船身首低尾昂,船首有搪浪板,尾部有框架,船身多有战船常见的彩绘、旌旗、各类

[1] 广东省文物管理委员会等:《南海丝绸之路文物图集》,广东科技出版社,1991年,第123页;关博:《清代前中期沿海四海关文物》,中国海关博物馆网站http://www.customsmuseum.cn/NewsDetail.aspx?id=283 2019年6月1日查阅。
[2] (清)明亮、纳苏泰:《钦定中枢政考》卷四十《营造》,《续修四库全书》第855册,第40页。
[3] Charles Toogood Downing, *The Fan-qui in China, in 1836~7*. Vol. 1, p. 120.

图三十八　澳门海关缉私船
（Éric Rieth, *Voiliers et Pirogues du Monde au début du XIXe siècle*, pp. 76～77）

轻武器和盾牌。按威廉·亨特所说,此类巡船的彩旗和船尾灯笼上往往会写有长官的职衔。[1]另外,19世纪来华的法国人老尼克（ Old Nick 为绰号,本名为 Paul-Émile Daurand-Forgues ）和唐宁等把这里的海关缉私船称作官船（ Mandarin Boats ）,强调装饰上的白腹、红色或蓝色的上部框架和船舷,舷侧有椭圆形桨孔,每侧达三十个。每船配五十名士兵,常用进攻武器为长矛,防御武器为兽面盾牌。另有二到三门长管炮,生铁铸造,做工粗糙,威力很小。船头桅杆作旗杆,悬挂红字白旗。[2]

〔1〕 ［英］孔佩特著,于毅颖译:《广州十三行:中国外销画中的外商（ 1700～1900 ）》,第256～257页。
〔2〕 Old Nick, *La Chine Ouverte: Aventures d'Un Fan-Kouei dans Le Pays de Tsin*, p. 10;
　　 ［法］老尼克著,钱林森译:《开放的中华:一个番鬼在大清国》,第7～9页; Charles Toogood Downing, *The Fan-qui in China, in 1836～7*. Vol. 1, p. 118.

三、登花船之议

乾嘉之际,广东海盗猖獗,先后有郑一、郑一嫂、张保仔、乌石二等大股海盗。其高峰时期人数达到五万人以上,拥有船艇上千只。这些海盗连帮伺劫,蔑抗官兵,甚至扑岸骚扰,亟须厚集舟师,痛加攻剿。但当时广东的缯艍等船船体笨重,驾驶不便,而且缺额严重。因此,广东先后引进了新式的米艇、红单等船,形成一波规模巨大的战船更新运动。建议添造登花船,则是此次广东战船更新运动的一个插曲。

嘉庆十二年,两广总督吴熊光认为米艇不能远出外洋,请留内洋守御,而听取提督钱梦虎建议,认为澄海县船式登花船惯走夷洋,驾驶灵便,议定改造登花战船二十号。不过,登花船的舵杆、桅、碇等大件木料,必须用珈兰腻等,均产自外番,难以采办购觅。至十四年百龄接掌两广时,登花船仍未造成。经过百龄调查,登花船不适宜于粤省海防,其理由有四:

第一,原料限制。登花船的造船材料难以购买,不仅构造维艰,即便建成之后,或遇风摧浪击,稍有损坏,一时无料换修,必然导致登花船闲置而不能应用。

第二,笨重不便。海盗船只,分帮窜扰,要求水师战船转向便捷,易于跟追攻捕。但登花船船身笨重,掉运不灵。粤省水手舵工,也不谙驾驶。

第三,数量过少。二十只登花船,难以周全防御,粤东外洋遇有盗踪,转致无船策应,顾此失彼。

第四,成本过高。登花船通长十丈,腰宽二丈一尺,舱深九尺,较之粤洋所驾大号米艇(身长九丈五尺,腰宽二丈六寸,舱深九尺三寸)大小宽窄相差不大。但登花船工料每只需银七千余两,炮械尚不在内,米艇工料每只连炮械仅需银四千余两,约计一船所费,足敷两船之用。

因此,百龄奏请将原用于二十只登花船的工料银十五万四千余两,改设大中小米艇四十号。[1]嘉庆十四年六月,圣谕批准了百龄的奏请。[2]

澄海登花船,究竟系何种船型,史无明载,"登花"之名亦不可解,但通过其产自粤东澄海、善于越洋行驶、材用珈兰腻等判断,其极有可能是当地的远洋红头船。

---

〔1〕(清)卢坤、邓廷桢:《广东海防汇览》卷十三《方略二·船政二·改造》,第393~395页。

〔2〕(清)梁廷枏:《粤海关志》卷二十《兵卫》,第404~405页。

第二节 广东商渔船

一、广东商渔船的类型

乾隆嘉庆之际,广东的商渔船中出现了大量的尖首船,而且很快成为主导船型,并且一直延续到广船消亡。

(一)出洋拖网渔船

整个清代中期,广东渔船受制于国家制度的限制,长期以近海航行的单桅出洋渔船为主。至嘉庆道光年间,虽然开始突破制度限制,但强大的制度惯性,使得广东的绝大多数出洋渔船仍维持着单桅特征。日本大槻玄泽《广东漂船杂记》,图绘有嘉庆元年漂到日本东北陆奥(今宫城县)的一艘广东渔船。该渔船为单桅帆船。船膀上书"广州府新宁县大澳港渔船户陈受合大　字十七号"。图上题记:船长七丈余,幅一丈八尺余,深九尺,人数十四人。图片显示,该船为方首方尾,尾部有外展的撑杆,船首有龙牙。单桅席帆,船尾有人字形支柱,可以用于加挂小型辅助帆(图三十九)。[1]这种加挂的小型辅助帆,是规避政府对渔船单桅严苛规定的需要。在远海采捕,为了弥补单桅单帆的动力缺陷,往往加挂无撑条的简易帆,有时加挂多块。如1830年,帕里斯图绘的两艘对拖渔船,单桅单帆,桅杆后倾,十分高大,以粗绳牵拉。但在船甲板前部,有三小块无撑条辅助帆;船甲板后部,有一大块无撑条辅助帆,具有准尾桅性质(图版八,图四十)。[2]

嘉庆年间,大规模的海盗平定之后,广东渔船逐渐安装双桅。帕里斯图绘了两艘双桅对拖渔船,船舶修长,圆尾尖首,两端上翘不甚明显,方形围框,船载舢板一艘(图四十一)。[3]此时出洋渔船突破了单桅的限制,装备了前桅和主桅构成的双桅。

---

〔1〕[日]大槻玄泽:《广东漂船杂记》,山下恒夫编:《江户漂流记总集》第四卷,日本评论社,1992年,第510～552页,转引自刘序枫:《清政府对出洋船只的管理政策(1684～1842)》,《中国海洋发展史论文集》2005年第9辑,第356～359页。

〔2〕Éric Rieth, *Voiliers et Pirogues du Monde au début du XIXe siècle*, pp.80～81.

〔3〕Éric Rieth, *Voiliers et Pirogues du Monde au début du XIXe siècle*, p. 82.

116

图三十九　单桅渔船
（《清政府对出洋船只的管理政策（1684～1842）》）

图四十　单桅拖网渔船
（Éric Rieth, *Voiliers et Pirogues du Monde au début du XIXe siècle*, p. 81.）

　　与此同时,一些关于渔船刊刻字号、携带武器的规定仍然有效。渔船夜间作业,"暮出朝回者","夜出时,船尾添设灯笼,白地黑字,大书号数,船户姓名,字画宜粗大"。[1]嘉庆年间,广东南海县发给赴南洋贸易船金协成之船照记载:该船"梁头三丈七尺二寸,随带三板一只,食盐七十六斤,食米八十四石,鸟枪十枝,挑刀三十板,火药五百斤,弹子三百粒"。[2]嘉庆十五年,随着海盗活动的猖獗,在商船防盗与预防资匪之间,再作选择,规定:"远涉邻省贸易商船,如梁头在一丈三尺以上,准其酌配炮位一门,炮不得过二百五十斤;如梁头在一丈五尺者,准其带炮二门,每二尺加一门,以(依)次递加,多不得过四门。"至于所需火药,则"每炮一门酌备十出,仍照定例,不得过三十斤"。其他武器,如鸟枪则不得过六杆,腰刀不得过十把。[3]

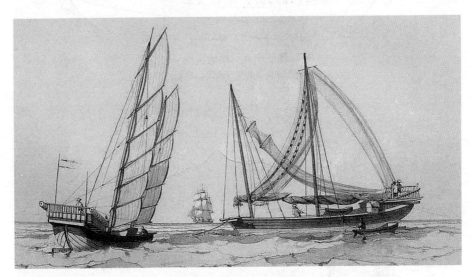

图四十一　双桅对拖渔船
(Éric Rieth, *Voiliers et Pirogues du Monde au début du XIXᵉ siècle*, p. 82)

〔1〕(清)黄恩彤:《粤东省例新纂》卷六,第6页。
〔2〕《福建沿海航务档案》之《广东南海给船户照式现行式》,第23~24页,转引自刘序枫:《清政府对出洋船只的管理政策(1684~1842)》,《中国海洋发展史论文集》2005年第9辑,第356~359页。
〔3〕内阁大库档案,登录号:125511,嘉庆十五年十一月户部移会《两广总督百龄等奏请筹议商船出洋贸易准炮械并设稽查章程》,引自刘序枫:《清政府对出洋船只的管理政策(1684~1842)》,《中国海洋发展史论文集》2005年第9辑,第356~359页。

（二）引水船

随着来广州贸易的西洋商船数量增多，吨位增大，为了规避珠江口外的浅滩暗礁，循保险的航路进入黄埔港，西洋船主需要雇请引水。澳门出现了引领外国商船经虎门进入黄埔港的引水人。这些人往往自驾小艇，帮助外洋商船申请入港牌照，向香山县衙设在前山的军民府处报告商船人数、火炮多少、商品情况等，然后领牌。到虎门后，则协助西洋船通过虎门炮台官军的核查。专业引水人需要取得从事引水工作的执照，方才能够引水，而获取执照从事引水工作的人数很少。据范岱克统计，十八世纪六十年代获颁执照的澳门引水人只有八名，十九世纪四十年代早期则共有二十二名。为了从事此项工作，他们会建造专门的引水船。[1]

引水船建造精致，比一般的中国帆船纤细，两侧舷板在首柱位置形成一个明显的锐角尖首。首柱直伸，上端宽大，下端纤细，至水线位置向下，安装一个穿孔的鳌关刀（Taille-mer）。鳌关刀，渔民一般称作头夹，是在船首柱与龙骨交接处的夹角外贴上一木件，木件上有类似开孔舵的棱形开孔。其主要用在大船上，使船容易保持直线。[2]船身漆明亮的黄色油漆，在海上非常显眼。甲板被主桅分作前后两部分，后面船尾一侧有大橹一支。前面双桅比一般的中国船桅杆要高，位置要靠前，首桅甚至都安到了首柱上（图四十二）。[3]安特卫普河

图四十二　引水船
（Éric Rieth, *Voiliers et Pirogues du Monde au début du XIXe siècle*, p. 80）

---

〔1〕　程美宝：《水上人引水——16～19世纪澳门船民的海洋世界》，《学术研究》2010年第4期，第114～121页。
〔2〕　黄洁娴：《澳门木船建造——广东传统造船工艺之承传》，《航海——文明之迹》，第115～130页。
〔3〕　François-Edmond Pâris, *Essai sur la construction navale des peuples extra-européens,* Paris: Libraire Arthus Bertrand, 1843, p. 59.

边博物馆收藏有一艘此类引水船模型（图版九），另宁海尤泽峰收藏有一件英国回流的三桅引水船模型。

（三）盐船

清代粤盐行销七省，粤盐先由盐场汇集于两大运盐中心，省城东汇关（又称省河）和潮州广济桥（又称潮桥）。再按配盐比例，通过东江、西江、北江、韩江转输行销各埠。因此，在珠江东汇关附近，经常会看到从盐场运盐而来的海运艚船。

海运盐船比照海运粮船的称谓，也称艚船，其具体类型多样。帕里斯在其著作中图绘有运盐艚船一只（图四十三），英国维多利亚阿尔伯特博物院藏有一幅名为"白盐漕"的盐船图（图版十），大英图书馆藏外销画中也有白盐船图两幅和东场盐船图一幅（图四十四至四十六）。

帕里斯调查的盐艚船为三桅大船，长三十至三十五米，宽七至八米。船侧艕板由并排的粗大加强材构成，舷板弯曲上翘，舷板的船材拼接方式特殊，中部横向拼接，两侧斜向拼接，有炮眼和大眼装饰，开放式船首。船尾上部为

图四十三　盐船（白盐船）
（Éric Rieth, *Voiliers et Pirogues du Monde au début du XIXe siècle*, pp. 78~79）

图四十四　白盐船
(《大英图书馆特藏中国清代外销画精华》第六卷,第108页)

图四十五　白盐船
(《大英图书馆特藏中国清代外销画精华》第六卷,第208页)

图四十六　东场盐船
(《大英图书馆特藏中国清代外销画精华》第六卷,第112页)

封闭式尾舱,高大瘦削,不外展,有封板彩绘和舷板彩绘。船尾为开尾式,呈两扇门型,长宽大约各五米,尾舵为比较少见的横长板式,有两处绳索牵拉悬吊。作为海运盐船,该船除配备火炮外,还在船尾有成束状的长枪。从其船首形制来看,该船比较接近米艇,封闭式尾舱显示其已经具备出海洋船的特征。[1]

另外四幅外销画中的盐船,均为双桅艍船,平头方尾,两端上翘,通身白色。艕板使用宽大原木为材,没有首尾楼,中间采用卷棚式席棚。另有一艘外形酷似米艇的双桅盐船,船尾为门扇形开尾,门型舵。武器装备为束状长枪。[2]

---

〔1〕 Éric Rieth, *Voiliers et Pirogues du Monde au début du XIXᵉ siècle*, p.78.
〔2〕 王次澄等:《大英图书馆特藏中国清代外销画精华》第六卷, 第108~109、112~113、208~209页;刘明倩、刘志伟:《18~19世纪羊城风物:英国维多利亚阿伯特博物院藏广州外销画》,第193页。

康熙二十一年前，按旧例，广东水客盐船船头插白旗入关后，缴还白旗，使用盐店旗帜，停泊省城油栏门外，听候埠商纳课实盐。[1]康熙二十一年，广东盐船从盐场运盐至省河段，要在船头插立黑旗；经过省关称重后，即改插立白旗，过关至某某处停泊，听候埠商照引拆充。[2]

其中白盐船，又称白盐漕，是清代广东专门运盐的海运漕船。清代盐船名目较多，包括：盐艚、蛋艚、艚船、小船、大乌艚、水母船、广艚等称谓。[3]清代粤盐行销有上河和下河之别，从盐场运至省河称为下河，从省河配运中心运至盐埠则称为上河。[4]配图白盐船，不但"用粉白油腹"，艕舷也涂成白色。船头两侧画两黑眼；有二桅，挂帆以风为主要动力，为典型的海运漕船，即下河盐船，其主要航行于广州东关省河配运中心与左近需"省配"行销的盐场之间。白盐船船腹有大舱数条；上层建筑简单，仅见席棚数间；属具有铁齿木碇一只，桅杆有涂红的桅尖，桅尖有风袋，桅架简陋。另一幅外销画中的"东场盐船"，与前述盐船特征相近，木碇为单爪铁尖，舵叶不是典型的开孔舵。广东大型沿海运盐船分东场盐船、西场盐船，东场盐船为潮州、惠州等地用，西场盐船为广州及其他地方用。因此，从名称可知，该船主要用于从东场运盐到潮州广济桥配运中心。该盐船体型修长，但稳性略差，与其他两艘白盐船体型差别明显。其虽为海船，但可能多近海航行或行走内河。

盐船通体白色或与盐的腐蚀性及盐花的黏附有关。[5]从图中看，圆而短的白盐船或为叠船，其不如乌艚船、暹罗贡船等船体庞大，也没有三桅，可能只在广东等沿海活动，驶出外洋的机会不大。

第三节 广船的复兴

从明初至清乾隆末期，广船的基本船型比较稳定，均为平首平尾的船型，大体包括粤东的两头高翘、底尖的福船型和珠三角的两头平直、底平的艚船

---

〔1〕（清）李士桢：《抚粤政略》卷七《奏疏一·条议粤东盐政疏》，第828～829页。

〔2〕（清）李士桢：《抚粤政略》卷三《符檄一·饬缉真盗》，第263页。

〔3〕（清）梁廷枏：《粤海关志》卷一二《税则五·甲子正税口、碣石挂号口、平海正税口》，第233～234、237页。

〔4〕方志钦、蒋祖缘主编：《广东通史》（下册），广东高等教育出版社，2007年，第917页。

〔5〕王次澄等：《大英图书馆特藏中国清代外销画精华》第六卷，第108、112页。

型。但从乾嘉之际开始,广船开始了比较剧烈的变革:广东珠江口地区创制出体型修长的米艇,个别米艇的船首封板已经逐渐变得狭窄;鸦片战争前后,捞缯、红单、老闸等尖首型广船逐渐增多,成为广船的主流,将传统缯艍船、艚船等平首平尾型广船排斥到边缘地位,并且一直持续至机帆船时代的到来。这种尖首型广船又包括尖首圆尾型和尖首方尾型两个亚型,其中又以圆尾型为主流。

从广船的影响角度而言,明清大部分时期,福船都是南海海域的主角,长期维持着对广船的强力影响。但这种情况在乾嘉之际发生了明显逆转。因东南海盗猖獗,广东水师战船,一方面,添造米艇战船,改造缯艍船为大号、中号米艇,福船式的缯艍船从广东海防战船序列中消失。另一方面,具有地方特色的拖风、捞缯船在广东的海防战船序列中的地位日益突出。广东米艇、红单、捞缯、快蟹诸窄首、尖首船又重新成为广东海防战船的主力和民间商船的主流。与此同时,新型广船不但用于广东一省的海防和商贸运输,其良好的性能,也使其在整个东南沿海发挥了重要作用,米艇、红单、拖罾等以广艇的名义北上浙闽,进入山东、江苏以致奉天等省,广船的影响力达到了巅峰状态。

嘉庆六年,闽省捐造米艇船三十只,以补福建战船之不足。嘉庆十四年,闽省添造了"捷"字号米艇船八只,划拨海坛左营、水师提标右营、金门左营、海坛右营各两只。[1]但是,这种米艇越界进入福建海域是短暂的,福建本身有着成熟的造船技术和完整的造船体系,到道光二年,闽浙总督庆保就奏称,"闽省从前添设米艇,系仿照粤省船式成造,专为攻捕艇匪之用。"但其船身迟笨,"驾驶之法,于闽省洋面未能得力,自应酌量裁改,即行裁汰,以符额设兵船之数,毋庸再为添造。其尚存二十三只,俟届应行拆造之时,照一二三号同安梭船之式,一律改造"。[2]实际裁汰十五只,到道光四年,剩余米艇,除仍堪用的之外,尽行裁汰。[3]

道光年间,浙江外海水师战船额设米艇三十只。[4]道光二十九年,山东省海防旧船遭风击碎,始有雇募广艇之议。[5]道光三十年前后,奉天、山东洋面,

---

[1] 光绪《钦定大清会典事例》卷九百三十七《工部·船政·战船二》。
[2] 光绪《钦定大清会典事例》卷九百三十八《工部·船政·战船三》。
[3] 光绪《钦定大清会典事例》卷九百三十八《工部·船政·战船三》。
[4] (清)翁同爵、玉甫:《皇朝兵制考略》卷六《各省外海内河战船数目》,第2页。
[5] (清)《丁宝桢全集》第一册卷八《整顿山东水师购造船炮折》,第323页。

海盗劫持商船,两省就准备添造广艇,增强巡缉力量。道光末年,两省实际增置的广艇分别为二只、四只。[1]

同治年间,为了对付太平天国运动,清政府调动广艇"赴江南剿贼,扼守长江,水师亦与有力"。[2]沿海各省纷纷加强海防武备,购置广艇。

同治四年,闽浙洋面师船朽坏,出洋巡缉,皆系临时雇募广艇,这里的广艇包括"红单、拖罾(缯)等船"。这些广艇被分配至浙江沿海各营,其中普字营红单船十只,庆字营红单船五只,安字营拖缯船十只,澜字营拖缯船十只,庆字营红单船五只。[3]

同治四年闰五月,左宗棠亦主张雇募粤省红单、拖缯船数十号来闽助缴。[4]同治六年,奏准福建台湾镇在澎湖添设广艇一只,安平添设广艇二只,沪尾添设广艇二只。[5]

同治七年,曾国藩力主把广艇引入江苏水师作为主力战船。所谓广艇,就是红单、拖罾缯之类或仿广东红单、拖罾缯之式。[6]

同治十年,山东巡抚丁宝桢计划购入广东捞缯船十四只。[7]这些捞缯船大小两等:"内十二号各身长七丈六尺,头宽八尺,中宽一丈六尺,尾宽二丈,中间舱深七尺五寸。三桅:大桅约高七丈六尺,头桅约高四丈九尺,三桅约高三丈四尺。舵一面,约长二丈一尺,宽八尺,左右各八桨。又二号身长九丈,头宽九尺,中宽一丈八尺,尾宽二丈二尺,中间舱深九尺。三桅:大桅约高八丈二尺,头桅约高五丈二尺,三桅约高三丈七尺。舵一面,约长二丈六尺,宽九尺,左右各十桨。以上各船均带随船舢板一只,兼备各双橹为赶程之用。通身两层板成造,外层板厚八分,内层板厚二寸四分,船身包裹铁片一层,舱面再加厚板一层,亦包铁叶一层,以防震裂。"[8]

---

〔1〕(清)翁同爵、玉甫:《皇朝兵制考略》卷六《各省外海内河战船数目》,第8页。
〔2〕(清)《丁宝桢全集》第一册卷八《整顿山东水师购造船炮折》,第323页。
〔3〕(清)《左宗棠全集》之《奏稿二·饬派水师沿海巡缉片(同治四年闰五月初五日)》,岳麓书社,2014年,第113页。
〔4〕(清)《左宗棠全集》之《奏稿二·饬派水师沿海巡缉片(同治四年闰五月初五日)》,第113页。
〔5〕光绪《钦定大清会典事例》卷九百三十八《工部·船政·战船三》。
〔6〕(清)《曾国藩全集·奏稿》下卷《酌议江苏水师事宜折》,第249、252页。
〔7〕(清)《丁宝桢全集》第一册卷八《整顿山东水师购造船炮折》,第320页。
〔8〕(清)《丁宝桢全集》第一册卷八《整顿山东水师购造船炮折》,第323页。

　　同治十一年,奏准山东省赴粤制造师船,原定身长七丈六尺之师船,改为头舱面宽一丈一尺二寸,中舱面宽一丈八尺,尾舱面宽一丈七尺,大桅约高六丈,二桅约高五丈四尺,三桅约高三丈。身长九丈之师船,改为头舱面宽一丈七尺六寸,中舱面宽二丈二尺,尾舱面宽二丈五尺。大桅约高六丈六尺,二桅约高六丈,三桅约高三丈四尺。[1]这批粤省捞缯船造成后分拨登州营六只,荣成营六只。

　　除军事领域之外,这一时期,还有广艇海盗辗转于整个东南沿海,抢劫海运船只,也从另外一个角度凸显了广船的影响力。[2]

〔1〕 光绪《钦定大清会典事例》卷九百三十八《工部·船政·战船三》。
〔2〕 章士晋:《布兴有部和太平军》,《历史教学》1984年第9期,第55～56页。

第五章　清代晚期的火轮船

光绪元年（1875）以后，广船的各个类型得以延续。同时，传统广船向近代广船转型。广东先后出现了新式船坞和造船厂，引进和仿制了全新的欧化蒸汽船、铁壳船，并将广东风帆船改造为机动帆船。属于这一阶段的广船样本主要包括：安特卫普河边博物馆收藏的1904年美国圣路易斯世博会展览的若干广船模型，索高罗夫《中国船》和唐涅利《中国木帆船》两书收录的若干广船图片。

第一节　广东海战船

19世纪60年代，洋务运动在广东展开，随之广船也开始了近代化的进程，引进蒸汽船和铁壳船。不过，绝大多数广东海战船与之前的并无太大变化，仍以红单、捞缯为主。惟此时的广东海战船中加入了火轮船，"同治六年以来，更定章程，巡船、捞缯而外，辅以火轮船，外洋内河均资巡缉"。[1]

同治六年（1867）以后，提标中军副将、广州协副将共统带外洋缉捕大火轮船八只，大拖船九只，内河缉捕小火轮船四只，巡船一只（以上同治六年设）。抚标中营参将、右营游击、水师提标、后营游击、广州协、右营都司统带省河缉捕大巡船十号，小巡船三号，舢板船九号，长龙船三号，马鞍艇十号（以上同治七年设）。顺德协副将统带拖船三只，巡船十只，小火轮船一只（以上同治九年设）。顺德协中营都司管带沙口段护帮大巡船六只，舢板船十三只，小火轮船一只。水师提标中营参将、后营游击统带长洲段护帮大巡船六只，舢板船六只，小火轮船一只（以上同治八年设）；雇募大拖船一只，第一号黑底快船一只，望洋艇一只，第一号长龙一只，第三号长龙一只。提标右营统带

---

[1]　光绪《广州府志》卷七十四《经政略五·船政》，第20～21页。

靖安火轮船一只,四号拖船一只,二号快船一只,二号长龙一只,四号长龙一只,六号长龙一只,望洋艇一只。中右营管带铜底头艟战船一只。芦包抽厘厂,巡船二只(咸丰九年设)。河口马口厘厂,大巡船三只,小巡船一只,舢板四只(以上同治五年设)。石龙抽厘厂,巡船九只(以上同治五年设)。粤海关,大火轮船三只,小火轮船一只,巡船六只(以上同治十年设)。盐运使司,小轮船三只,拖船二只,巡船二只(以上同治十二年设)。[1]抽厘厂以下各船,缉私之船也,至各县缉捕之船,如香山、新会各大县亦自行捐造火轮船,亦取其巡行之速耳。

广州造船业,"以河南为聚处,工厂八十间,另鲤、缆、桨、橹约四十间,葵篷、茭蕈约二十间。市桥、新洲等处亦均有之,但不及河南之盛"。[2]

清代晚期,平首平尾广船仍有相当数量,但作为一个大类逐渐式微,代之而起的是尖首平尾和尖首圆尾的广船。这两者成为清代晚期广船的主要类型,并且一直延续到20世纪60年代以后。同时,火轮船成为海防战船的主力,也大大冲击和改变了海防战船结构。

一、火轮船

同光年间,广东火轮船开始成为海防战船的主力。所谓火轮船,时称"烟船"、"车轮船"或"港脚烟船"。一般认为道光十五年(1835)十一月,一艘火轮船欲从外洋驶入虎门,往黄埔呈递书信,作为广东洋面出现的第一艘火轮船,"该船长六丈余,宽一丈余。船面并无帆樯,止有烟管一枝,烟气上腾,船旁两边各驾车轮一个,烟动轮转,行驶甚捷"。[3]车轮船可以"行逆风",其动力为"船内烧火,烟气由管通出船旁"。[4]此后火轮船来粤日益频繁。[5]

---

〔1〕 光绪《广州府志》卷七十四《经政略五·船政》,第21～23页。

〔2〕 民国《番禺县续志》卷十二《实业志·工商业》,广东人民出版社,2000年点注本,第291页。

〔3〕 (清)关天培:《筹海初集》卷三《截回外夷火轮船咨稿三件》,黑龙江教育出版社,2016年影印本,第167～170页。

〔4〕 (清)关天培:《筹海初集》卷三《添建炮台工竣新炮炸裂严责赔造折》,第167～170页。

〔5〕 郑诚:《火轮船初到珠江口——鸦片战争前来华的明轮蒸汽船》,《国家航海》2018年第21辑,第134～149页;[美]范岱克著,江滢河、黄超译:《广州贸易:中国沿海的生活与事业(1700～1845)》,社会科学文献出版社,2018年,第110～112页。

火轮船的基本特征是将蒸汽机安于船中，"换拨水大轮，伸出舷外爬水而行。初制甚小，每船仅载数千斤至数万斤，惟专门飞递信息而已。后愈变愈巧，渐增广大，至可容一万二千担，亦系烧煤炭火，水沸烟冲，其行甚疾，顺风与逆风相等。入水四五尺而已，然船行既疾，最惧搁浅着地不移，若搁浅之时，当借它舟搬导，始得就其深水，昼夜可行七百里。火轮船可以为渡船，行旅之往来，借通紧急。近时，更以此为战舰，冲锋破阵，越浅侵入重地，作为前导，远望帆影，转瞬在目前。所可制者，船身轻薄不堪多安炮位。惟头尾两炮，俱有加表，每重八百斤左右，两旁小炮四位，长只尺许。若击坏其釜以及机械，则不能行"。丁拱辰"曾就火轮车机械，造一小火轮船，长四尺二寸，阔一尺一寸，放入内河驶之，其行颇疾，惟质小气薄，不能远行，虽小大之殊观，亦效法之初基"（图四十七）。

西洋火轮船，"其至大者，长十六丈，阔三丈，深一丈六尺，可载二十四火车货物，重一万二千担，价银十五万元；中等者，长十二丈八尺，阔二丈六尺，深一丈三尺，可载十三火车货物，重六千七百担，价银八万四千四百元；小者，长十丈，阔二丈二尺，深一丈，可载九火车货物，重三千三百担，价银

图四十七　丁拱辰制火轮船

（《演炮图说辑要》卷四《西洋火轮车火轮船图说》，第13页）

五万六千五百元"。[1]

广东水师中巡缉火轮船最早出现于同治年间,略晚于国内其他地区。中国轮船旗用黄色,上画龙形。如在大洋与其他船会商,另扯红旗一面,上书"会商"字样以便驶拢面谈。[2]这个时期的火轮船除尺度大小有差别之外,根据有帆无帆也可区分为两种。

第二节　广东商渔船

传统商船领域出现了老闸船,传统渔船类型则无大的变化,不过渔船修造开始突破原有定式的限制而使用双桅。广东商船、渔船在船型上的变化比战船更早,也更彻底。最早捕捉到这种变化的是鸦片战争前来华的外国人,在他们图绘的中国船只中,可见到商船、渔船向圆角型的转变。

一、潮汕商渔船

粤东渔船仍为各类拖网船,名目繁多,多以捕鱼器具、捕鱼种类、捕鱼方式命名,而实际船型并不复杂,可以包帆拖网船为代表。包帆属于福建船型,船较宽,小平头,尾呈马蹄形。回转灵活,稳性差。双层甲板,无龙骨,横结构主要靠隔舱板维持。舵长而向前斜插。二桅,悬席篷,篷帆面积大。船首两侧雕绘船眼一对。载重二十至四十吨。[3]这一时期的粤东渔船样本,除《中国海洋渔船图集》载录的包帆渔船图片外(图四十八),还包括《舢板女孩的微笑》收录的若干潮州、汕头港渔船图片,唐涅利《中国木帆船》收录的潮州商船、汕头渔船图片等样本。[4]其中,潮州商船频繁往来于暹罗、海南和广东南部的各港口。蒸汽轮船的兴起抢走了潮州船的航运业务,导致潮州船的

〔1〕（清）丁拱辰:《演炮图说辑要》卷四《西洋火轮车火轮船图说》,哈佛大学汉和图书馆,第13页。
〔2〕光绪《广州府志》卷七十四《经政略五·船政》,第24页。
〔3〕第一机械工业部船舶产品设计院等主编:《中国海洋渔船图集》,上海科学技术出版社,1960年,第183页。
〔4〕［美］I. A.唐涅利著,陈经华译:《中国木帆船》,海洋出版社,2013年,第192～194页。

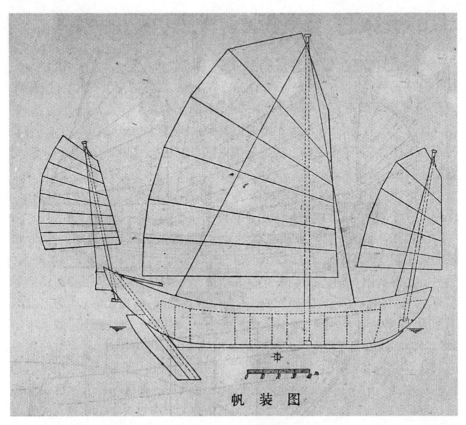

帆　装　图

图四十八　包帆渔船
(《中国海洋渔船图集》,第213页)

数量年年减少,航行路线也仅局限于通往北海和海南岛的几个港口。[1]潮州帆船均为大船,有的载重量达二百五十至三百吨。从结构上看,潮州商船就是加大的汕头渔船,外加密封椭圆形船尾,坚固的船尾甲板室。船首上舷板部分涂上鲜红颜色,有船眼。船的艕板漆成白色,其余部分涂清漆,因此被称为"白头船"。潮州船前帆下风缘笔直,属北方帆型;主帆和后帆属港式帆型。[2]

---

〔1〕〔美〕I.A.唐涅利著,陈经华译:《中国木帆船》,第192页。
〔2〕〔美〕I.A.唐涅利著,陈经华译:《中国木帆船》,第192页。

二、粤中商渔船

粤中商渔船船型复杂,种类繁多,而且名称驳杂。但从类型学角度来看,这个时期的渔船多为一种尖首圆尾的渔船或称"广东圆角型"渔船。[1]除此之外,上个阶段的平首平尾船、尖首平尾船仍大量存在。

珠江口以西、雷州半岛以东地区,沿海海底坡度较大,底质多泥沙。沿岸海水透明度大,多深水良港。这个海域以阳江七艒拖网渔船最为著名。该船型船体较长,略有平行中体,尖形船首,尾部有圆尾和开尾两种。该船三桅,前中桅前倾,备桅索,装备典型的扇形帆,形类蝙蝠翅膀。船中前方有插板,尾舵呈方形,舵叶上开平行棱形孔,舵杆垂直或微向内斜。[2]

圆尾和开尾渔船样本发现很多。夏士德《中国的帆船与桨船》一书,收录七艒渔船(Tsat Pong Tor)线图一幅(图四十九)。[3]《中国海洋渔船图集》收录七艒渔船图一幅。[4]《舢板女孩的微笑》收录阳江七艒开尾和圆尾渔船多幅。[5]唐涅利《中国木帆船》亦收入多幅香港渔船、香港商船。[6]著名的拖风渔船"金华兴"号总体上也属于此种类型。[7]索高罗夫《中国船》收入华南商船一幅。该船在当地叫"运米船",其框架有三道水密隔舱,还有数目繁多的肋骨。船体通常用柏、橡、松木建造,桅用松木建造,船板间缝隙用麻絮和桐油灰填塞。桐油灰就是桐油拌灰制成的混合物。裸露在外的木材漆上桐油,船体下半部涂上桐油灰漆。[8]阳江东平的大澳渔村博物馆收藏有一艘小型尖首圆尾的罟棚船。长13尺,宽6.8尺,一架帆(也有少数船是两架或三架帆),橹二支,桨三支,无风时用橹和桨。部分渔船没有舱房,支开胶帐,盖在船面上即可住宿。

---

[1] 第一机械工业部船舶产品设计院等主编:《中国海洋渔船图集》,第183页。
[2] 第一机械工业部船舶产品设计院等主编:《中国海洋渔船图集》,第184页。
[3] George R. G. Worcester, *Sail & Sweep in China*, London: Her Majesty's Stationery Office, 1966, p.89.
[4] 第一机械工业部船舶产品设计院等主编:《中国海洋渔船图集》,第205~206页。
[5] 尤泽峰、姜波编著:《舢板女孩的微笑》,上海古籍出版社,2018年,第104~143页。
[6] [美] I. A.唐涅利著,陈经华译:《中国木帆船》,第194~199页。
[7] 许路:《晚近广式帆船考略——以金华兴号为例》,《中国航海文化之地位与使命——中国航海博物馆首届国际学术研讨会论文集》,上海书店出版社,2011年,第236~252页。
[8] [美] V. A.索高罗夫著,陈经华译:《中国船》,第106页。

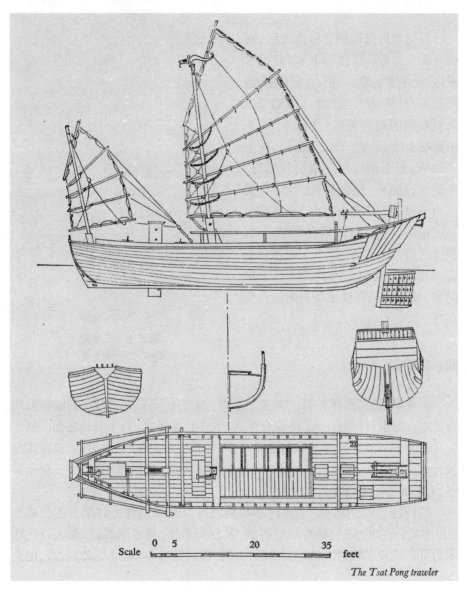

图四十九 七艓渔船

（George R. G. Worcester, *Sail & Sweep in China*, p. 89）

三、粤西广船

雷州半岛以西的北部湾海区，海底平坦，水深不超过六十米，底质多泥沙，沿岸少良港。潮汐为全日潮，潮差较大，经常达三至五米。渔船以三角艇拖网船最为著名（图五十）。三角艇吃水浅，平底，首尖呈瓢形，尾呈马蹄形，近乎浙江型。适航性特好。中前方设插板，尾舵狭长。单桅，悬三角形硬篷，展舷比特大，首部有另一三角形软篷。首两侧有船眼一对。载重六至二十二吨，以十七吨比较合适。北海的渔船多为此类。二十世纪末，珠三角仍有机械动力的三角艇存在。[1]

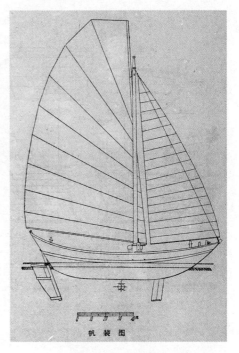

帆装图

图五十　三角艇
（《中国海洋渔船图集》，第223页）

四、缝合船

藤埠船，又写作藤布船。"琼船之小者，不油灰，不钉锴，概以藤扎板缝，周身如之。海水自罅漏而入，渍渍有声，以大斗日夜戽之，斯无沉溺之患。其船头尖尾大，形如鸭母，遇飓风随浪浮沉，以船有巨木为脊，底圆而坚，故能出没波涛也。苏轼云：番人舟不用铁钉，止以桄榔须缚之，以橄榄糖泥之，泥干甚坚，入水如漆。盖自古而然矣"。[2]

这种缝合船，在两广及海南岛的历史可以追溯到晋唐时期。晋代嵇含《南方草木状》记载："桄榔树似栟榈，其皮可作绠，得水则柔韧，胡人以此联木为舟。"[3]说明当时人已经制作缝合船。唐代慧琳《一切经音义》记载，昆仑

---

〔1〕 周海滨：《两广地区三角艇初探》，《广船的技艺、历史与文化学术研讨会论文汇编》，广东航海学院，2019年，第160～164页。

〔2〕 （清）屈大均：《广东新语》下卷十八《舟语·藤埠船》，第483页。

〔3〕 （晋）嵇含：《南方草木状》卷中《木类》，中华书局，1985年，第8页。

船"用椰子皮为索连缚,葛览(橄榄)糖灌塞,令水不入,不用钉镊,恐铁热火生累木枋,作之板薄恐破"。[1]刘恂《岭表录异》记载:"贾人船不用铁钉,只使桃榔须系缚,以橄榄糖泥之。糖干甚坚,入水如漆。"[2]南宋周去非《岭外代答》记载:"深广沿海州军,难得铁钉桐油,造船皆空板穿藤约束而成。于藤缝中,以海上所生茜草,干而窒之,遇水则涨,舟为之不漏矣。其舟甚大,越大海商贩皆用之。"[3]明前期,苦藤也用来缚舟。[4]清代一些大型的海南商船在往东南亚贸易时,仍使用藤埠船。陈良弼记载:"粤之海南商船,要从磁石处过者,俱不敢用铁钉,以藤捆扎船身,木钉油灰耳。"[5]于此,可见海南藤埠船的质量之高,使用之普及。海南采用缝合、捆缚技术的藤埠船,很早就见于印度洋西海岸,或认为是由波斯或印度传入的。古人不能从原材料和技术交流角度考虑问题,南宋就已衍生出南海有磁石,铁钉有碍的传说。[6]

1980年代,海南岛万宁县和文昌县的当地人仍然建造和使用此类缝合船。其中万宁县的缝合船长七至十米,宽近两米,中部舱深约0.8米,整个船体呈梭子形状。船上无桅无舵,也没有甲板及舱室,用桨橹推进。船壳板厚约二厘米,用当地的白兰木制成,龙骨、肋骨等构件用杂木制成。所有船体构件的连接不用铁钉钉合,而是用椰子壳纤维搓制的绳索,像缝衣服那样穿过木头上的钻孔捆扎而成。船壳也不用桐油灰艌缝,而用茅草填塞板缝,再压上三条竹片,然后用椰子绳捆紧。这种船主要用于近海捕鱼作业。文昌县的缝合船采用了耐水的尼龙绳捆缚船板,早先也一直用椰子绳或藤条。[7]《万历武功录》记载,万历十六年,巡按御史蔡梦说,为了打击海盗李茂及其同党陈德乐,曾经焚毁海上各类船只,但唯独保留了此类藤布小舟。[8]说明这类小舟技术落后,不适宜长时间远距离海上作业。越南也有此类藤步船,曾有安南

〔1〕(唐)慧琳:《一切经音义》正编卷六十一,台湾大通书局,1985年,第1337页。

〔2〕(唐)刘恂:《岭表录异》,骆伟、骆廷辑注:《岭南古代方志辑佚》,第199~200页。

〔3〕(宋)周去非:《岭外代答》卷六《器用门·舟楫附·藤舟》,中华书局,1999年点校本,第218页。

〔4〕正德《琼台志》卷八《土产上·竹之属》,第179页。

〔5〕(清)陈良弼:《水师辑要》之《各船式说》,第331页。

〔6〕(宋)周去非:《岭外代答》卷六《器用门·舟楫附·藤舟》,第218页。

〔7〕戴开元:《广东缝合木船初探》,《海交史研究》1983年第5期,第86~89页。

〔8〕(明)瞿九思:《万历武功录》卷三《广东·李茂列传》,《续修四库全书》第436册,第235页。

国难番黎文请等七名,于乾隆八年(1743)驾藤步单桅船一只,飘风至崖州望楼港。[1]道光年间,越南的"巡洋小兵船,多用藤篾穿扎而成,俗名藤船,止可坐二三十人,或四五十人,其船行驶较便,第遭风撞礁,即行破散"。[2]比利时安特卫普河边博物馆收藏有一件藤埠小船模型(图版十一)。

第三节　广船的式微

19世纪60年代,广东的海防战船开始向铁甲舰、蒸汽船转变。广东的商船也逐渐为火轮船取代。珠江、韩江、东江等内河皆有火轮船从事固定航线的客运和货运。但是真正终结广船的并不单单是蒸汽船,还有加装柴油马达和螺旋桨的机帆船。机帆并用,逐渐简化帆装,成为传统广船式微的原因。1960年代广船的机械化改造达到高潮,政府不再给非机动帆船颁发生产、运营许可。广船的机械化改造是传统广船发展的最后一步,也是导致广船衰落的决定性因素。

船舶的机械化是具有革命性的变革:

首先,安装柴油发动机后,机械的震动大大减低了木船船体的寿命,尤其对大部分小型木帆船而言,由于强度和水密程度都有限,安装柴油机加速了船舶的折旧。机械化从另外一个角度淘汰了木帆船。加之广东木材资源缺乏,木帆船走向衰落的局面不可避免。

其次,安装柴油发动机,使船舶航行对季风和洋流的要求降低,可以在一定程度上摆脱对季风和洋流的依赖,进而改变长期以来形成的航行季节性和周期性,帆装变得不那么重要。

最后,安装柴油发动机和螺旋桨,并没有立刻改变船壳形状,舵的形态、帆装式样等也并未立刻改变,但对船体隔舱的设置影响较大。传统的较为密实的隔舱结构,因为机械动力装置的安装,变得宽疏,甲板下船员睡舱变成甲板上睡舱。

广东渔船的近代化转向最晚。广东海洋无动力渔船,1936年时有50 577

〔1〕《清高宗实录》卷二百三十九,乾隆十年乙丑四月戊午,第8页。
〔2〕《两广总督祁埙等奏报查探越南国船炮火器情形折》,《鸦片战争档案史料》第四册,天津古籍出版社,1992年,第597~598页。

艘,其中三十吨以上的2 476艘,十一至三十吨的3 439艘,十吨以下的44 662艘。至1949年中华人民共和国建立时减少将近一半,计有渔船29 154艘,其中三十吨以上的1 428艘,十一至三十吨的1 982艘,十吨以下的25 744艘。1949年后,在国家贷款的支援下渔船数量迅速增长,1953年37 897艘,1954年45 257艘,1955年48 292艘,1956年50 331艘,1957年50 356艘,其中二十及二十吨以上的3 197艘,十至二十吨的3 145艘,十吨以下的44 014艘。1953年,广东南海水产公司开始建造四艘机动渔船,船型包括双拖、单拖、延绳钓三种。1955年发展为154艘,1956年555艘,1957年达到658艘。机帆船是在原有的或新建的帆船上安装机械动力,船体结构和船型还保持原来帆船的特点,一般配备的机器也是小马力的,行驶时仍然以风动力为主,只是在无风或风力微弱时,才补以机器动力。其抗风性能较强,生产安全较有保障。[1]

---

〔1〕 中华人民共和国水产部办公厅编:《水产工作概况》,科学技术出版社,1959年,第751、741页。

结语　明清广船的谱系

　　所谓"谱系"是张忠培在20世纪80年代中期提出的："文化传播和迁徙是广泛存在的历史事实,在它的作用下,考古学文化之间大量出现了文化渗透、借用、融合、同化和考古学文化的分化,使任何一种考古学文化成了不同谱系的多元结构,即不同谱系的文化因素,结合成统一的考古学文化。""谱系论"强调了文化之间的相互影响在文化变迁中的作用,通过揭示不同文化之间的互动,阐释文化变迁的动态过程,总结文化运行的机制与规律。[1]"谱系论"强调变迁、互动,变迁是纵向的、时间的,互动是横向的、空间的。

　　为什么要使用谱系的概念? 为什么要建立广船的谱系呢?

　　第一,目前,研究广船的方法,形成的认识,缺乏纵向时间维度上的关照。广船作为古代广东建造的木质海船的统称,具有明确的时空范围。几千年来,广船是在不断变化的,即便是在明清时期的五百多年里,广船的类型和形制也是在变动的。广船作为一种文化现象,其本身的各个要素,如船型、结构、属具等也是不断变化的。但在实际研究中,存在将某一时代的广船特征,作为有史以来的所有广船特征的错误倾向,例如将清代中晚期及近代广船的技术特征——首柱、扇形帆、开孔舵、中插板等上溯至明代,甚至更早;把明代中期郑若曾《筹海图编》《江南经略》对广船使用铁力木、摇橹等技术特征的记述,下延到清代中晚期及近代。

　　第二,目前,研究广船的方法,形成的认识,缺乏横向空间维度上的关照。广船并不是一种一类船舶,而是一个多元的船舶体系。从内在的功能类型角度,至少可以分为官船、战船、货船和渔船;从地域类型角度,至少可以分为粤东船、珠三角船、北部湾船;从外在影响角度,广船至少受到了来自福船、东南亚船、欧洲船舶技术的影响,广船与其他海域船舶之间,存在着"渗透、借用、

---

〔1〕　余西云:《中国考古学理论的演进》,《中国社会科学报》2013年第479期。

融合、同化"。广船在具备共性的同时,也存在不同的个性。目前对于广船的研究只强调共性,忽略个性,存在一元化的倾向,忽略了广船是多元的船舶体系,因而不能反映广船的真实面貌。

基于以上两点,本书引进谱系的概念,使用谱系的方法,兼顾历时性和共时性,在特定的时空框架之内进行分期、分区研究,构建广船纵向的技术演变、横向的技术交流,刻画出广船完整的形象。

通过以上五章的梳理,明清广船发展的时空框架得以明确,其谱系得以建立。

第一,明代前期。广东确立起卫所和巡检司的备倭船体系,但总体上海盗、倭寇、番寇的冲击并不大,因之这套海防战船体系很快严重废弛。相应地,广东海防战船的具体数量和类型隐晦不明。目前看来,此一时期的船舶名称有料船,其细目包括千料、六百料等。同时,海禁也使得广东的商业和渔业发展缓慢,船型主要为平首平尾的艚船,其细目包括盐艚、货艚、采珠船等。其中艚船中的白艚船,与珠江口的艚船不同,为福建船式,在潮州广泛使用。由于贸易和移民的关系,福建式白艚船大量出现在海南。弘治十三年,官府曾经行取"琼州府白艚船二百只",用于北海采珠。

第二,明代后期,嘉靖朝以降。倭寇、海盗、番寇之患并发,频度和规模都较明前期为剧,严重冲击了前期卫所加巡检司的广东海防体制。广东着力恢复御海洋的海防策略,一方面重新修建水寨,制置兵船,另一方面改革旗军制为募兵制。广东海防战船的数量、类型渐多。嘉靖年间,广东兵船中民船的比例持续增加,嘉靖二十二年(1543)前,军三民八,嘉靖四十年,官有战船不到一成,嘉万之际,几乎全为民船,不再区分民船和军船。乌艚船、横江船逐渐取代原有的官有战船。同时,广东地区发达的对外贸易促进了沿海货运船舶的发展,但仍维持着明代前期的乌艚船为主的船舶构成情况。

第三,明代后期,万历年间。广船消耗严重,开始引入性能更优越、成本更低的福船进入广东海防战船序列。广东的乌艚、横江与福建的福船共同构筑了广东海防战船体系,二者平分秋色。但广东各地的情况并不统一,粤东、珠三角引进的福船比较多,而粤西具有更多的地方特色,兵船以当地小型船只为主,仅有个别福船、乌船等渗透进粤西海防战船序列之中。至万历二十八年前后,广东总兵王化熙贬抑乌艚,广东海防弃用乌艚、横江,"乌船改福、艚、东、哨、仔"。[1]乌艚、横江在兵船序列中的作用下降,但作为地方船型,官军、海盗和渔民仍然建造和使用乌艚船。

第四,清代中前期,康雍乾时期。明末清初的东南战乱以及禁海迁界,对广船破坏极大,但仍建造和使用乌艚船作为战船。康熙四十二年,清廷在全国范围内进行战船定额,广东沿海各营汛巡哨船只全为缯䑸等经制船只,其中外海赶缯船八十四只,䑸船六十只,艋仔船十七只,拖风船五只。[2]赶缯船、䑸船、艋仔船等成为广船的主要类型。这种战船结构持续了大约一百年,直到乾嘉之际才开始发生变动。康雍两朝陈良弼谓"赶缯船、䑸船,粤人谓之白艚船是也",[3]指明赶缯船、䑸船为福船式。与此同时,民船中的货船、渔船受到严格的限制,粤东福船式的红头船成为货船的主力,而单桅渔船成为渔船的主力。

第五,清代中后期,嘉道时期。清乾嘉之际,为了应对猖獗的海盗活动,广东拆改原有缯䑸船为米艇、拖风等船。鸦片战争前后,广东的外海战船结构已经由缯䑸船改为米艇、拖缯,船身开始变长,船首开始变窄,广东本土船型重新占据海防战船的主力地位。民用货船仍然维持着平首平尾福船式和广东本土艚船的特性,但渔船领域开始出现尖首特征。

咸同之际。第二次鸦片战争和席卷东南的太平天国运动,刺激广东战船发生了一次整体变革:战船领域,红单船和拖缯船等尖首船取代窄首米艇,成为广东水师的主力战船;货渔船领域,广东出现了明显的欧化尖首老闸船,红单船也具有显著的欧化特征,尖首渔船日益增加,广船发生了转型。同时,红单、拖缯等以广艇之名北上江浙闽,在东南海防和货运中发挥了重要作用。

第六,清代末期。随着洋务运动的兴起,欧洲铁甲舰和蒸汽船的引入,传统广船在国家战船序列中的地位日益削弱。与此同时,广船民船领域的近代化也缓慢发展。

明清广船的演变特点。从形制上看,明代广东的艚船、乌艚等船为本土的平首平尾船型;清代前期的广东赶缯船、䑸船、红头船等为福建的平首平尾船型,说明福船影响的强势;至清代乾嘉之际,广东本土窄首米艇开始逐渐强势,而把福船式的缯䑸等船排除出广东;清朝末期,欧洲船舶影响下的红单、捞缯、

〔1〕 万历《广东通志》卷九《藩省志九·兵防总下·造船事略附》,第27页。
〔2〕 (清)薛传源:《防海备览》卷五《修战舰》,第4页。
〔3〕 (清)陈良弼:《水师辑要》之《各船式说》,第330页。

老闸等尖首船型在广东获得长足发展,而且其影响迅速扩大到整个东南沿海。

明清广船的发展有着明确的脉络。这种看似简洁的船型变迁背后,有着深刻的社会背景。在海禁的大背景下,广船的活动长期被限制在近海。广船的海域活动特点,决定了明清两代广船的船型、属具等技术特征虽有变化,但无发展,几乎没有任何标志性的技术创新,如新材料、新工艺或新设计的引入或创制。其所受东南亚船和西洋船的影响虽然直接,但却"近水楼台不得月"。其欧化与近代化迟迟未发,直到1840年鸦片战争前后才缓慢起步,以欧化尖首船型为核心特征,带动了结构、帆装、武器等方面的一系列变革。明清广船超稳定的发展模式,固执保守的技术风格,颇有值得深思玩味之处。

船舶技术的创新和应用与环境密切相关,除海域自然环境这一相对不变的恒量之外,沿海政治、军事和社会情势则是最直接的变量因素。后者决定了船舶技术创新和应用的方向和速度。明清两代,海洋活动活跃,海盗、倭寇、番寇并发,国家海洋威胁空前。这些因素直接或间接地推动民间和官府进行船舶技术变革。在西洋炮引进上,广船紧跟时代潮流,几乎与西洋船同步发展。然而除西洋炮外,广船的技术变革着实乏善可陈,海洋活动和各种海洋威胁无法转变为实在的技术创新。船舶的技术创新与沿海军事和社会情势的关联互动,往往不是直接关联的,沿海政治、军事和社会情势所形成的压力和动力,要通过具体路径才能作用于船舶建造,实现船舶的技术创新,然而这些路径却并不通畅,障碍重重。

明清广船的谱系图

年　代	主　力　战　船	民　船	周边海域影响
明前期	卫所战船（料船）	艚　船	白艚
嘉靖年间	乌艚、横江	艚　船	蜈蚣船、佛郎机、鸟铳
万历崇祯年间	乌艚、横江、福船	艚　船	福船、叭喇唬船、铳船、红衣大炮
康熙四十二年	赶缯、艍船、艍仔船、拖风船	拖　风	赶缯、艍船
清乾嘉之际	赶缯、米艇、拖风		
清道咸之际	米艇、红单船	老闸船	欧洲船舶
咸同之际	铁甲舰、蒸汽船		欧洲船舶

第六章　广船的技术特征

　　明清广船类型谱系的建立,显示出广船具有顽强的生命力和强大的适应力。广船在适应海域环境、社会经济发展需要的同时,在船舶用材、船体结构、属具等方面形成了比较稳定的技术特征。本章对此进行讨论。

第一节　船　舶　用　材

一、广船惯用硬木

　　早在先秦时期,手工兴作,人们就十分看重选材,"天有时,地有气,材有美,工有巧,合此四者,然后可以为良"。[1]广船建造尤重选材。南海之中有东、西、南"三沙群岛",南海周围为破碎的菲律宾群岛、马来群岛以及中南半岛,广东沿海更是海屿断续,山礁杂丛,加之南海为深海大洋,风涛多险。故航行于此的广船,往往选用铁力木、荔枝木、柚木、梢木等硬木,而且用材厚实,不惧碰撞,触礁不破。

　　铁力木,又写作铁梨木、铁栗木、铁黎木、铁棱木,其名称还有石盐、盐木、铁木、铁朾等。铁力木为常绿乔木,树干端直,通常高二十至三十米,胸径三米,[2]硬度大、强度高、质沉重、耐腐蚀、抗虫害,最为广船建造者所青睐,为广船用材之首选。

　　明代珠江三角洲地区盛产铁力木,以至于电白县"治屋家多以铁力木等良材为之,方坚且久。广州人多采制桌椅等器","东莞人多以作屋"。铁力

〔1〕　闻人军译注:《考工记译注》卷上《总叙》,上海古籍出版社,2008年,第4页。
〔2〕　广西壮族自治区林业科学研究院编:《广西树木志》,中国林业出版社,2014年,第1135页。

木被"粤人以作诸器具，颇不贵，黎山中人以为薪"。[1]除珠江三角洲外，粤西及广西腹地也出产铁力木。当时，罗旁傜以铁力木做弩，"弩长二尺，重二百斤"。[2]明代嘉靖年间，在西江税关梧州厂税则中，征税商品首列即为铁力木，并且对铁力木折算银钱的方式规定得非常详尽，长度从长一丈起至长二丈止，每加长一尺，核算一次价值。由此可知，当时广西各地的铁力木通过梧州税关，经西江源源不断地进入珠三角。[3]明代珠江三角洲、西江上游及广西丰富的铁力木资源，使得明代广船在建造时几乎可以无节制地使用铁力木。嘉靖年间成书的《筹海图编》最早明确广船为铁力木所造。[4]明代广船修造使用铁力木，并不局限于舵杆、桅杆、锭齿、水仙门底垫木等关键部件，船壳或底板部分也有使用，不但白艚、乌艚船底用"铁力大木"，盗匪用的大龙艇船底也用铁力木修造。[5]

广船不但以硬木建造，而且用料也比较厚实。明代广船单料板的厚度可达七寸，[6]远比福船厚重。后者采用重底，即便都用双料板，厚度之和也只有六寸。况且侯氏则例载福船外层髈板用单料板，单料板的厚度只有一寸五分。[7]

广船使用硬木建造，用料厚实，适应了南海的航域特性，在航行性能上具备多种优点：

第一，广船坚实厚重，既可以抗击风浪，也不怕碰撞触礁，所以清人称广船为"铁船"。郑若曾直言，"二船（指广船、福船——作者注）在海，若相冲击，福船即碎，不能当铁栗之坚也"。而倭船也比较畏惧广船。

---

〔1〕 翁舒韵：《铁力木小考》，《广西林业》2016年第6期，第29～31页。

〔2〕（清）屈大均：《广东新语》上卷七《人语·傜人》，第235页。

〔3〕万历《苍梧总督军门志》卷十三《兵防十·两省岁入军饷》，第149页。

〔4〕（明）郑若曾：《筹海图编》卷十三上《经略五·兵船》，第857页。

〔5〕（清）屈大均：《广东新语》下卷十八《舟语·战船》，第480页。

〔6〕（明）朱纨：《甓余杂集》卷九《公移三·阅视海防事》，第245页。

〔7〕侯氏则例载："双料板长三丈厚三寸阔一尺二寸。削板长三丈厚二寸阔一尺二寸。单料板长三丈厚一寸五分阔一尺二寸。三开板长三丈厚一寸一尺二寸。""换水底髈单料板"云云。详（明）侯继高：《全浙兵制》卷三《附纂造新修旧大小福鸟船工料数式》，第195页。另涂泽民也记福船巨舰底板厚三寸，厚度不足三寸则贴覆只一层底板，详《明经世文编》卷三百五十五《涂中丞军务集录三·行监军巡海等道"造船"》，第3821页。

第二,广船坚实厚重,抵抗虫害能力强,可经受反复燂船,延长了船舶的使用寿命,一般可达到五十年以上,有的甚至能到六七十年。"广船用铁力木,造船之费加倍福船,而其耐久亦过之。盖福船俱松杉木,蛀虫易食,常要烧洗,八九汛后,难堪风涛矣。广船木坚,蛀虫纵食之,亦难坏也"。[1]广船较长的使用寿命,客观上摊薄了其修造成本,形成了某种程度上的"贵造贱用",相较于福船频繁的大修、小修和拆造,反而能够节省总成本。即便广船报废之后,船木也能转卖拆解,拆出优质船材打造船木家具。部分旧船材甚至可用于新船建造,从而收回部分造船成本。

第三,广船坚实厚重,与新式大型火器的兼容性较好,"故可用发熕、佛郎机,不畏震损"。[2]

不过,广船多用硬木,加之使用水密隔舱结构,增加了空船重量,使得船身笨重,以致减小了船舶载重,削弱了船舶灵活性。同时,广船多用硬木,船材加工比较困难,尤其船材不易弯曲,总体上广船的线条比较刚硬。

广船使用硬木建造的特点,与福船有明显的区别。明代福船的龙骨、大抽、桅杆等大料用杉木,含檀、舵、桅夹(鹿耳)、绞车等小料用樟木,极少其他杂木。入清以后,建造赶缯船的主料已经变成松木、杉木和樟木等。特别是龙骨用材,一律由杉木改为松木,"曰油松,其于用也,为龙骨"。[3]用料质量不及广船之铁力木,但是船材易得,造船成本低廉。

二、木材资源的消耗与替代

(一)铁力木消耗严重

虽然岭南盛产铁力木,但毕竟产地有限,大规模地伐木造船,以及建造房屋,使得铁力木消耗很快。

首先,岭南以外的其他地方,铁力木成为比较稀缺的珍贵船材,往往只用作船舵,而且价格高昂,难以获得。早在洪武五年(1372),浙江昌国县督造海

---

[1] (明)王鸣鹤:《登坛必究》卷二十五《水战·广东船式》,第11页。
[2] (明)郑大郁:《经国雄略·武备考》卷八《广船》,第16页。
[3] (清)李廷钰:《靖海论》之《靖海论三》,陈峰辑注:《厦门海疆文献辑注》,厦门大学出版社,2013年注释本,第227页。

舟,就以长三丈五尺的铁力木为船桅。[1]嘉靖年间,陈侃出使琉球的封舟于福建打造,其铁力木舵杆已经"轻价索之而难于得"了,只能倍价以购。[2]高品质的舵用铁力木,已经很难从岭南获得,而多要从东南亚进口而来。崇祯二年(1629),户科右给事中杜三策册封琉球,即派官向安南购买封舟舵木两根。不想回程船漂至大鹏所,被千户张大伦等认作海盗而焚毁。当时"如式之木,粤中不能卒购"。[3]康熙初年,张学礼出使琉球,所备封舟"旧例,舵木用铁力,其木产于广西,由海道运"。由于海氛未靖,舵也一直未备。至康熙二年(1663),才从留置闽江口的红毛国船上购得。[4]这里的红毛国船,当是从事东南亚与中国贸易的荷兰船,其所载之铁力木舵,极有可能来自东南亚。康熙末年,徐葆光出使琉球的一号封舟上,"舵长二丈五尺五寸,宽七尺九寸,西洋造法名夹板舵,不用勒肚,舵以铁力木为之,名曰盐舵,渍海水中愈坚"。[5]这里的西洋指东南亚,其夹板舵亦为东南亚船舵。康熙末年,渡海使台的黄叔璥,已经认为"铁力木舵产自广南(越南)","盐木舵尚值数十金,亦广南所产"。[6]赤木文库藏乾隆年间琉球官话课本《广应官话》中的"商船杠具"有"暹舵一门",说明采用东南亚木材作舵已经十分普遍了。[7]因长期从东南亚进口铁力木,导致越南收紧铁力木的出口,并克以重税,有时甚至禁止出口给清商。阮世祖嘉隆九年(1810)弛禁铁力木出口时,竟然要"十税其一",比犀角、象牙的二十税一的税率高出一倍。[8]

其次,岭南当地铁力木用于造船的记载已经比较稀见,即便有也多属追忆前代。乾隆年间,瑞典人彼得·奥斯贝克曾经谈到广东船以梢木(Saaomock)建造。[9]二十世纪南海渔船通常用荔枝木、樟木建造,海南则用

〔1〕(明)朱国祯:《涌幢小品》下卷二十六《海舟》,第526页。
〔2〕(明)陈侃:《使琉球录》之《使事纪略》,中国文史出版社,2017年译注本,第17页。
〔3〕(明)颜俊彦:《盟水斋存牍》二刻《勘合·差官买封木详》,第454~456页。
〔4〕(清)张学礼:《使琉球记》,商务印书馆,1959年标点本,第2页。
〔5〕(清)徐葆光:《中山传信录》卷一《封舟》,台湾大通书局,1987点校本,第4~5页。
〔6〕(清)黄叔璥:《台海使槎录》,台湾大通书局,1987年,第17页。
〔7〕范常喜:《赤木文库藏琉球官话课本〈广应官话〉中三则清代闽琉交流史料考述》,《海交史研究》2016年第2期,第81~92页,附录。
〔8〕《大南实录正编第一纪》卷三十九,许文堂、谢奇懿编:《大南实录清越关系史料汇编》,第46页。
〔9〕Peter Osbeck, trans.by John Reinhold Forster, *A voyage to China and the East Indies*, London: B. White, 1771, p. 196.

高根木。[1]近年来,我们多次到广东台山、阳江和广西北海进行传统木船建造工艺调查,大型木船的建造多使用东南亚或非洲进口的梢木或柚木。

(二)其他木材消耗严重

广船修造往往因地制宜,就地取材。如海南岛的造船木料中指经、石枳、青皮、荔枝木、黄丹、红槌、天料等可以作船骨;天料、高根、加卜、青梅、红罗、鸡箸、八角、三角枫、山罗等可以用作船板;黑榧、加卜、青梅、红罗、鸡箸、八角可作船舵。[2]明万历年间,经由西江的梧州、肇庆两个税厂,报抽的广西造船木料还包括紫荆、榛黎、槁桂、柯楠、梢木、黄藤、青香藤、松木。松木是做桅杆的专门材料。[3]晚清广东"舟人以之为船底,经久不敝"。[4]除以上木料之外,两广产蚬木、梾木等硬木可用于船桅、船舱的建造。[5]此外,也有使用耐水的乌榄木造船者。[6]

除铁力木外,一般造船木材的消耗也很严重。广东信宜处于万山之中,木材资源丰富,号称"日夜取之不能尽"。但是在雍正三年(1725),广东官设广州、高州、潮州、琼州四厂造船,军工木料一切取办于信宜。由于过度采伐,数年之间,山川林木荡然,所存无几。[7]乾隆八年(1743),两广总督策楞向乾隆帝报告:"自设船厂,迄今已二十年,不独附近水次木植无余,即深山邃谷,亦渐无可采。"乾隆批准策楞的提议,把依托信宜木材的高州芷芋船厂改在省城河南地方。高、雷二府所属战船,届修造之期,驾赴厂所修理。[8]

(三)广东木材资源的地区差异

广东的木材资源存在地区性差异,造成木材资源的结构性缺乏。广东造船业集中于珠江下游河段,来自广西的大量木材经过西江源源不断地供应

---

〔1〕　第一机械工业部船舶产品设计院等主编:《中国海洋渔船图集》,第183页。

〔2〕　民国《海南岛志》第十四章《林业·主要木材》,海南出版社,2004年,第351～355页。

〔3〕　万历《广东通志》卷九《藩省志九·兵防总下·造船事略附》,第25～26页。

〔4〕　宣统《定安县志》卷一《舆地志·物产·木属》,海南出版社,2004年点校本,第89页。

〔5〕　《海国图志》卷二《筹海篇三·议战》,《魏源全集》第四册,第30页。

〔6〕　正德《琼台志》卷八《土产上·木之属》,第181页。

〔7〕　(清)李东绍:《军功木料记》,《岭南历代文选》,广东人民出版社,2009年,第299～301页。

〔8〕　《清高宗实录》卷一百九十六,乾隆八年七月壬辰,第10页。

肇庆、南海等地,保证了充足的造船材料。其他诸如潮州、高州等地造船木材也不缺乏。但是作为离岛的海南则造船材料不足,特别是一些关键材料,尤须取用于广州。明末东莞尹陈瑾记载,"琼州无桅,而省城之桅难以过海"。[1]所以海南的造船业一直就不发达。明清两代,琼州的船舶修造往往需要跨海到省城。

第二节 船 体 结 构

所谓船体结构,是指船舶外板和上甲板包围起来的包含框架的部分。南海海深浪大,山礁杂丛,加之明清以来严苛的海船管理,对广东海船的船体结构影响很大。而船体大小、长短、尖圆,对船舶的稳性、操纵性、快速性等航行性能有决定性影响。

一、主船体

(一)广船以中小船体为主,大型船体很少

明清以来,长期的海禁政策造成对外贸易萎缩。广东海上货运的目的地,国内以东南沿海和北部湾为主,国外以东南亚为主,一般不过马六甲。南海海域有规律的季风,星罗棋布的群岛,弯环怀抱的半岛、大陆,海屿断续,很像一个内湖,完成一个航行周期的时间很短,补给方便。明人高澄《操舟记》载:"西南诸国,行不二三日,即有小港避风。"[2]建造大船既无必要,航行也不便利,而中小船型操驾灵活,易于驱避,成为广东海船的主流。

以战船为例,明清广东主力海战船乌艚船的尺度,朱纨所记"其长十丈,其横阔三丈有奇";清代康熙年间赶缯船官定最大的"长九丈",雍正乾隆年间赶缯船官定最大的"八丈三尺",至嘉庆年间赶缯船官定最大的"七丈六尺九寸一分"。而且,这些只是制度规定,实际在航的战船尺寸更小。

---

[1] (明)陈瑾:《海防要务策》,转引自吴道镕原稿,张学华增补,许衍董编校:《广东文征》第三册卷十四《陈瑾》,第469页。

[2] (清)汪楫:《使琉球杂录》,《国家图书馆藏琉球资料汇编》上,北京图书馆出版社,2003年,第688页。

明清时期的广东商渔船，由于国家绵密的限制规定，尺度萎缩更为明显。明代商渔船的船宽率以三丈为准。清代以"梁头"长短衡量船只大小，所谓梁头，就是指船体之最宽幅，即在大桅处的甲板横梁，又曰"含檀"。[1]清代的渔船定制始自康熙四十二年，议准："出洋贸易商船，许用双桅，梁头不得过一丈八尺。……渔船梁头不得过一丈。"四十六年又议准："福建省渔船桅听其用双、用单，各省渔船止许单桅。"[2]而广东商渔船的尺度规定与国家规定相比更加苛刻，雍正初年，"查网缯渔船，梁头过小即不能捕鱼……嗣后成造此等大船，梁头不许过八尺，其从前违式者，限三年内改造，不许久出站洋。至于小渔船，仍照旧制，梁头不得过五尺。盖板披水不许装钉，本港采捕，务令朝出暮归，违则按法重处"。[3]清朝对广东渔船还采取了分类管理的方式：网缯船和小渔船各自执行不同的标准。

乾隆后期，船只管理松弛，"梁头丈尺，不必过于拘泥，以免纷扰"。商渔船的尺寸都大大超出规定标准。嘉庆十一至十五年（1806～1810），福建省为缉捕蔡牵、朱溃等海盗，特别雇募大型民间商船四十九艘以为军用，其梁头大者二丈九尺五寸，最小的也有一丈七尺九寸，几乎全部超过官方规定的一丈八尺。同样在嘉庆年间，广东南海县发给赴南洋贸易的金协成商船之船照内记载，此船之梁头计"三丈七尺二寸"。[4]嘉庆年间，飘风到日本的广州府新宁县大澳港渔船户陈受合大字十七号渔船，长七丈余，阔一丈八尺余，已经超出渔船尺度，达到商船的尺度。尽管如此，长期严苛的制度限制，在弛禁之后的很长时间内仍然保留着原有的渔船修造惯性。例如，道光年间，法国船长帕里斯所绘制的广东渔船仍为单桅，并安装众多的辅助无撑条帆。这些矮小的桅帆就是渔船单桅规定和远海航行需要的折中产物。

〔1〕 陈希育：《中国帆船与海外贸易》，厦门大学出版社，1991年，第150页。
〔2〕 光绪《钦定大清会典事例》卷六百二十九《兵部·绿营处分例·海禁一》。
〔3〕 杨培娜：《"违式"与"定例"——清代前期广东渔船规制的变化与沿海社会》，《清史研究》2008年第2期，第74～87页。
〔4〕《福建沿海航务档案》之《广东南海给船户照式现行式》，第23～24页。

（二）兵船以尖底为主，商渔船以圆底为主

关于明代广船船型，古代文献有着相互矛盾的记载，需要进行辨正。一说广船为尖底，"广福苍山铁之类，重而底尖，可以破浪"。[1]一说广船为圆底，"底圆而高，下有大木三段，贴于船底，名曰龙骨"。"盖其行走南洋，山礁丛杂，船有龙骨，转弯趋避，较为灵便"。[2]但从不同时期的各类调查材料来看，广船大体上属于圆底型，从比较晚近的实物材料来看，广船是存在若干路底板的，龙骨低平，形态上类似于强化的底板。帕里斯测绘的海南广顺安号商船和《中国海洋渔船图集》中的南海区广东渔船，船底横剖面型线也略似U形（图五十一至五十三）。而之所以形成广船尖底的说法，可能是把广船尖首的特征混同于尖底。

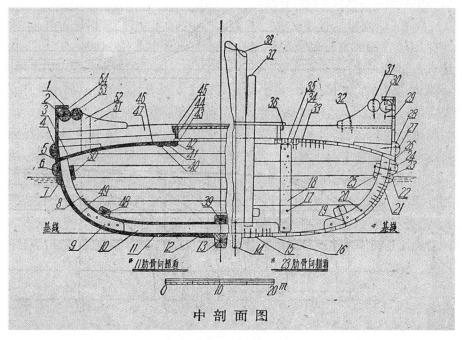

图五十一　包帆中剖面图
（《中国海洋渔船图集》，第213页）

---

〔1〕（明）郑若曾：《江南经略》卷八《兵器战具·海船论》，黄山书社，2017年点校本，第563页。
〔2〕（清）顾炎武著，黄汝成集释：《日知录集释》卷二十九《海运·谢占壬曰》，第644页。

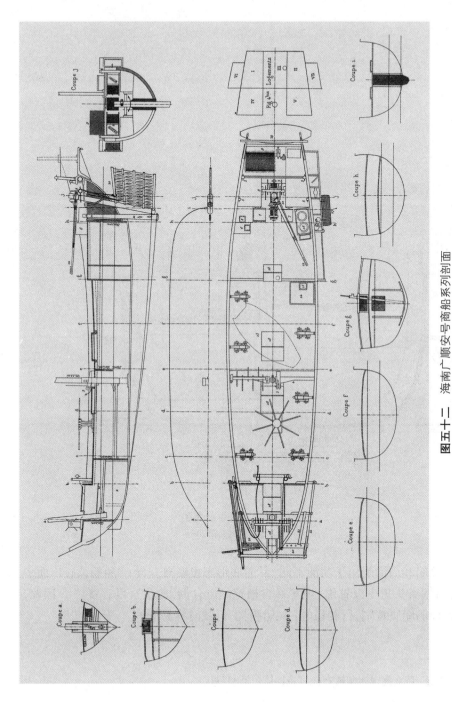

图五十二　海南广顺安号商船系列剖面

（Edmond-Francois Pâris, *Souvenirs de Marine: Collection de Plans ou Dessins de Navires et des Bateaux Anciens ou Modernes*, Vol.2, N.192）

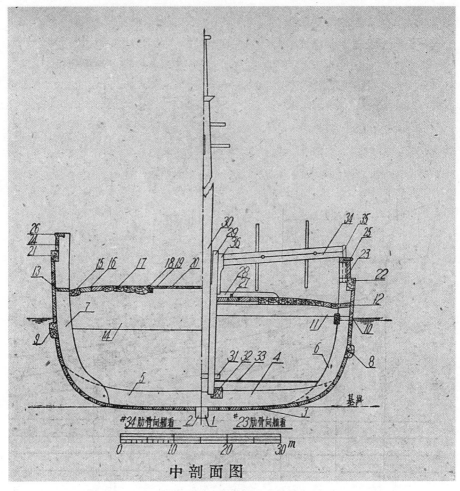

图五十三 七艕中剖面图
(《中国海洋渔船图集》,第206页)

　　战船和商渔船由于功能不同,其船底形态也略有差异:"商船欲腹广而多载,含檀梁头短少以省税;哨船欲含檀宽阔以合例,腹尖窄以省费。"[1]因此,广船商船船腹宽阔,行驶稳健;战船腹尖,行驶时容易侧倾。

---

[1]（清）陈良弼:《水师辑要》之《或问篇》,第357页。

（三）明代及清前中期为平首平尾，清晚期出现了尖首圆尾船

明代广船脱胎于珠江三角洲地区的海运盐船，主要往来于沿海各盐场与省关之间，其航行海域"风气和柔"，最利摇橹。所以船型主要为平首平尾，首尾各有大块的封板（图五十四）。但从乾嘉之际开始，珠江三角洲地区的米艇船首开始收窄。至晚清时期，首封板为首柱替代，船型呈尖首型，而船尾部则呈圆形封闭式样，部分保留着平尾特征。平首平尾船一直是明清广船的主流。直到鸦片战争前，西方人对广船过高的首尾上层建筑和方形船首分水能力不济的缺陷仍颇多微词。[1]

图五十四　白艚船平首
（《大英图书馆特藏中国清代外销画精华》第六卷，第106页）

---

〔1〕 Charles Toogood Downing, *The Fan-qui in China, in 1836～7*. Vol. 1, p. 110.

图五十五　米艇窄首
（《大英图书馆特藏中国清代外销画精华》第六卷，第125页）

窄首米艇和尖首船型的各种船舶，首部收窄较为明显（图五十五），形成了前小后大的船型特点。最大船宽往往在船尾向前三分之一竖立主桅的位置，船体整体上前部小而低，后部大而高。因此，相对西洋船"大头"似鱼形而言，晚清广船多为尖首，形制模仿水禽之形（图五十六）。广船的这种尖首圆尾特征最为西洋人所津津乐道。[1] 船舶最宽处靠后，船膀板回收不及，形成了一个圆大的船尾，相较中部只是略为收窄而上翘（图五十七、五十八）。

尖首船型是明清广船的重要变革，影响深远：第一，尖而低的船首，有利于破浪，航行顺畅，水阻小，提升了船舶的快速性。第二，首部空间有限，低平而尖窄的首甲板上很少安置上层建筑。而为了便于下锚寄泊，收拉网具，广船往往出现丁字形船首，即在船首甲板的前端置横木，安龙牙，以供锚泊作业。第三，圆而大的船尾，不适宜安装福船或西洋船的刀型窄长舵，而往往使用宽大的门型开孔舵。门型开孔舵可以抵消宽大船尾形成的涡流，稳定性好，容易转舵改变方向，便于船在南洋水深多礁石的海域行驶。第四，宽大高翘的船尾，成为全船的制高点，视野开阔，导致广船往往将神堂、舵楼、针舱布置在尾楼甲板上，便于瞭望、操纵和收放船舵，中桅帆的各类索具也向船尾集中。加之较大的外展框架，构成虚艄，为船上的各类活动提供了广阔的空间，成为广船的一大特色。第五，船尾圆大，两舷船壳板及舷墙后端呈外向弧线，略伸至尾封板后面，形成广船特有的"鸡翼"和"开尾"，并有较宽的护艄，尾端正面为后倾的竖向椭圆形，形成宽阔的船尾框。第五，广船船体首轻尾重，

---

〔1〕 Charles Toogood Downing, *The Fan-qui in China, in 1836～7*. Vol. 1, p. 110.

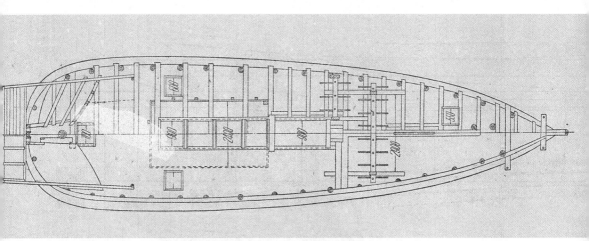

图五十六 临高拖风船首尖尾大的船型
（《中国海洋渔船图集》，第210页）

图五十七 乌艚船尾部
（《大英图书馆特藏中国清代外销画精华》第六卷，第245页）

图五十八 七艃渔船船尾
（《舢板女孩的微笑》,第112页）

但风从后面作用于主帆和头帆,船首受力又大于船尾,恰可以起到平衡首尾
受力的效果。

（四）明代广船体型短宽,清代广船体型修长
明代广船体型比较短宽,追求航海的稳性。而清代绵密严苛的船只尺寸
规定,以梁头丈尺作为各类商渔船的征税标准,使得商渔船为了避税,多装货
物,逐渐把船只长度加长。因此,清代前中期的各类商渔船变得修长。到晚
近时期,这种修长特征更加明显。2015年3月,我们在阳江调查时了解到,以

长度二十五米的当地船舶为例,船舷最宽处大概在4.6至4.7米,最宽的也不超过五米,船宽度二分之一弱是船舱的深度,最大深度不超过宽度的二分之一。也可这样换算,即船的宽度不大于船长的五分之一。这大概是根据南海海况,经过广东前人多年的实践得出的数据。据介绍,这种结构使船舶在航行时转向较好。[1]明代及清前中期广船甲板面弧度较大,晚清广船甲板面弧度渐小。广船的甲板边线会向首尾逐渐起翘形成弧形。这种设计便于减小纵摇,并利于改善溅浸性,减少甲板上浪。

广船的船舷从明代起有逐渐强化的趋势。清代广船的船舷令欧洲观察者印象深刻:船舷两侧板与船头平台形成的巨大框架结构,构成了巨大的开口兽头。[2]

(五)船壳的保养技术特征

为保证良好的工作状态,船舶需要进行保养。船舶保养,不仅关乎船舶使用寿命,更关乎行船安全。船舶保养一般分定期保养和经常性保养两种,前者即定期油修,经常性保养包括抹船、洗船、晾舱、个别部位打油和小型修补等。广东地区的外海船舶在保养方面独具地方特色,尤其是在防腐、防锈两个方面。

燀船是用文火烤船身灭虫防腐。"海洋咸水,船易生蛆,艛板必烂,将官尤宜按月朔望潮汐之期,责令捕兵将船燀洗,庶乎船可坚固,而驾撑久长"。[3]其燀洗方法是在海滩选定搁船位置,铺好垫墩,利用大潮驶船上墩,退潮后用铁铲、铁耙等工具清除附着在船底及船舵的贝壳、青苔等水生物,继而用硬扫帚清扫,用海水喷洒,直到船底表面清洁干净为止。然后燃烧干草炙烤船底,将钻进壳板里面的生物烧死,擦净后进行修补,涂抹桐油或防腐漆。待下次大潮时,浮墩下水。燀船工序一般根据季节和船壳实际情况进行燀洗。

广船还以蛎灰涂抹船壳防蛀防腐。利用大潮驶船上墩,退潮后洗净船壳水下部分,用蛎灰加水和成糊状遍涂船壳外表面,晾干后即形成一道白色的蛎灰隔离层,可避免壳板附着寄生物和过早腐蚀。每涂一次能维持三个月左

---

〔1〕 数值由广东阳江史永(63岁)先生提供。
〔2〕 Charles Toogood Downing, *The Fan-qui in China, in 1836~7*. Vol. 1, p.111.
〔3〕 (明)陈瑾:《海防要务策》,转引自吴道镕原稿,张学华增补,许衍董编校:《广东文征》第三册卷十四《陈瑾》,第471页。

右,每年需如此处理四次。广船中的白艚船,即由此而得名。此外,还有在船壳外表面水线以下部分涂漆防腐的措施。常用的漆船用料有防腐漆、桐油、柏油,一般每年处理一次。

舱缝是在木板料拼合的缝口舱入桐油、蚝壳灰、麻筋或竹丝舱料的工艺,是保证木船水密性、加强整体强度、抵抗虫害的一道关键工序(图五十九)。广船舱缝的三种原料都比较有广东地方特色。麻筋,"广东多用竹丝",[1]以新竹的内表皮加工制成,砍伐生长一年以上的毛竹,用刀将表面青皮刮去一薄层不用,再将内表皮细细地刮下,使成为柔软的丝绒状竹丝。舱缝灰则用蛎灰或蚝壳灰,"温、台、闽、广即用蛎灰"。其烧成方法是,"执槌与凿,濡足取来,叠煤架火燔成"。[2]油则用桐油。此外,橄榄糖泥也作舱缝材料。[3]橄榄

图五十九　舱缝用油灰竹丝
(作者摄于台山市广海镇烽火角华长船厂,2015年3月)

〔1〕　光绪《崖州志》卷十二《海防志三·海防条议》,海南出版社,2006年,第317页。

〔2〕　(明)宋应星:《天工开物》卷下《舟车第十五》,第251页。

〔3〕　(唐)刘恂:《岭表录异》,《岭南古代方志辑佚》,第199~200页。

糖泥,是橄榄枝节间的脂膏胶,"南人采取和皮叶煎汁,熬如黑锡,谓之榄糖。用泥船隙,牢如胶漆,着水益干也"。[1]

麻筋与油、灰舱后起拉筋作用,使舱缝口不易松动、开裂。关于中国舱缝用料的良好的性能,为欧洲人所津津乐道,1517年,来华葡萄牙使臣费尔隆·伯列士记载了其在广州目睹的中国人修船坐滩、修舱的过程,即用石灰和鱼油制成的"沥青"作为舱缝材料。[2]1751年,瑞典人彼得·奥斯贝克也曾提及广州船舶使用竹丝、植物纤维与石灰的混合物作为舱缝材料。[3]

二、骨架结构

(一)船体内部采用水密隔舱

南海属于热带海洋性季风气候,是台风、暴雨、强风等灾害性天气的高发区。海上行船往往颠簸不稳。南海远洋渔船出行时要携带大量淡水、盐,捕获的各类水产也要进行存储。而远洋货船对外贸易又以陶瓷、大米、食盐等大宗散装固货为主,极易发生货物移动,影响船舶稳性。因此,广船发展出了密实的隔舱结构,一米左右设置一个隔舱,以横隔舱为主,偶尔也有纵向隔舱,起到固定和分隔货物的作用,发挥了类似集装箱的功能。同时,海船载货出洋,往往多方组织货源,水密隔舱的设置,也起到了分隔货物、区别货主的作用。[4]

由于隔舱属于内部结构,很难通过外部的直接观察而认识,因而广船水密隔舱的资料并不多。不过从有限的考古资料来看,各类大型海船都普遍装备水密隔舱,广船也不例外。而《中国海洋渔船图集》所收录的广东渔船具备淡水舱、盐舱、鱼舱、船员舱等诸多隔舱设置(图六十)。

水密隔舱通常要辅以肋骨,隔舱板与舱壁板不用钉接固定,隔舱板之间的密度大。通常十丈长的海船,有二十二个隔舱。这类隔舱客观上加强了船舶的横向强度和抗沉性。

〔1〕乾隆《陵水县志》卷一《地舆志·物产·果属》,海南出版社,2004年,第123页。
〔2〕[葡]巴洛斯著,何高济译:《十六世纪葡萄牙文学中的中国》,第43页。
〔3〕Peter Osbeck, trans.by John Reinhold Forster, *A voyage to China and the East Indies*, pp.190~191.
〔4〕George R. G. Worcester, *Sail & Sweep in China*, p. 53.

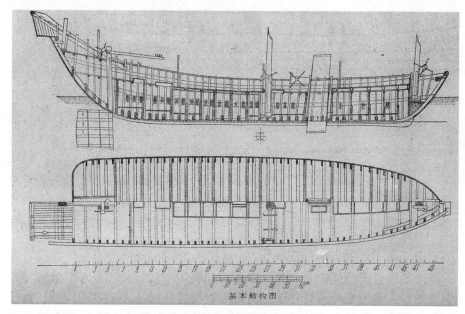

图六十　七艔渔船隔舱与肋骨结构图
（《中国海洋渔船图集》，第206页）

第一，众多隔舱进行水密处理，无形中提高了船舶的安全性。两广总督杨琳在雍正二年曾经谈道："海面与内河不同，微风一起，浪高丈余，大小船只舱面必用锁腹盖板，浪从盖板上而过，即从两旁水槽而出，护住舱身，不致沉没。"[1]另从一些海难幸存船舶来看，水密隔舱起到了抗沉作用。万历朝，香山坳有走洋败船飘至，"桅舵俱失，寂无人声，仅火舱留一二垂死者"。[2]这些人之所以能够在桅舵俱失的情况下幸存下来，锁紧盖板的船舱保证了船舶浮性，因而没有翻沉。

第二，水密隔舱增强了船舶的结构强度。密实的水密隔舱，船舶的横向强度大大增强，船舶底板、艕板、甲板等受到水压力及各种外部冲击力，都会因隔舱板而被分散吸收。

第三，水密隔舱起到了类似压舱石的作用，广船空载自重大，船行稳健。

〔1〕 杨培娜：《"违式"与"定例"——清代前期广东渔船规制的变化与沿海社会》，《清史研究》2008年第2期，第74～87页。
〔2〕 （明）沈德符：《万历野获编》卷十八《刑部·逸囚正法》，中华书局，1997年，第481页。

　　水密隔舱是中国船舶区别于西洋船舶的重要特征,历来为西方人所重视。马可·波罗是第一个赞美中国水密隔舱的外国人。[1]明英宗正统二年(1483),意大利人尼哥罗康梯游历东方诸国,这样描述中国商船:"皆大于欧洲诸国所用者。船身两边有三层木版(板),船内分部。有防水部,以保安全。"[2]17世纪末,来华的法国传教士李明写下了他对帆船水密舱的印象:"他们把船分成四五个船舱,从而即使船有一处触礁破裂,也只会部分渗水,其他部分则保持干燥直至修补好那个船舱的破洞!"[3]1797年,与马嘎尔尼一同访华的画师威廉姆斯·亚历山大,图绘了一艘大型商船,并专门记载了水密隔舱,认为其能够提升船舶安全性。[4]老尼克和唐宁也提到了水密隔舱的这一特征。[5]

　　然而,对于水密隔舱,学术界存在过分夸大其安全特性的趋势,将其看成保证船舶航行安全的重要措施,而忽略了水密隔舱对船舶功能的消极影响。

　　第一,水密隔舱的隔舱密度过大,增加了造船成本。

　　第二,水密隔舱还导致了木材等大件货物的载运限制。宋代钦州产乌榄木,是造舵良材,但是番禺、泉州等造船基地,乌榄木舵价昂量少,皆因乌榄木"材长甚难海运"。而乌榄木最长也就五丈,[6]颇能说明具备水密隔舱的广船运输大型货物的局限。唐宁也注意到水密隔舱的这种缺陷,因此只建议将这种技术运用于军舰之上,而不建议用于商船。[7]同时,密实的隔舱制约了西式通长甲板和多层甲板的应用,导致广船的火炮统统位于上层甲板,而极少采用下层甲板炮。

　　康熙年间,受西方技术工艺的影响,构成水密隔舱的舱板开始减少,而且

――――――――――

〔1〕 [英]曼纽尔·科姆洛夫(英译本),陈开俊汉译:《马可波罗游记》,福建科学技术出版社,1981年,第197页。

〔2〕 《尼哥罗康梯〈游记〉》,转引自张星烺:《中西交通史料汇编》第一册第六章《明代中国与欧洲之交通》,中华书局,2003年,第433页。

〔3〕 Ivon A. Donnelly, *Chinese Junks and Other Native Craft*, Hong Kong: Kelly & Walsh Ltd., 2008, pp. 4~5.

〔4〕 William Alexander, *The Costume of China*, "a sea vessel under sail".

〔5〕 [法]老尼克著,钱林森译:《开放的中华:一个番鬼在大清国》,第61~63页; Charles Toogood Downing, *The Fan-qui in China, in 1836~7.* Vol. 1, p. 110.

〔6〕 (宋)周去非:《岭外代答》卷六《器用门·舟楫附·柂》,第219~220页。

〔7〕 Charles Toogood Downing, *The Fan-qui in China, in 1836~7.* Vol. 1, p.110.

图六十一　1971年南洲红头船密距肋骨
(《樟林古港》,书前彩页)

其支撑船体横向强度的功能也逐渐弱化,代之以密距肋骨,形成了密距肋骨与隔舱的混合结构。这类肋骨在文献中被称为"曲手","曲手弯须长成大弯,交船底板最妙。如有直无弯不可用。曲手多多甚妙。譬如人胸骨多大者,力必大"。[1]康熙年间徐葆光使琉球的一号封舟、1971年澄海县出土的康熙年间红头船(图六十一)、广州南关清代古船都具备了密距肋骨的特征[详第七章第二节六(二)]。

（二）龙骨长度是船型的基准

所谓"赶缯、艍船之类,俱以龙骨为根。龙骨为第一要件,如人身之有脊梁,用松木在船底,自首至尾三节合成。一船之力皆寄于此"。龙骨长度与其

―――――――――

〔1〕 光绪《崖州志》卷十二《海防志三·海防条议》,第317页。

他构件有着固定的比例关系,决定着全船其他构件和属具的尺寸。"龙骨每丈,赶缯船配大含檀三尺一二寸,双篷艉配大含檀三尺,配头含檀一尺六寸。含檀用樟木,桅力所寄,清汉字于此烙印。配大堵梁三尺三四寸,配尾坐梁二尺六七寸,配头招七尺,配橹八尺,配大桅一丈二尺,配头桅七尺有奇。篷短于桅十分之三,其广倍于含檀。杉板、正碇俱与大含檀相等。副碇短一尺,次副碇又短一尺。赶缯船舱口二十一,双篷艉舱口一十九。造作配搭之规矩大要如是"。

同时,又要"因时变通,又在乎人:船之承篷与否,在于八尺之宽窄;船之深水与否,在于起底之平尖;船之冲浪与否,在于鸡胸之肥瘦;船之利水与否,在于收尾之高低。船身配长,则舵叶用窄;船身配短,则舵叶用宽。桅照水则上缭宜松,桅钩后则上缭宜紧,所谓分缭寸舵也"。[1]

我们在阳江调查过程时,也有造船师傅提供了类似的造船口诀,龙骨长度确定之后,其他部分的尺度根据龙骨长度进行调节。

三、上层建筑

南海水深浪大,是各类风灾天气的高发区。海船航行首要考虑降低上层建筑,减少受风面积。然而,明清两代广船活动的区域略有不同,明代广船以运盐乌艚、横江为主,主要活动于近海,并经常深入内河,受风力的影响不大。因此,明代广船可以有宽大的上层建筑,外展的框架结构,"坚而且大,头稍二处,皆有战棚,高过福船,每船可容百数十人"。[2]但是这种上层建筑,"下狭上阔,不耐巨浪"。[3]

清代,广船的活动地域逐渐向深海扩展,上层建筑逐渐减少,受风面积变小,减少了航行阻力。清代广船梁拱小,甲板面较平整,但为了防止船面积水和船舱进水,还是保留了一定的弧度。[4]广船很少设置桥楼和首楼,多数只有

〔1〕（清）林树梅:《啸云文钞》卷十《战舰说》,《啸云诗文抄》,厦门大学出版社,2013年,第141～142页。
〔2〕（明）郑大郁:《经国雄略·武备考》卷八《广船》,第16页。
〔3〕（明）王鸣鹤:《登坛必究》卷二十五《水战·开浪船式》,第16页。
〔4〕 Philip Maughan, "An Account of the Ladrones who infested the Coast of China", *Further Statement of the Ladrones on the Coast of China Intended as a Contribution of the Accounts*, p. 32.

图六十二　第二次鸦片战争中的中国二等兵船
("The War In China", *The Illustrated London News*, March 21, 1857, p. 259)

尾楼。[1]在上层建筑中,最为显眼的当属船尾或船中部的海船神龛。相较于欧洲船舶而言,广船的上层建筑仍然比较高大。另外,竹制船棚是最具广东地方特点的上层建筑。广东常年高温多雨,为了遮阳避雨,货运大船、巡船,甚至战船(图六十二)都安装竹编船棚,个别者上下两层,可以移动。船棚能够随心所欲地升起或降下。这个特点可以追溯至东汉时期的内河货船,广州先烈路陶船、贵港梁君垌陶船都有这种复杂的可以移动升降的船棚。[2]1517年,第一次来华的托梅·皮雷斯也将这种船棚记录了下来。[3]这种竹制船棚取材方便,轻巧易用,但是耐火性差,多为明清军事家所诟病。除竹编船棚以外,还有木质船棚,后者呈简单四柱式或复杂房屋式。

---

[1] Philip Maughan, "An Account of the Ladrones who infested the Coast of China", *Further Statement of the Ladrones on the Coast of China Intended as a Contribution of the Accounts*, p. 32.

[2] 谭玉华:《广西贵港梁君垌东汉墓出土陶船模》,《国家航海》2018年第20辑,第149～157页。

[3] [葡]巴洛斯著,何高济译:《十六世纪葡萄牙文学中的中国》,第33页。

第三节　船 舶 属 具

船舶属具包括帆樯、舵、锚、桨橹等。从实用角度来讲,它们是实现船舶功能的组成部分;但从所属关系上看,它们具有与船体可以分离的特性,因此名之曰属具。

一、帆樯

(一)帆幕材质

广船的帆往往叫作篷或艃。广船既使用硬帆,也使用软帆。广船硬帆有两种,一种为蒲帆。蒲是水边生长的一种水草,耐腐,且杆细长均匀,以之编织而成的帆,称之为席帆或蒲帆。清代查慎行《珠江棹歌词》有"剪得青蒲织作篷,平铺如席卷如筒"之句。[1]蒲草编织成帆的历史很早,唐李肇《国史补》卷下载:"扬子、钱塘二江者,则乘两潮发棹,舟船之盛,尽于江西,编蒲为帆,大者或数十幅。"唐代李贺《江南弄》词:"水风浦云生老竹,渚暝蒲帆如一幅。"宋范成大《寄漂阳陈朋元明府约秋末过之》诗:"西风满棹蒲帆饱,秉烛相寻语夜深。"[2]

广船还使用一种以竹篾编织成网状、内夹干竹叶的篾帆篾篷。新篾篷先打一二道菜油或棉油,涂黄蜡,抹平缝口,用竹刷刷光;晒干后再打二三遍秀油。有的在第一遍秀油内渗入1/10的黄蜡和适量的桐油。旧篾篷每年要打油二三次。每次用草木灰水或碱水清洗、晾干,然后用菜油掺适量桐油打一二遍。也有用砂石将篾篷表面磨光后再涂油的。

这两种材质不同的硬帆,或即屈大均所记之广船帆:"以蒲席为之,亦曰篷。或以木叶为之,曰帆叶也。"[3]

从清代中期开始,广船开始局部使用布帆,即主帆和前帆为席帆,顶帆和

〔1〕(清)查慎行:《珠江棹歌词》,雷梦水等编:《中华竹枝词(四)鲁豫鄂湘粤桂琼》,第2739页。

〔2〕华夫编:《中国古代名物大典》上《交通类·舟船部·船部件·蒲帆》,济南出版社,1993年,第1010页。

〔3〕(清)屈大均:《广东新语》下卷十八《舟语·操舟》,第477页。

尾桅帆使用棉布帆或称南京蓝布帆(blue Nankeen)。[1]清代晚期,布帆开始逐渐普及,可能是受棉纺织业发展影响的结果。[2]

(二)船帆横桁

广船船帆有横桁若干,其最上和最下横桁,采用强度较大的木材制作;中间若干横桁,采用材质较轻的竹子制作。因有竹木横桁支撑船帆,广船帆又有撑条帆之称,也可称为竹帆。横桁数量不等,明末海述祖造大海船,船篷有"二十四叶"。横桁长度不等,明代广船多使用方帆或梯形帆,上横桁短,下横桁长,帆桁平行。清代广船出现扇形帆,上横桁和下横桁较短,中间从上向下数第二根横桁(也就是第一根竹质横桁)长度比较突出,横桁略呈散射状,特别像蝙蝠的翅膀。扇形帆的横桁斜度很大,一端上翘,[3]有达50度的,尖峰往往高出桅顶,这样可以充分利用桅顶上方的部分风力以补桅高的不足。

这种扇形帆可能并非广船本土特性,或从东南亚传入。乾隆年间,广州知府赵翼称这种扇形帆为"西洋船帆":"桅竿(杆)高数十丈,大十余抱,一桅之费数千金。船三桅,中桅其最大者也。中国之帆上下同阔,西洋帆则上阔下窄,如折扇展开之状,远而望之几如垂天之云,盖阔处几及百丈云。中国之帆曳而上只一大绠着力,其旁每幅一小绠,不过揽之使受风而已。西洋帆则每绠皆着力,一帆无虑千百绠,纷如乱麻,番人一一有绪,略不紊。又能以逆风作顺风,以前两帆开门,使风自前入触于后帆,则风折而前,转为顺风矣,其奇巧非可意测也。"[4]事实上,欧洲诸船采用横帆,不擅逆风行船,更不会采用所谓"两帆开门",调戗驶风。此处之西洋帆特征并非欧洲船帆的特征,或指代东南亚帆而言。这可证明扇形帆为东南亚起源。

晚近以来,广船帆型大体可分为上小下大的梯形、扇形和上部为扇形下部为矩形的混合型三种,混合型帆较普遍,总体上属于四边形的斜桁帆。广船帆型的上横桁最短,下横桁比较长,与东南亚地区的四边形斜桁帆正好相反,后者上横桁最长,下横桁最短。

---

[1] Éric Rieth, *Voiliers et Pirogues du Monde au début du XIXe siècle*, p.10; Charles Toogood Downing, *The Fan-qui in China, in 1836~7*. Vol. 1, p. 111.
[2] [日]大庭修著,朱家骏译:《〈唐船图〉考证》,海洋出版社,2013年,第36页。
[3] Charles Toogood Downing, *The Fan-qui in China, in 1836~7*. Vol. 1, p. 112.
[4] (清)赵翼:《檐曝杂记》卷四《西洋船》,第65页。

每根横桁两端都有缭索牵拉，所有缭索最后汇总到船后部，系于船侧的桅柱上。而上横桁一根大缭，通过桅顶滑轮，牵拉到大桅左侧的绞车上。南海海深浪大，风力强劲，广船的帆装相对简洁有力。

广船船帆总体上属于硬帆。横桁构成船帆骨架，使得广船船帆形成了软中硬的特性，即帆幕软，横桁硬，船帆始终能够保持较好的帆型。

（三）两帆开门

广船缩帆、升帆极为简洁，其每处横桁处，船帆都可以折叠。根据风力大小强弱，收放缭索，进行缩帆处理。根据需要，可以升满帆、半架䉿、五桁䉿、三桁䉿、二桁䉿。

帆装与桅杆连接位置不在帆装正中，"广帆在桅右"，[1]帆装横向三分之二处，为典型的半平衡帆。[2]由于桅杆不在风帆的正中，而是出于帆面的一侧，帆面的重心不与桅杆重合，利于转脚操纵，适宜驶风打戗。人在甲板之上就可以通过收放缭绳来缩帆升帆。前帆和主帆左右展开，且展开角度比西方的纵帆船大，展开的面积更大，在顺风条件下航行可以有较好的效果。左右展开的两扇帆，就像蝴蝶的翅膀，因此又有蝴蝶帆的称呼。穆迪亲眼目击了广船采用八字形驶帆。[3]

广船驶风，两帆配合巧妙，"前后相叠，一左一右，如鸟张翼，以受后八字之风，谓之鸳鸯䉿。舟人有口号云：'鸳鸯双篷，使风西东'"。[4]所谓"八字风"，"每舰有二篷，风正曰八字，八字风在后则正，在前则横，故又有'后八字风，扬篷当中，前八字风，勾篷西东'之语。其或舟子撮唇为吹竹叶声，及鸣金鼓以召风。风至，二篷参差如飞鸟展翅，左右相当，其形亦如八字"。[5]广船的帆装十分简洁，极少使用头巾、插花、尾送、桅尖、首斜桅等辅助帆装设施（图六十三）。

----

〔1〕 （清）方以智：《物理小识》卷九《器用类·舟》，商务印书馆，1937年笺证本，第107页。

〔2〕 根据桅前风帆面积占全帆面积的比例，风帆分为桅前风帆面积为零的不平衡帆和不为零的平衡帆，比例的大小表征了平衡帆的平衡程度，若比例为0.5，即桅的前后帆面积相等，这就是全平衡帆。介于两者之间的为半平衡帆，是较为普遍的挂帆形式。广船帆的平衡程度约为0.25。

〔3〕 Peter Mundy, *The Travels of Peter Mundy in Europe and Asia, 1608～1667*, p. 402.

〔4〕 （清）屈大均：《广东新语》下卷十八《舟语·帆船》，第484页。

〔5〕 （清）屈大均：《广东新语》下卷十八《舟语·操舟》，第477页。

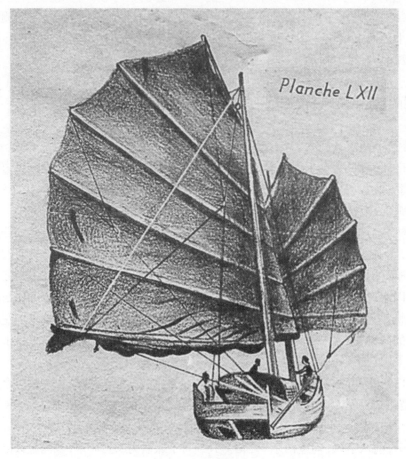

图六十三　双帆开门

(Jean-Baptiste Piétri, *Voiliers d'Indochine*, Planches et hors texte de l'auteur, Nouvelle édition, SILI, 1949, planche LXII)

　　另外，从明代中晚期起，战船帆装和索具都会进行防火处理。经过防火处理的篷帆称为拦火飞篷，"水战之制，莫要于篷帆，一沾水药，则三军之命休矣，必用晋石蜂脂熬渍，为水将竹筏、箬叶、麻索、藤绳或布浸之晒干，再浸，务令极透。编造篷帆，大书飞龙大兵为号，则火箭、火球、火牡丹等，则沾染不着，吾兵可保无虞，而进可克敌矣，此水战要具也"。"其制药法，以晋石十斤——出山西透明者佳，脂蜜三斤——出闽地者佳，水五斤，再浸再晒以不染火为度"。篷索的防火处理，"每白矾十斤，皮硝五斤，栀子四斤为末，入水五斗,熬三五沸,刷篷索上,以防雨火"。[1]晋石因产自山西而得名。[2]

（四）桅杆与望斗

南海海深浪大,多狂风,对船舶桅杆、桅夹、桅托诸项的要求颇高。"其巨者,一桅费千余金"。"船人以桅为命,桅既断,则船随风所至,得至岸者无几矣"。[3]广船桅杆往往使用整根良材,短粗有力,安装于底龙骨之上的桅托,向上穿过甲板横梁(含檀),再采用桅夹固定。

广船一般为三桅或两桅,少见多桅情况。三桅船一般只使用首桅和主桅。首桅前倾,斜度根据实际情况而定,"大桅逼近头桅,好溜不好戗;大（桅辽）远头桅,宜戗不宜溜"。[4]除起推进作用外,船舶出港之时,头桅还起到转向作用,"照顾头篷,或左或右,以便拨转"。[5]主桅高耸,通常使用单根木料,粗壮结实。尾桅一般不安装在船甲板中线上,而是安装在左舷上,通常呈放倒状态,只有在转向时才能发挥作用。[6]大桅与首桅的长度遵从一定的比例,"大桅以一丈配头桅六尺,如大桅八丈头桅四丈八尺矣,以此推之"。[7]

广船船体较小,桅杆短粗,所以极少拼接延长桅杆,一般也不使用牵拉固定桅杆用的稳索。不过,明末清初时,由于大规模造船运动,木材消耗严重,大型桅木稀缺,价格升高,也有个别桅杆采用拼接技术。桅杆拼接是明代船舶的一般技术。据《天工开物》记载,桅杆使用端直杉木,"长不足则接,其表铁箍逐寸包围"。[8]因桅杆强度减弱,为了增强桅杆强度,广船也开始偶尔装配稳索。明末英国人穆迪观察的到珠江口明代战船就使用了稳索,但大部分广船不采用稳索或侧支索。

明代战船的桅顶普遍装置望斗,主要为侦察瞭望之用,战时有望斗兵,在望斗上以高打低。望斗是明清海战船上的一个重要设施,安置于主桅和首桅

〔1〕（明）李盘:《金汤借箸十二筹》卷十一《筹水战·水器·拦火飞篷》,哈佛大学汉和图书馆,第30～31页。
〔2〕《海国图志》卷二《筹海篇三·议战》,《魏源全集》第四册,第30页。
〔3〕（清）屈大均:《广东新语》下卷十八《舟语·洋船桅》,第484页。
〔4〕（清）陈良弼:《水师辑要》之《船式说》,第330页。
〔5〕（清）林树梅:《啸云文钞》卷十《占测说》,收入《啸云诗文抄》,第139页。
〔6〕Charles Toogood Downing, *The Fan-qui in China, in 1836～7.* Vol. 1, p. 111.
〔7〕（清）陈良弼:《水师辑要》之《船式说》,第330页。
〔8〕（明）宋应星:《天工开物》卷下《舟车第十五》,第252页。

之上,用五色布三匹作斗衣,防护较好,可容纳数量不等的兵士。处于此战位的兵士被称为望斗兵或班首,其职能是侦察瞭望和以高打低。早在南宋建炎三年（1129），林之平就提到福建、广东海船设施中有望斗。[1]陈晓珊认为此种望斗装置源于陆上攻城战中的同类设施,并且战船望斗的加固方式反向影响了陆上同类设施的加固技术。[2]在明代,这类设施普遍应用于东南沿海船舶。景泰三年（1452）五月十六日,广海卫陈山头海面,贼船截夺李筠盐船,贼船即各挂望斗。[3]明末以来,随着远射火器的普及和数量增多,望斗的战斗作用降低;而随着千里镜的引入,望斗侦察瞭望的职能弱化,广船的望斗设置也逐渐式微。至清初赶缯船成为主力战船时,就已经不再设置望斗了。

广船的帆樯特点,影响了船舶的航行性能。

第一,席帆沉重,帆面积不能做得太大,故在满帆状态下,其受风面积小,动力不足,船行速度缓慢。但是南海风大,较小的帆面积,也能获得较大的动力,弥补了帆面积小的缺陷。而且,席帆破损产生孔洞,由于有撑条支撑,船仍可正常航行。撑条使帆装绷紧,风帆受风不会过于鼓胀,而引起风的湍流,影响帆效。

第二,席帆简洁,可以在甲板面操纵绞车,折叠缩帆,方便快捷,节省人力,不似西洋帆装复杂,风向改变时需要爬桅才能缩帆。

二、船舵

船舵为一船之司命。广船舵通常设在船尾正中,起稳定和改变船舶航向的作用,是保证船舶操纵性的重要属具。由于船舵是行船安全的重要设施,出洋船只往往有备舵。南宋《宣和奉使高丽图经》记载封舟"后有正舵,大小二等,随水浅深更易"。[4]1533年,陈侃出使琉球,遭遇飓风,舵叶损坏,幸存铁力木柄,换上了备用舵。[5]清代赶缯船亦继承了这种传统,"舵二门,存一"。[6]

---

〔1〕《宋会要辑稿》第十五册《兵二九·备御》,上海古籍出版社,2014年,第9253页。
〔2〕陈晓珊:《沧海云帆——明代海洋事业专题研究》,社会科学文献出版社,2019年,第31页。
〔3〕（明）《于谦集·奏议》卷四《南征类·兵部为海贼等事》,第187页。
〔4〕（宋）徐兢:《宣和奉使高丽图经》卷三十四《神舟》,吉林文史出版社,1991年,第70页。
〔5〕（明）陈侃:《使琉球录》之《使事纪略》,第32页。
〔6〕（清）陈良弼:《水师辑要》之《赶缯船备用器械》,第335页。

船舵时坏时丢,价格昂贵,故明代福船中出现了勒舵索,防舵脱出,[1]已经有后世船首操舵的雏形。广船舵由横向舵柄、垂向舵柱与舵叶组成可升降的悬吊式不平衡舵。

（一）舵柄与舵柱

舵柄又称舵牙棒或舵牙,是木帆船舵的操纵杆,一般由硬质杂木（圆木）制成,后端削成方形,供插入舵柱上的舵柄孔之用,并用销固定;前端为操舵处,装有八角短桩或开有孔或槽,供系结帆脚索和舵缰用,舵缰牵拉于两侧船舷的木桩。此种舵柄装置即可以节省操舵人力,便于稳固舵柄,又可以实现舵帆联动,提升转向的效率。李明记录的中式船舵有吊舵索、肚勒、舵缰。[2]采用横式舵柄是利用杠杆原理,舵柄愈长,操舵愈省力,但舵柄长度受到船尾操舵空间大小的限制。舵柄与舵柱呈特定的夹角,广船舵中二者的夹角通常小于90度（图六十四）。

图六十四　广船舵柄与舵柱
（作者摄于澳门海事博物馆）

---

〔1〕（明）何汝宾:《兵录》卷十《战船图式》。
〔2〕Louis Le Comte, *Nouveaux mémoires sur l'état présent de la Chine*, Tome 1er, Paris: Jean Annison, 1700, pp.479～480.

舵柱又称舵杆、舵筒或舵轴,是连结舵柄和舵叶的杆件,由圆柱形直顺的优质硬杂木制成。据文献记载,宋代钦州的乌榄木是修造船舵的良材。一般认为广船舵"以铁力木为之"。舵柱上部开有插入舵柄的方孔,有的顺列两孔,以便升降舵时调整舵柄位置。舵柱下部有与舵叶一边连接成一体的不平衡舵。

（二）舵叶

舵叶又称舵扇、舵板,为舵的入水部分,通常用厚杉木板拼制而成。在舵叶两侧所夹的一两道加强横木,被称为舵筋。有些舵叶还在顶边、底边或四周用木条镶边。[1]广船的舵叶形状通常呈方形或长条形,舵叶宽度大于或等于高度,舵的展弦比(即舵叶高宽比)较小,接近1,不同于福船、东南亚及西洋船比较细长的刀型舵和半月形舵(quarter moon)。有的舵叶在连舵柱一边的上方开有分水缺口。舵叶底边一般为直线。

广船之中方形舵最为常用,为门型不平衡开孔舵,其最大特点就是舵叶开孔,即在舵叶上开有一系列有规律的成排组的菱形开孔,所以这种广船舵又被称为"菱形开孔舵"。早在东汉德庆陶船上就出现了舵叶开孔的情况。[2]1838年,英国医生唐宁在其《番鬼在中国》一书中记述了其所目击的广船方形开孔舵,令其疑惑不解。[3]舵叶开孔对船舶操纵性影响很大。所谓船舶操纵性,是指船舶按照驾驶者意图保持或改变其运动状态的性能,即船舶能保持或改变航速、航向和位置的性能,具体包括四个方面:航向稳定性、回转性、转首性及跟从性。简单而言,具备良好操纵性的船舶,是在直线航行时能保持航行方向,需要转向时能迅速地改变方向。[4]广船船舵上的菱形开孔,能够有效地提升船舶操纵性,减少转舵力矩,操舵省力。

第一,广船舵叶面积较大,舵力大,但是舵叶中心距舵杆轴线较远,转舵力矩也就较大,比较费力。为了弥补这一缺陷,广船采取了开孔舵的形式,即在舵叶上开成排的菱形孔,在转动舵叶时,水流能从开孔舵舵叶的一侧顺利地流向另一侧,减小了舵叶障水阻力,也减小了作用于横舵柄上的压力,使得

〔1〕 杨熹:《中国木帆船建造技术简介》,《海交史研究》2009年第1期,第55～72页。

〔2〕 谭玉华:《广东德庆东汉墓出土陶船补说》,《中国国家博物馆馆刊》2015年第4期,第82～89页。

〔3〕 Charles Toogood Downing, *The Fan-qui in China, in 1836～7.* Vol. 1, pp.118～119.

〔4〕 席龙飞:《船舶概论》,人民交通出版社,1991年,第149～150页。

操舵更省力。

第二,广船尾部圆大,行船极易形成船尾涡流,造成对船舵的冲击,而菱形小孔能把行驶过程中的船尾涡流引起的阻力减到最小,保证船舶良好的操纵性。

第三,操舵到某一舵角不转时,即稳舵时,水流的通孔流量处于最小状态,因此稳舵时孔洞对舵效的影响甚微。

总之,开孔舵在转舵时能省力,稳舵时其不利影响也很小,尤其在小舵角下。开孔舵是广船的先进技术之一,至今仍有轮船采用平板舵,在舵叶上开孔。这种技术很早就为欧洲船舶工程师所注意,并被西方船舶所模仿。

广船还有个别长条形不平衡板状舵(图六十五)。

广船舵为升降舵,根据实际需要可随时调整舵叶入水深度,或将舵叶提升出水面。船只在深水区航行遭遇大风浪或乱流时,可利用悬舵索[1]将舵叶

图六十五　长板舵
(Éric Rieth, *Voiliers et Pirogues du Monde au début du XIXe siècle*, p. 85)

---

〔1〕 悬舵索:升降舵的吊索。一端盘绕在船尾绞滚上,另一端穿过悬吊滑轮后拴于舵叶上缘的铁环或舵柱顶端的孔内,通过单人或双人连续扳动扳柄,以转动绞滚筒,收卷或放松悬舵索,使舵随着升降。

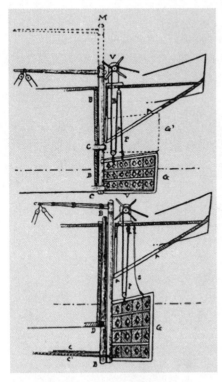

图六十六　广船吊舵方式

（ Louis Audemard, *Les Jonque Chinoises*, Vol. II, Construction de la Jonque, p.25, planche 38 ）

降到船底线以下,而不影响舵效,并且具有防摇、抗风浪的作用。而当航海船只锚泊或履浅时,如风向和潮向不顺,可利用悬舵索将舵叶提高至船腹以上,甚至水面以上,又可以减阻、防触礁、防触底、防海蚀,延长船舵的使用年限。嘉庆五年,李鼎元出使琉球,封舟过官塘尾,越进士门,就因"水浅,起舵尺许乃过"。[1]奥德玛图绘了两种广船的吊舵索的使用方式(图六十六)。[2]

（三）中插板与首插水板

广船门型开孔舵在保证船舶良好操纵性的同时,宽大可升降的舵叶,也加强了船舶的横向稳性。不过,南海多强风天气,船舶的横摇和纵摇十分严重。为此,广船装备了平衡船舶横摇的中插板和前插板。

中插板也是广船最典型的特征之一。其形状是一块长方形或上窄下宽的厚木板,大小没有一定的规定,其上方分布着若干小孔。中插板通常位于船体中线或前或后的位置,经由插板箱进入船底水中,再由销钉固定在插板箱内。通过调整销钉的位置,可控制中插板的插入深度。中插板多见于珠江口西岸、粤西中型吃水浅的渔船或货船(图六十七)。其功能是多方面的:第一,中插板可以增强船舶航行中的抗摇摆能力,提高广船的耐波性。当船舶出现剧烈摇荡时,放下中插板可减少船的摇摆幅度。第二,中插板还有良好的抗横漂功能,阻止船舶受风带来的横向移动。第三,中插板或可用于船舶进出港或履浅时的紧

---

〔1〕（清）李鼎元:《使琉球记》卷二,陕西师范大学出版社,1992年,第70页。
〔2〕 Louis Audemard, *Les Jonques Chinoises, Vol. II, Construction de la Jonque*, Rotterdam: Museum Voor Land... , 1959, planche 38, p. 25.

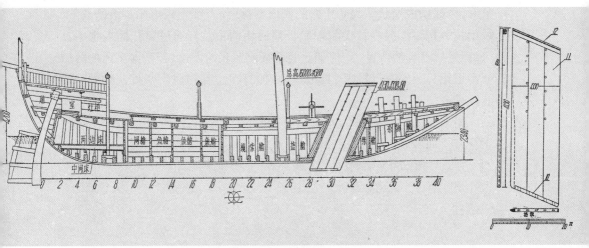

图六十七　临高拖风船中插板安装及单体图
（《中国海洋渔船图集》,第210～211页）

急制动。不过,由于插板箱要穿过主龙骨,对船舶龙骨的强度和船舶整体强度都有不利影响。中插板的出现可能普遍较晚,帕里斯图绘的海南广顺安号商船尾舵前部有带菱形孔的中插柱,或可作为中插板的雏形。

中插板在越南货船和渔船中也比较普遍。[1]西方船舶也使用中插板,称作centreboard,但其形制不同:中插板的一端固定,另一端绞以铁链,通过收放铁链调整中插板的角度,达到抗横漂和减摇的功能。1774年,英国皇家海军军官尚克发明了称作下沉式龙骨(drop keel)的中插板,并被应用于六十吨的"尼尔森夫人"号双桅帆船(brig)上。这种中插板很快得到普及,其源头或许来自南中国海的中插板。与广船中插板最相近的是一种叫作daggerboard的插板,这种插板可以或上或下地移动,没有轴固定。[2]

广船中还有一种叫首插水板的驶风辅助装置。它的作用与披水板相同,是一块长方形厚木板,平时置于船首。在前搪浪板外面的中线处纵向安装两

〔1〕 M. C. Dalby, *The Junk Blue Book,* Washington: Advanced Research Projects Agency, 1962, PTBC-1, p. areaIII-1.

〔2〕 Fr. Edwin Doran, "The Origin of Leeboards" , *The Mariner's Mirror*, Vol. 53, Issue 1, 1967, pp.39～53.

根条木,中间构成槽状。为防止船的横向漂移,将首插水板由船头沿槽放下,上端用拉索拉住。另在首尖舱隔舱板前面用两根铁杆通过穿孔插入水中夹住,以固定插水板的位置。[1]广船这类防横漂属具的发达,与南海多风的海域特征密切相关。同时,这类属具出现的时间较晚,与当时广船日益频繁的远海航行有关。

广船不设腰舵,陈良弼《水师辑要》曾记载浙江之沙船、广南之乌尾船,由于身方正而底平,专用两边鸭尻舵,为之护水。[2]这里的广南为越南之广南,非指广东,鸭尻舵即沙船惯用之腰舵,广船不设腰舵。

三、锚碇

锚碇是船舶的锚泊工具。南海风大浪急,锚碇的作用十分重要。锚,偶尔写作猫。碇,又写作椗或矴。从其多变的字形可知,其材质有铁、木和石之别。明清广船的锚碇有铁锚和木碇两种,其中尤以木碇最为常用。明初的《海道经》记载:"要知碇地,大洪泥硬。滩山一般,铁碇可障。海中泥泞,须抛木碇。黑水洋深,接缴数寻。"[3]《筹海图编》记载:"北洋水浅,可抛铁锚,南洋水深,惟可下木碇。"[4]贺长龄《江苏海运全案》则曰:"南泥性柔,铁锚易走,故有木碇之制。北泥性坚,非铁不入,是以……独尚铁锚。"[5]南海海底的泥性特征,决定了广船多用木碇。除此之外,木碇取材容易,制造简单,成本略低。广船的木碇以单齿和双齿最为普及,不见三齿木碇。木碇沉重,长期浸泡于水中,往往容易腐蚀或解体,所以在选材和加工上非常讲究,"木碇以加喇泥为上,乌盐木次之,若黄白盐木已非其选。至南产青秀木,初使尚能入泥,三年后即不能直沉及底"。[6]如若得以铁力木为之,"则渍海水中愈坚"。

木碇由碇齿、碇杆、碇担及碇缆组成。木碇的碇齿和头箍等关键部位往往

---

〔1〕《水运技术词典》编辑委员会:《水运技术词典——古代水运与木帆船分册》,第169页。
〔2〕(清)陈良弼:《水师辑要》之《各船式说》,第331页。
〔3〕(明)佚名:《海道经》卷一《占潮门》,《四库全书存目丛书》第221册,第196页。
〔4〕(明)郑若曾:《筹海图编》卷十三上《经略五·兵船·沙船》,第880页。
〔5〕(清)贺长龄:《江苏海运全案》卷十二《图册·木碇》,道光六年刊本,第31页。
〔6〕(清)贺长龄:《江苏海运全案》卷十二《图册·木碇》,第31页。

加装铁箍或包铁。碇担使用巨石。明末英国人穆迪记载其在珠江口看到的小型双桅帆船就使用石头碇担的碇锚。[1]彼得·奥斯贝克曾经谈道广船锚以铁树或铁木（Tat-siew 或 Tie Mou）为之，锚齿包铁，比铁锚还要结实耐用。[2]又有于碇齿上捆缚窄木板，辅助碇齿抓泥，预防走碇的，谓之"碇鞋"。[3]这种木碇包铁齿的情况，也被李明记录在他的《中国现状新志》中。[4]

广船也使用一两件小铁锚，铁锚重量轻，又有抓力，结构结实。[5]宋元之际，文献中即见有"铁碇"之说。明代铁锚是四爪铁锚，抛锚之后必定有两爪抓底。[6]

明清广船因为航域广阔，风大浪高，往往要配备多个锚碇。隆庆年间，俞大猷主张去福建造船，每船配碇六门。[7]崇祯年间，《兵录》记载每船配碇三门。[8]明代叭喇唬船，"碇二门，用青椮树，长一丈，齿长四尺，碇柴一株。铁锚一门"。[9]锚泊时，船只调整为顺流方向，首尾各下一个锚碇，风大浪急时，会下多个，以防走锚。同时，锚碇还可绞在船头用以冲犁敌船。[10]清雍正十年，官定广东赶缯、艍船、拖风等官船，"向来设碇二门者，届修造之年，再增设一门。"碇绳由藤缆改为棕缆。[11]"安碇三个，碇用铁梨木，重千斤；袄组百数十丈，有铁钩曰碇齿，以泊船者"，[12]而且既备木碇，也备铁锚。木碇重大，铁锚小巧灵活。[13]

船越大，相应的锚碇也越重，从几百斤到几千斤不等。这些锚碇需要特定的绞车或绞关下碇和启碇，或起锚与抛锚。绞车由绞轴、绞杆、支架构

〔1〕 Peter Mundy, *The Travels of Peter Mundy in Europe and Asia, 1608～1667*, p.204.

〔2〕 Peter Osbeck, trans.by John Reinhold Forster, *A voyage to China and the East Indies*, p.196.

〔3〕 （清）林君升：《舟师绳墨》之《碇手事宜》，《厦门海疆文献辑注》，第245页。

〔4〕 Louis Le Comte, *Nouveaux mémoires sur l'état présent de la Chine*, Tome 1er, p. 483.

〔5〕 Charles Toogood Downing, *The Fan-qui in China, in 1836～7*. Vol. 1, p. 110.

〔6〕 （明）宋应星：《天工开物》卷中《锤锻第十·锚针》，第180～181页。

〔7〕 （明）俞大猷：《洗海近事》卷上《呈总督军门张（隆庆二年七月十二日）》，《正气堂全集》，第816～827页。

〔8〕 （明）何汝宾：《兵录》卷十《福冬船每船应用器械》。

〔9〕 （明）何汝宾：《兵录》卷十《唬船》图文。

〔10〕 （明）何汝宾：《兵录》卷十《福船图》。

〔11〕 光绪《钦定大清会典事例》卷九百三十六《工部·船政·战船一》。

〔12〕 光绪《金门志》卷五《兵防志·国朝新改营制·附录》，第95页。

〔13〕 Charles Toogood Downing, *The Fan-qui in China, in 1836～7*. Vol. 1, p. 110.

成。锚碇需要多人协同操作。如果事起仓促,车关以人力起碇迟缓,必须砍断锚缆。此时,须于锚缆上缚大毛竹[1]或烧黑木牌,书写"某号官船碇",以便归取。[2]

"系锚缆,则破析青篾为之。其篾线入釜煮熟,然后纠绞。拽纤篔亦煮熟篾线绞成,十丈以往,中作圈为接,遇阻碍可以掐断。凡竹性直,篾一线千钧"。[3]为求篾缆结实耐用,新篾缆用石灰水煮过,可防虫蛀。如再用盐水煮一次,能增加韧性。篾缆每次用过后,要将其洗净、晾干,防止产生黑斑或霉点。船碇及各种棕、藤、篾索具,如长期不用,还需要不时浸泡浇泼,保持潮湿状态。以防干燥霉变,使用时不能到底。[4]

四、橹桨

明清广船主要活动于海屿断续、风气和柔的里海,并且经常驶入河口甚至内河,单纯依赖船帆,动力不足。加之岭南珠江、韩江、东江、西江等大江,集水面大,水量充足,水流平缓,上下水落差小。大江大河直通海口,经贸繁荣,客运货运发达,船家逐利,总是试图多装快跑,船只往往体型肥硕,吃水较深。所以广船往往采用复合动力,帆拖兼施,桨橹并用。

明清广船大部分时期都有首尾框架,并且形成了船尾虚艄。这些设施便于摇橹。不但明朝的乌艚、横江诸船有较多的大橹,至清朝的诸种船舶亦备有桨橹,以利进出港或无风时行驶。明末来华的英国人穆迪在其日记中专门图示了中国橹的支撑和使用方法。[5]因船尾较大,船尾摇橹,面向前方,转向容易,不同于西方的船头划桨,面向后方。通常桨橹都有橹台或支钉支撑。小型船舶的划行都采用立式划桨,较少坐姿。至晚清江门台山等地已经是"四邑航行竞汽船"了。传统的桨、帆、橹驱动的各类船舶,特别是渡船和货船,被火轮拖带的拖船取代,渡船不再布置专门的荡桨和摇橹设施。

---

〔1〕(清)林君升:《舟师绳墨》之《碇手事宜》,《厦门海疆文献辑注》,第245页。

〔2〕(明)郑若曾:《筹海图编》卷十三上《经略五·船碇图说》,第881页。

〔3〕(明)宋应星:《天工开物》卷下《舟车第十五》,第251页。

〔4〕(清)林君升:《舟师绳墨》之《碇手事宜》,《厦门海疆文献辑注》,第244页。

〔5〕 Peter Mundy, *The Travels of Peter Mundy in Europe and Asia, 1608～1667*, p.204.

一般情况下,大型广船在出入港或遇到逆风时,也会使用舢板拖带牵引,出港之后,篷力得舒。大型船舶上水时也有使用舢板拖带的情况。[1]此外,广船的龙艇在"船两旁作代风轮二或四,以激水,水力即风力也"。[2]这类以风轮作动力的快船,可以看作轮船的前身。而且,这种轮舟历史渊源颇早,似可追溯至南宋绍兴五年杨太"造车轮舟,浮舟湖中,以轮激水,其行如飞,虽无风亦可行也"。[3]清末,广东也是比较早建造轮船的地区。

第四节 船 舶 装 饰

广东沿海地区的帆船中,渔船、商船和战船三者相较而言,渔船比较朴素,除官方规定之外,不尚装饰,船身往往呈现船木本色,仅涂清漆。而在明清商船和战船中,明代乌艚船、横江船的装饰也比较简约。入清之后,各式船舶都比较重视装饰。广船的装饰内容主要包括以下四个方面:船身及属具涂装底色、彩绘雕刻、墨书字体、船舶旗帜饰件等。

一、涂装彩绘

(一)底色

明清广东战船、商船的装饰主色调以红、白、黑三色为主,晚清巡船有涂作蓝色者。通常船腹涂抹蚝壳灰而呈白色,出海商船中有白艚船,"几欲飘扬过日本,白艚东作百蛮游"。[4]"珠江南口出南洋,洋里常多白底艭"。[5]又有俗称"白底子"者。清代珠江运盐船则通体涂成白色。船舷水线以上部分涂成黑色,船舷涂成红色,船楼也有做黑色者。清雍正朝出于船舶管理的需要,令广东出海船舶将船头涂成红色(详见红头船)。因此,红色成为清代广东出海渔船的主色调。

---

[1]（清）林树梅:《啸云文钞》卷十《占测说》,《啸云诗文抄》,第139页。

[2]（清）屈大均:《广东新语》下卷十八《舟语·战船》,第480页。

[3]（明）王鸣鹤:《登坛必究》卷二十五《水战》,第6页。

[4]（清）屈大均:《白鹅潭眺望》,《中国古代海上丝绸之路诗选》,第213页。

[5]（清）王时宪:《广州竹枝》,《中国古代海上丝绸之路诗选》,第240页。

（二）主题

广船的装饰主题以动物为主，偶有植物、日月云纹、太极阴阳鱼、吉祥文字、船名及其他各类寓意吉祥的抽象饰画（图版十二）。

动物图案有龙、凤、狮子、麒麟以及被视为龙外甥的海泥鳅。广船中的缯䑩、米艇等海船，在船首艕板两侧雕绘有醒目的船眼，称"龙目"、"大眼"或"大鱼眼"。船眼一般为白色眼圈，黑色瞳孔，接近正圆，而越南的同类船眼则比较细长弧曲呈凤眼状。广船船眼瞳孔位置设置讲究：渔船的船眼瞳孔向下，意谓能看到海中鱼虾，便于渔获；商船的船眼瞳孔则向前，象征一帆风顺，破浪向前，也有向"钱"看、一本万利的意思。船眼在船首一侧，使人一眼便知船首方向，还有船能够识途安全返回的寓意。清代前中期战船中的赶缯船，有巨大的头狮坪和船首封板，此处彩绘最为形象生动，常绘制兽首或狮头，船身及船尾绘制各种图案。但考虑到巡、哨船的主要任务是巡查匪类、查缉沿海走私与维持治安，如果特意彩绘以突显不同，反而容易让作奸犯科者发现以做好防范。因此，乾隆四十九年规定："各省战船准用彩绘，以壮观瞻，至巡船原为改装，密缉盗贼之用，应概照民船油饰，不准彩绘以资巡缉。"[1]从实际图像来看，巡船装饰确实相对简洁。

植物图案则包括莲花、水草图案。钓鱼船船体赭黄，船首上画有"吉祥如意"、"日出东升"等饰画。这些饰画都绘在船的显眼处，示意避凶化吉、一帆风顺、四季平安。文字类装饰，除船只的名字按规定位于船首两侧外，其他诸如福字、吉祥语等多位于船尾。

广东商船往往有一类特殊的装饰，就是图绘假的炮门。商船往往受制于制度规定，不能携带大型火炮，但是为了恐吓海盗，则通常会彩绘醒目的炮门。类似图绘装饰性炮眼的情况也存在于战船之上。在中国人看来火炮是颇具神性的武器，不可轻用。他们往往在甲板上使用火枪和小口径回旋炮，长刀、长枪、装饰兽首的盾牌等常用武器，其中，盾牌不用时悬挂在船舷外面。[2]

船舶饰色可以在木材表面起到防腐和防蠹的作用，延长船体的寿命。同时船舶饰色不同，利于海上船只甄别管理。

---

〔1〕（清）明亮、纳苏泰：《钦定中枢政考》卷四十《营造·巡船禁止彩画》，第40页。
〔2〕Charles Toogood Downing, *The Fan-qui in China, in 1836～7.* Vol. 1, p. 115.

（三）船舶编制字号

明清两代，为应对沿海船民为患治安，加强海船管理，故实行严格的船只编甲制度，在民船船体上刊刻书写船舶字号信息。明代略简单，"于船尾大书'某县船某甲下某人'十字翻刻墨填为记"。[1]

清代船舶编制字号更加繁复。首先，官船要求刊刻字号。康熙五十二年，议准："各营艍犁、赶缯等船，于船头船尾刊刻某营某镇某号捕盗船名。"[2]雍正十三年，岳浚规定将巡司船船头用粉圈金字，大书某县巡船字样，以与水师桨船相区别。[3]乾隆二十一年，两广总督又令地方官将巡船染红色，大书白字，编列某府州县第几号巡役某人等船，并镌刻于船尾两旁（图版十三）。[4]

其次，民船要求刊刻字号（图版十四）。雍正元年，规定各省商渔船只分省油饰。雍正九年再进一步，规定在商渔船船篷上，大书州县和船户姓名，并且对字迹的大小、颜色、质地都有所规定。之后，类似的规定在乾隆之后仍不断修订，而各省亦有不同的具体执行细则。[5]以至于"舟师营哨、游巡、商舫、盐艘、渔舟、罟艇、摆渡、鲜鸭、仔樵、薪禾、舫脚船等，无论内河外海大小新旧，各船只悉由各州县督令船户等，于船头两旁书刻某营某府州县某号某人某船字样，每字大径尺，船头油红，刊字处白圈黑字。桅上半截亦油红，前一面照前刊写，均加油护。帆上亦如前式，大书各船。有远出贸易未归，势难赶回，编饰应随在州县照式饰令船户书刻，另编字号移知本籍注册，回帆查验。各船定两年粉饰书写一次。沿海汛弁地方验无编号书刻之船，即系匪艇，拘讯究治，船只变价入官，各半充赏，每船仍先由州县分给船照，盖用某州县某号某人某船木戳以免弊混"。[6]

粤东潮州地方，由于出洋船只较多，于道光十九年颁行特殊的管理规定："有三桅者，每扇桅上写大字三行，中一行写州县船户姓名，左一行写字号，右

〔1〕（明）邓钟：《筹海重编》卷十二《经略四·兵船总论》，第123页。
〔2〕光绪《钦定大清会典事例》卷九百三十六《工部·船政·战船一》。
〔3〕（清）卢坤、邓廷桢：《广东海防汇览》卷十二《方略一·通论·船形制》，第365页。
〔4〕（清）卢坤、邓廷桢：《广东海防汇览》卷十二《方略一·通论·船形制》，第365页。
〔5〕刘序枫：《清政府对出洋船只的管理政策（1684～1842）》，《中国海洋发展史论文集》2005年第9辑，第356～359页。
〔6〕（清）黄恩彤：《粤东省例新纂》卷六，第2页。

一行写牌甲。其他双桅仿照书写。船之两旁,写某州某县某人姓名。"[1]这种于风篷上书写船只信息的方式,亦见于海战战船。施琅进攻澎湖,就"将各大小战船风篷上大书将弁姓名",其目的在于方便观察记录海战中各船的战斗情形以明进退和赏罚。[2]

二、旗帜装饰

船旗也是重要的船舶装饰。战船主桅顶端有三角形小旗,名曰"定风旗",头桅挂条状黄色龙旗。指挥船主桅挂帅旗,其形状、颜色、图案视指挥者职务而定。尾帆上挂命旗,以示作战指挥信号(图六十八)。[3]根据乾隆二十一年《钦定工部则例造旗纛式》提列船旗,包括橹船扬纛、缯艍船横纛、缯艍船蜈蚣旗、缯艍船火攻旗、缯艍船冲风旗、缯艍船妈祖旗、桨船扬纛、艕桨船横纛、艕桨船蜈蚣旗、艕桨船妈祖旗、快船尖角大旗、快船蜈蚣旗、快船冲风旗、中巡船旗、小巡船旗、桅旗。[4]清嘉庆年间,海盗船只划分为若干帮,每帮统一使用一种颜色的三角小旗,有红、蓝、黑三种,镶白边。[5]

图六十八　赶缯船船旗
(《水师辑要》之《赶缯船式》,第332页)

〔1〕(清)黄恩彤:《粤东省例新纂》卷六,第7页。
〔2〕(清)施琅:《靖海纪事》上卷《飞报大捷疏》,第346~354页。
〔3〕张晞海:《鸦片战争时期的中国兵船》,《船史研究》1987年第3期,第24~29页。
〔4〕《清朝文献通考》第二册卷一百九十四《兵考十六·军器·旗帜》,第6586页。
〔5〕Philip Maughan, "An Account of the Ladrones who infested the Coast of China", *Further Statement of the Ladrones on the Coast of China Intended as a Contribution of the Accounts*, p. 28.

第五节　船载武器

明清两代,战船、商船、渔船都会携带不同的武器,用以海上自卫,打击海盗。

一、战船武器

(一)明前期战船武器

明初至正德年间,在海船武器装备中火器与冷兵器平分秋色。洪武二十六年,朝廷规定海运随船军器中,冷兵器"每船黑漆二意角弓二十张,弦四十条,黑漆铳子箭二千枝,摆锡铁甲二十副",而火器包括"手铳筒一十六个,碗口筒四个,箭二百枝,火枪二十条,火攻箭二十枝,火叉二十把,蒺藜炮一十个,铳马一千个,神机箭二十枝"。[1]管形火器手铳与碗口铳合计二十件,可以称为火炮的碗口筒仅有四个。永乐朝征伐交趾,管状火器在战船上的装备更加普遍,其运用也更为熟练。天顺朝,广东官军和海商船只都备有"神机、碗口"作为常规火器(图六十九)。[2]嘉靖朝黄佐撰《广东通志》追载前代,广东战船"一只,备铁镰五十把,竹篙枪一百把,犁须镖一百把,双单镖枪六十把,铁箭三百枝,捞钩十把,铁手铳十三把,死人包十个,纸包十个,火伞筒十把,燕尾牌十面,九龙盒十个,每个飞枪九枝"。[3]同书还记载,海

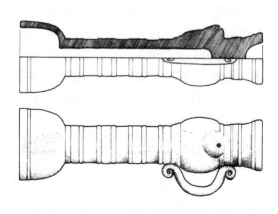

图六十九　莱纳沉船碗口铳

(Franck Goddio etc., *Lost at Sea: the Strange Route of the Lena Shoal Junk*, p. 352)

---

〔1〕《大明会典》卷一百五十六《兵部三十九·军器》,第10~11页。

〔2〕(明)叶盛:《叶文庄公奏议·两广奏草》卷十四《为剿平海贼抚安地方事》,第483页。

〔3〕嘉靖《广东通志》卷三十一《政事志四·兵防一·战船》,第774页。

道三路备倭军器,每船备"铁镰五十把,竹篙枪一百把,犁须镖一百把,双须镖一百把,单镖枪六十把,铁箭三百枝,捞钩十把,铁手铳十二把,毒药毬十包,烟火纸毬十包,火伞筒十把,燕尾牌十面,九龙盒十副,每副用飞枪九枝。器械尤以机铳火箭为重,用则海寇畏之"。[1]两者几乎完全相同,但当中不见碗口铳,显示明中期海防废弛。类似记载亦见于崇祯《廉州府志》"廉州卫备倭军器"条。[2]

(二)明后期战船武器

明后期,因海防局势紧张,海船装备武器的数量和质量都有显著提高。隆庆二年,俞大猷在福建打造福船,用于广东剿匪,从其战船装备情况可窥当时战船武器装备之一斑。最大号面阔三丈大福船,装备铁佛郎机铳八架,每架重一百斤,带子铳六件,镖枪一千五百枝,透甲枪四十枝,斩刀二十柄,钩镰枪二十枝,长竹枪六十枝,籐(藤)牌六十面,犁头标三十枝,鸟铳二十门,神机箭一百枝,喷筒三十枝。[3]而万历末年至崇祯初年,何汝宾《兵录》载"福冬船每船应用器械"中,武器包括"大发熕一座,大佛郎机六座,百子铳三十门,喷筒六十个,鸟嘴铳二十门,烟罐一百个,弩箭五百枝,药弩一十张,粗火药四百斤,鸟铳火药一百斤,弩药一瓶,大小铅弹三百斤,火箭三百,火砖一百块,火炮二十个,钩镰一百把,砍刀二十把,过船钉枪二十根,镖枪一百枝,藤牌四十面,弓五张,铁箭三百枝,灰罐一百个"。[4]

这个时期欧式的发熕、佛郎机、鸟铳等占据了战船火器的主流。其他火器、冷兵器并无质的变化。

盛万年《岭西水陆兵纪》对粤西电白、吴川两地的莲头、限门水寨海防军船的记载,可与以上记载对应。三号船三只,六号船七只,七号船十二只,八号船三只,艟艚船(或即艟艄船)六只。其中,最大的三号船装备火器包括"发熕铳一门,炮子十五个,朗机铳四门,子铳十六个,百子铳四门,鸟铳十六

---

[1] 嘉靖《广东通志》卷三十二《政事志五·兵防二·军器》,第786页。

[2] 崇祯《廉州府志》卷六《经武志》,《广东历代方志集成(廉州府部)(一)》,岭南美术出版社,2007～2009年,第91页。

[3] (明)俞大猷:《洗海近事》卷上《呈总督军门张(隆庆二年七月十二日)》,《正气堂全集》,第818页。

[4] (明)何汝宾:《兵录》卷十《福冬船每船应用器械》。

门,三管铳三把,埋火药桶五个。六号船装备佛郎机四门,子十六个,百子铳四门,鸟铳十二门,三管铳二把,埋火药桶三个,起火十枝,喷筒十二个,火罐十二个。七号船装备朗机铳三门,子铳九个,百子铳四门,鸟铳十门,三管铳二把,火罐八个,埋火药桶三个,喷筒八个,起火十枝。八号船装备百子铳二门,鸟铳六门,三管铳一把,埋火药桶二个,起火十枝,火罐四个"。艟艚船的装备与八号船相同。[1]

明末清初,东南沿海海防局势更趋严峻,特别是郑氏父子海上割据,各方战船都加强了武器装备,达到了战船火器装备的最高峰。这个时期出现了专门的烦船,最多的可以装备几十门红衣大炮,甚至出现了双层火炮。但一般战船普遍装备两门红衣大炮。其他佛郎机炮、百子铳、鸟铳比较普遍,刀枪等冷兵器没有大的变化。

(三)清中期战船武器

清中期,海氛廓清,广东海防形势舒缓,相应地,海防战船在武器装备上也有一些变化,即发烦、红衣大炮等大型火炮一般不再装备战船,而是普遍装备多样的中小型火器和其他远射火器。如乾隆年间,潮州澄海海防战船,"艍船长六丈,宽一丈六尺六寸,每年上下班,派拨出洋及季巡。配官兵四十一员名,内配防器械:生铁炮六位并架盖,熟铁靖海炮一位并炮凳,河塘炮一门带锆仔(子)三个,斑鸠炮三门带锆仔九个,鸟枪十二杆,过山鸟枪六枝,藤牌五面,长杆木枪三枝,封口六百个,群子三千粒,火药三百九十三斤五两,黑铅二百斤,铅弹七百四十粒,犁头镖二十枝,镰刀二枝,钩镰十二枝,挑刀二枝,战箭三百枝,竹篙枪十枝,铁锚二个,并炼火箭二匣,火罐六十个,火箭三筒,火龙三个,木火桶一个,火砖三块,火筒三枝,战被三番,木牌六面。"

"艋仔船,长四丈七尺一寸,宽一丈一尺五寸,每年上下班,派拨出洋及季巡,配官兵三十一员名,内配防器械:炮位,生铁炮二位并架盖,熟铁炮一门,熟铁烦一门,斑鸠炮一门,鸟枪六杆,割刀二枝,钩镰四枝,马义二枝,竹篙枪六枝,木牌四面,犁头镖十枝,铁锚一个,并炼战箭一百枝,封口二百个,窝蜂群子一千粒,铅弹三百粒,火药八十斤,火罐三十个,火箭二筒,火龙五个,火砖二块,木火桶一个"。

---

〔1〕(明)盛万年:《岭西水陆兵纪》卷上《置造器药》,第197页。

"乌艚船长三丈八尺九寸,宽九尺五寸,每年上下班,派拨出洋及季巡,配官兵三十一员名,内配防器械:百子炮二门,斑鸠炮二门,带铦子六个,鸟枪四杆,铅弹四百粒,战箭五十枝,钩镰四枝,竹篙枪六枝,犁头镖十枝,火药八十斤,火罐三十个,火箭四筒,火龙二个,火砖五块"。

"内河巡船三只,每只长四丈五尺,宽九尺,内配器械:斑鸠炮一门,鸟枪二杆,铅弹一百粒,火药十斤"。[1]

康熙后期至嘉庆年间,舰载火器的质量与数量都急剧下降。康熙五十二年,徐葆光的封舟购自民间,两侧的炮门只有十二个。[2]康雍之际,历任香山副将、南澳总兵、碣石总兵的陈良弼,在其《水师辑要》书中,图绘赶缯船、艍船,每侧船舷标识炮门六个,总数应在十二个。[3]至嘉庆五年(1800)李鼎元出使琉球时,其封舟"龙口置大炮一,左右各置大炮二",总数只有五门大炮。[4]

至鸦片战争前后,广东海防战船的武器装备几乎降至清代的最低点。战船火器配备主要以轻型的鸟枪为主,再配合火砖、火箭。而火炮重量较小、数量较少,大部分为抬炮、抬枪,常用的较大的火炮为威远炮及子母炮两种。清代使用的火器,基本都是从铳(炮)口装添弹丸、火药,属前装滑膛型,主要发射球形实心炮弹,部分火炮发射球形爆炸弹、霰弹和榴霰弹。[5]所使用的火药为传统黑火药。而且,火炮都置于露天甲板上,不同于西方船帆将火炮隐于舱内舷边。炮位上的设置,依据战船大小而数量不同,火炮吨位也视船只大小而定。为了便于火炮在船上近距离射击与移动,战船上通常配置有四轮炮架,炮架在鸦片战争前多为松木制作,后多用樟木等坚实木料。[6]

(四)清晚期战船武器

晚清重振海防,战船火器有了较大的突破。同治十年,山东购置广东拖缯船十四艘,"每号拖缯船,头桅后配二千斤大炮一尊,尾配五百斤大炮二尊,

〔1〕 乾隆《澄海县志》卷十《营建五·营汛》,第3页。
〔2〕 (清)徐葆光:《中山传信录》卷二《封舟》,第4页。
〔3〕 (清)陈良弼:《水师辑要》之《各船式说》,第332页。
〔4〕 (清)李鼎元:《使琉球记》卷三,第66页。
〔5〕 张建雄、刘鸿亮:《鸦片战争中的中英船炮比较研究》,人民出版社,2011年,第271页。
〔6〕 张建雄、刘鸿亮:《鸦片战争中的中英船炮比较研究》,第122页。

两旁配千斤大炮四尊,二百斤炮四尊,子母炮八尊,敞口炮二尊,每船共大小炮二十一尊,皆用磨盘炮车以期灵动。其统领船内,惟头桅后之大炮,改用二千余斤或三千斤者,余则大小尽同。又每船应配鸟枪十二杆,藤牌十四面,牌刀十四口,长矛十二杆,以及竹帽四十五件"。[1]颇能代表这一时期广船的武器装备情况。

（五）明清战船的冲犁设施

与明代的战船武器相适应,明代的战船战术以大船冲犁小船最为重要,除直接的大船冲击小船外,还有在船首捆绑木碇用以冲犁的。

清代还出现了用于冲撞嵌入敌船的铁签。嘉庆十四年,清军与蔡牵战于浙江台州,清军"锻铁为二签,长丈有咫,缚于鹢首。迎盗首舟而上,风力猛,签入盗舟,合为一,不可解"。[2]

（六）明清战船的防御措施

明代广船上的兵士以藤牌、盔甲作为主要的防护器具,船体则以牛皮、渔网、毯絮作为护具。但随着欧洲火器的引入,舰载火器威力增大,船舶的防御措施也逐渐出现新的形式,"大船用列木为栅,可避炮石"。[3]但明代广船的帆装和船棚多以毛竹制成,防火性能不佳,屡次为人所诟病。明末崇祯年间,红衣大炮的引入,对战船的防护措施要求更高,海盗李魁奇的乌尾船,"其船有外护四层。一破网,一生牛皮,一湿絮被,一周回悬挂水瓮。铳不能入,火不能烧"。[4]清代中期,由于火炮技术的发展,传统的战船防御措施不再适用,[5]传统的牛皮防护更是不济。[6]官军战船采用全新的防御设施,"湿棉包于牛栏之内,堆米包于棉包之后,以护之,若城之有护城"。[7]

---

〔1〕（清）《丁宝桢全集》第一册卷八《整顿山东水师购造船炮折》,第324页。
〔2〕（清）李增阶:《外海纪要》之《李景沆〈跋〉》,《厦门海疆文献辑注》,第195页。
〔3〕（明）邓钟:《筹海重编》卷十二《经略四·兵船总论》,第106页。
〔4〕（明）曹履泰:《靖海纪略》卷三《上熊抚台》,第68页。
〔5〕《海国图志》卷二《筹海篇三·议战》,《魏源全集》第四册,第29页。
〔6〕《海国图志》卷八十四《水勇小舟攻击情形疏（奕山）》,《魏源全集》第七册,第1991页。
〔7〕（清）李廷钰:《靖海论》五,《厦门海疆文献辑注》,第231页。

二、商船武器

明代商渔船均携带枪炮器械,尤其是远洋商船的装备更为齐全,"弓矢刀楯战具都备,猝遇贼至,人自为卫,依然长城,未易卒拔焉"。[1]从弘治年间的莱纳沉船发现的碗口铳来看,远洋商船的武器装备并不局限于一般冷兵器,几乎装备了当时最先进的火器。

入清以来,内贸商船并渔船,俱不许携带枪炮等器械。[2]雍正六年,出贩东洋、南洋之大船被覆准可携带鸟枪不得过八,腰刀不得过十,弓箭不得过十副,火药不得过二十斤。洋商投行买货即同牙人将应带军器数目呈明,海关给票,照数制造,錾书姓名号数,完日报官点验,填入照内,守口官弁验明放行,回日如有短少,即行讯究,果系遗失,取通船甘结存案。雍正八年,又规定往贩东洋、南洋之大船携带火炮,每船不过二位,火药不得过三十斤,造炮时呈明地方官给予印票,赴官局制造。完日,地方官亲验,錾凿某县某人姓名,某年月日制造字样,仍于照内注明所带之炮,轻重大小以与海关及守口官弁察验,回日缴官贮库,开船再行请领。倘本船遭风,炮致沉失,即于所在地方官报明,免其治罪。如其船无恙,妄称沉失,即行讯究。若商船内,买有外番红铜炮,许其带回,交地方官给予时价,以充鼓铸之用。[3]

第六节 船舶生活

一、炊事起居

海船漂泊海上,人员众多,需要特定的人员负责炊事。而与炊事相关的土灶、柴薪、米菜与淡水都十分重要,缺一不可,为此大船往往搭载或拖带小船专门负责,并定期上岸补给。

明嘉靖朝广东南海人黄衷,晚年居家,与外洋舟师、番客来往。他留心海外风物,时常邀谈海外来客,详为记录并整理为《海语》一书。据该书记载,

---

〔1〕(明)张燮:《东西洋考》卷九《舟师考》,第170页。

〔2〕(清)严如煜:《洋防辑要》(一)卷二《洋防经制上·稽查商渔船夹带禁物》,第73页。

〔3〕(清)薛传源:《防海备览》卷三《禁私通》,第20页。

成化二十一年（1485），朝廷册封占城的使船（亦是大型商船），樵苏汲取淡水，备有小舟，拖带于船后，名快马或脚艇。这类小船还有逃生的救生艇功能。[1]元代来华的阿拉伯旅行家伊本·白图泰，在其游记中说，印度洋上的中国大船，后面带三只柴水船，分别为大船1/2、1/3和1/4大。[2]元律也规定大海船限带柴水船一只，八橹船一只，这类船舶应该也是储存物资给养，便于泊岸采购之用。[3]天顺二年（1458），锡兰山国进贡使团（极有可能是商船）用座驾八百料船一只，八橹船一只，脚船二只，亦与元律记载相印证。[4]

炊事之中，尤以淡水最为重要，海船通常备有多个淡水舱，储存淡水，并由专人负责，每日定量分配给众人使用。此外，有海舟以"竹筒贮淡水数石，度供舟内人两日之需，遇岛又汲"。[5]淡水存储不能太久，虽冬季天寒，淡水存储时间稍长于夏季，但过久必坏，需要时常汲取新水。当时海上之人多有淡水保鲜之法，如煮沸存储、沙矾澄清等等。[6]清代李增阶曾在海船上使用酒甑蒸馏海水取淡水之法。"可汲海水置锅内，上架酒甑，如造酒法，炽火煮之，则水气升腾，甑内侧孔流出，即成淡水，可食矣"。[7]此外，还有"海井"鲸鱼喷水等化海水为淡水的奇谈怪论。[8]

乾隆四十七年，规定出洋船只所带食米不得过五十石。[9]五十六年，又根据道里远近，人数多寡，停泊脱货日期，每人一日准带食米一升，并带余米一升，以防风信阻滞。[10]

除淡水、柴薪、粮食之外，船舶上还有炊事用土灶和铁锅。乾隆三年，为遏制走私铁器，规定沿海樵采小船，每船许带食锅一口，所需斧斤，每人许带一把，在船人数不得过十名。均于照内注明，出入察验，不得越数多带及进口

〔1〕（明）黄衷:《海语》卷下《铁板沙》,第16页。
〔2〕［摩洛哥］伊本·白图泰著,李光斌译:《异境奇观——伊本·白图泰中国游记（全译本）》,海洋出版社,2008年,第487页。
〔3〕（明）王圻:《续文献通考》卷三十一《市舶互市》,第15页。
〔4〕（明）叶盛:《叶文庄公奏议·两广奏草》卷二《为进贡事》,第386页。
〔5〕（明）宋应星:《天工开物》卷下《舟车第十五》,第254页。
〔6〕（明）郑若曾:《筹海图编》卷二下《日本纪略·倭船》,第202页。
〔7〕（清）李增阶:《外海纪要》之《蒸海水法》,《厦门海疆文献辑注》,第221页。
〔8〕（明）朱国祯:《涌幢小品》下卷二十六《海井》,第527～528页。
〔9〕（清）薛传源:《防海备览》卷三《禁私通》,第16页。
〔10〕（清）薛传源:《防海备览》卷三《禁私通》,第16页。

时故意缺少，[1]把一般炊具和工具也纳入战略物资的范畴进行管理。

　　船员起居有睡舱，通常尾楼舱室通风、采光较好，由等级较高的船员居住。而甲板下睡舱则由等级较低的船员居住使用。而船员较多时，舱室人员密度大，往往容易感染疾病，往往需要在甲板上搭建通风凉棚，以供使用。

二、通讯联络

　　商船或战船出海多组成船队，彼此照应。渔船也会采取对拖形式，共同作业。这样船舶之间的信号传递十分重要。帆船时代的讯息传递，一般利用灯笼、螺声、铜锣声、鼓声、烟火、炮号、旗号等进行。"海舶相遇，火长必举火以相物色"，[2]彼此举火相应，以通声息。战船"昼则麾旗为号，夜则振鼓为号"。康熙二十年十月二十二日，施琅攻台，定赏罚细则，规定"各船带起火为号"，"各船尾后齐举灯笼一盏"，以互通声息。[3]夜航船必须配备灯笼，用以传递信息和标识船舶身份。[4]清代规定："更有乘潮长退，暮出朝回者，令各于夜出时，船尾添设灯笼，白地黑字，大书号数，船户姓名，字画宜粗大。"[5]（图版十五）

　　这些通讯工具无外乎利用声响与光影进行信息传递，但因为海况的不同，传递信息的方式也会受影响。下雨时，与火相关的讯息传递无法使用；起大雾、大风时，灯笼、旗号无法使用；风浪大时，与声音相传的讯息传递无法使用。

三、祭祀祝祷

　　船只在出海前、出海离港、航行途中、中途停靠、遇到各种海上灾难时，都要进行各类占卜、祭祀、祝祷活动——燃香和摆放祭品祭祀神祇。祭祀天妃最为普遍。洪武元年，征南将军廖永忠曾建天妃祠，"祈求必应。凡下东西二

─────────────

〔1〕（清）薛传源：《防海备览》卷三《禁私通》，第5页。
〔2〕（明）黄衷：《海语》卷下《鬼舶》，第18页。
〔3〕（清）姚启圣：《酌定赏罚》，转引自陈支平主编：《台湾文献汇刊》第二辑第二册，第377页。
〔4〕Peter Osbeck, trans.by John Reinhold Forster, *A voyage to China and the East Indies*, p.192.
〔5〕（清）黄恩彤：《粤东省例新纂》卷六《船政》，第6页。

洋造舶，别为一舶如其制而小，置神前，凡覆溺倾敧，兆必先见。在洋中或渡琼海每遇颠危处，诚拜祷，即有神火集桅上，或有江鸥一只入舱集神前，舟楫即时镇定"。[1]广船船尾航海罗盘附近有神龛，使用时鲜水果和美食祭祀。[2]另外，洋船在海遭风，也会"为文以祭祝融与天妃之神"。[3]祝融为南海神，所以要祭祀。每逢开船，都要敲锣，点烧神符（ghost paper），燃放炮竹，以祈平安。[4]还有杀鸡，泼洒鸡血于甲板面，再泼洒酒在上面的习俗。[5]

另外，"凡中国洋艘过昆仑，天时极晴霁，瞥见黑云一点，蜿蜒摇曳，狂风立至，顷刻而止，俗呼鼠尾龙风，云白者风尤烈。日两三作或四五作，舟人焚鸡毛、鲨壳，使龙触秽气而远避"。[6]

第七节　形成机制

广船的技术性特征，是其适应资源、社会和海域环境的结果。其中，广东海域自然环境十分稳定，对广船的技术特征具有重要影响，保证了广船技术特征的稳定性；而资源和社会环境因素则变动不居，使得广船船型大小、属具功能、装饰形态等方面富于变化。

一、深海大洋使用铁船

"闽广浙直，船制各异，而不知其所以异者，于海势之不同也"。[7]海势也就是海域环境，对船制影响甚大。人们很早就意识到海域环境对船舶的制约作用，"广船便里海，福苍船便外洋，浙唬船便岛屿之间，吴沙船便滩洲之察"。

---

〔1〕万历《广东通志》卷七十一《杂录上·天妃桅火》，第7页。
〔2〕Charles Toogood Downing, *The Fan-qui in China, in 1836～7*. Vol. 1, p. 116
〔3〕（明）严从简：《殊域周咨录》卷七《占城》，中华书局，1993年校点本，第253页。
〔4〕Charles Toogood Downing, *The Fan-qui in China, in 1836～7*. Vol. 1, p. 233；（明）凌蒙初：《初刻拍案惊奇》卷一《转运汉遇巧洞庭红》，江西人民出版社，2016年，第27页。
〔5〕Stéphane Dumoulin, *Le Tonkin, Exploration du Mékong, ill. Dick de Lonlay*, Paris: Librairie Ch. Delagrave, 1928, p. 73.
〔6〕（清）陈伦炯：《海国闻见录》卷上《昆仑》，《厦门海疆文献辑注》，第24页。
〔7〕（明）邓钟《筹海重编》卷十二《经略四》，第108～109页。

不能任意调动,否则"易水而驾,未有不胶而覆者。"[1]

广东所向南海,总体上可用"山礁杂丛,深海大洋,风涛多险"十二字概括。广东海岸线长达三千零五十七公里(包括岛屿在内为六千一百六十九公里),海岸曲折,多岛屿。而远海则有面积巨大的"三沙群岛"。沿岸底质多淤泥及黏性青泥、泥堆,外海多粗砂与珊瑚礁。水深二百米以内的大陆棚面积达十二万八千五百八十四平方海里,向外深度达千米以上。沿海多季节风,冬季盛吹东北风,夏季则以西南风为主(较弱)。全年风向、风力稳定,约有八个月经常保持四级风以上。主要海流流向随季节风改变,冬季平均流速0.5～0.7节,夏季为0.2～0.3节。[2]

同时,广东所向南海也有显著的地域差异,东路潮州出洋与中路广州出洋东行较易,而广州西行,其海难行,自钦廉而西,则尤为难行。皆因"钦廉海中有砂碛,长数百里,在钦境乌雷庙前,直入大海,形若象鼻……。是砂也,隐在波中,深不数尺,海舶遇之辄碎。去岸数里,其碛乃阔数丈,以通风帆。不然,钦殆不得而水运矣"。而且"广西海岸皆砂土,无多港澳,暴风卒起,无所逃匿。至于钦廉之西南,海多巨石,尤为难行"。[3]因此,粤东与珠三角均有其代表性船型,粤西北部湾沿岸没有典型船型,而多为小型船只。

山礁杂丛使得广船多为操纵灵活、便于趋避的中小体型。同时,广船坚实厚重,偶有触礁也不致翻沉。广船往往选用铁力木、荔枝木、柚木、梢木等上好木料,用材坚厚,以致有"铁船"之称。加之"船底从一木以为梁,而舱艎横数木以为担,有梁担则骨干坚强,食水可深,风涛不能掀簸,任载重大,故曰铁船"。[4]硬木与梁担结合的骨架结构,强化了船舶强度,不会因触礁破损沉没。明代嘉靖年间的布衣军事家郑若曾直言,广船福船,"二船在海,若相冲击,福船即碎,不能当铁栗之坚也"。[5]广船坚实厚重,造价高,寿命长,一般达到五十年以上,有的甚至能到六七十年,海上触礁沉没、遭风失事的情况较少。而且,在船舶报废之后,其船木往往被转卖拆解,拆出优质船材打造船木家具,成为广东家具的一大特色。由于"船既厚重,则惟风涛所运,人

---

〔1〕(明)方孔照《全边略记》卷九,《明代蒙古汉籍史料汇编》(第三辑),内蒙古大学出版社,2006年,第357页。

〔2〕第一机械工业部船舶产品设计院等主编:《中国海洋渔船图集》,第183页。

〔3〕(宋)周去非:《岭外代答》卷一《地理门·象鼻砂》,第37页。

〔4〕(清)屈大均:《广东新语》下卷十八《舟语·操舟》,第477页。

〔5〕(明)郑若曾:《筹海图编》卷十三上《经略五·兵船·广东船图说》,第857页。

力不费,小船一人一浆,大船两三人一橹,扬篷而行,虽孱弱亦可利涉,故曰纸人"。[1]

南海海域有规律的季风,星罗棋布的群岛,弯环怀抱的半岛、大陆,海屿断续,很像一个内湖,完成一个航行周期的时间短,补给方便,建造大船既无必要,航行也不便利,而中小船型操驾灵活,易于驱避,成为广船的主流。广船除使用舵操控船舶外,其还采取帆舵联动,橹桨兼施,强化对船舶的控制。广船尖首、尖底的特点,也便于破浪和趋避。

南海属于热带海洋性季风气候,是台风、暴雨、强风等灾害性天气高发区。海上行船往往颠簸不稳,而岭南对外贸易又以陶瓷、大米、食盐等大宗散装固货为主,极易发生货物移动,影响船舶稳性。因此,广船发展出了密实的隔舱结构,一米左右设置一个隔舱,以横隔舱为主,偶尔也有纵向隔舱,起到固定和分隔货物的作用,发挥了类似集装箱的功能。这类隔舱客观上加强了船舶的稳性和结构强度,而对众多隔舱进行水密处理,也无形中提高了船舶的安全性。不过,密实的隔舱结构也导致广船无法运载木料等大型货物。

南海海域海况复杂,风灾频繁,广船的帆装系统采用平衡斜桁席帆,能够迅速折叠缩帆,驶风避险。广船的中插板、首插板、开孔舵的设置,也是在多风的情况下创制出来的。类似的船舶设施,在少飓风的大西洋欧洲沿岸则不多见。

南海岛礁密布,广船海上航行有了天然的航标,罗盘和更路薄既可足用,发展现代导航技术的动力不足。与之形成鲜明对比的大西洋海域,则是另一种情况:大西洋上连北极,下通南极,处于两大板块之间,南北长、东西窄,无论南北航行,还是东西航行,所经海域的气候及洋面环境都极为复杂,缺少海面参照物,对航海导航技术要求高,复杂的天文航海知识就特别发达。相应地,对船舶的安全性要求高,体型大,操作性强的全装帆船就应运而生了。

根据贺长龄《江苏海运全案》的论述,南洋近海海底"泥性柔",所以广船多用木碇,便于抓底,而少用铁锚,以防走锚。[2]南海区域风大、流缓,风向稳定,风帆船拖网渔业特盛,定置网渔业不发达。

〔1〕(清)屈大均:《广东新语》下卷十八《舟语·操舟》,第477页。
〔2〕(清)贺长龄:《江苏海运全案》卷十二《图册·木碇》,第31页。

广东海洋的东中路与西路又略有差异,其东境与中境海况较佳,"其东境始于南澳,与闽海接界。潮郡支山入海,有广澳、赤澳诸岛,皆水师巡泊所在。迤西为惠州,民性剽悍,与潮郡无异,设碣石镇总兵以镇之。又西为广州境,其海湾深广。自新安折而北,又折而南,至香山,是为内海,群岛环罗,为广州省治之外护。又西为金州、马鞍诸山,则肇郡阳江之屏障也"。岛礁高大,海湾深广,暗沙不多。而西境海况略差,"又西为高州,海多暗礁暗沙。又西为雷州,其南干突出三百余里,三面皆海。渡海而南为琼州。又西为廉、钦,与越南错壤。廉州多沙,钦州多岛,襟山带海,界接华夷。琼州孤悬海表,其州县环绕黎疆,沿海多沉沙,行舟至险,水师可寄泊港口仅有六七处。此全境海防之形势也"。[1]总体上,广东中东两路海船较发达,体形略大,质量较佳。西路海船欠发达,体形较小,数量较少,质量欠佳。

二、贸易商品决定船型特征

明清时期,海防局势严峻,倭寇、番寇、海盗持续威胁广东沿海,一方面,严厉的防海与海禁措施及制度等对广东战船、商船、渔船产生了消极影响;另一方面,严厉的海禁导致对外贸易萎缩,广船海上货运的目的地,国内以东南沿海和北部湾为主,国外以东南亚为主,一般不过马六甲。[2]相对而言,缘岸和深入内河的运输则比较发达。广船的中小船型盛行,船舶的灵活性和机动性比较突出,普遍装备较多的橹桨。

明清两代,在战船、货船、渔船三者之间,货船居于主导地位,相对而言,其在技术革新上的主动性要大于战船和渔船。尤其是战船,对货船有极强的依从性,随着货船的变革而变革。因此,从根本上讲,最终决定广船特征的是货船,决定货船特征的则是贸易商品。

明清两代广东海外贸易的主导商品是盐和米,乌艚船、横江船、白艚船、米艇、红单船均系专门运送这类商品的船只。由于这类产品的生产、运销需求旺盛,相应的船舶数量往往能够维持一个较大的规模。其中乌艚船、横江船、白艚船运盐,比较严格地限定在珠江河口、潮州、海南等短途,所以船舶航

---

〔1〕《清史稿》第十四册卷一百三十八《兵九·海防》,第4115页。
〔2〕 金峰:《清船不过马六甲缘由考析》,《海交史研究》2018年第2期,第1～16页。

海适应性要求略低,可以采用短宽的方首方尾船型,使用较多的橹桨。同时,运盐周期短,利润高,所以广船往往采用硬度大、价格高的铁力木为材,能够快速折旧收回成本。广船常在低盐海区甚至内河航行,风浪、礁石、海蛆对船体的破坏要弱要慢,这样高成本的海船就能够达到"贵造贱用"的效果。另外,坚实的船体,也满足了装载食盐类重货的需要,"船底最尖,行水最深,船架高阔,甚碍风力,只可民间装载重货"。[1]

米艇是清代广东粮食贸易的产物,清代广东缺粮严重,政府通过免税、封爵等形式,鼓励粮食的内外贸易。特别是随着从东南亚的暹罗、安南、菲律宾等地运回大米的增加,适应跨海航行的米艇得以诞生。米艇上层建筑简洁,起瞭望、装饰作用的头狮消失不见,尾楼低矮,驶风性能良好;船型修长,船首逐渐变窄,利于开浪,兼顾快速性和跨海航行稳性的要求。

清末,官府放松了对贸易的限制,应运而生的红单船采用了尖首型船体。由于清代以梁头的宽度为征税的标准,商人为了少缴税,往往把船修得宽度均匀,船面窄小,船身肥大,所以红单船给人以浑圆肥硕的感觉。

---

〔1〕 万历《广东通志》卷九《藩省志九·兵防总下·造船事略附》,第26页。

第七章　广船的对外交流

　　广船作为广东对外交往得以实现的重要工具,本身也是广东对外文化交流的重要表征。不同时期不同类型的广船吸收周邻海域船舶的技术因素,其身上呈现多元的文化特征。与此同时,在与周边海域船舶的互动过程中,广船的一些技术要素也传播了出去,在船型、属具等方面影响了周边地区的船舶。

第一节　广船与福船的技术交流

　　闽粤两省,地理相近,海域相通,经济社会联系紧密,而且闽粤两省的海域环境十分相似,都是水深浪大,岛屿众多。因之,两地船舶在船型、用材、属具等方面,有很多相似之处,形成了你中有我,我中有你的局面。芒甘把闽粤两省船舶都划入了所谓"南中国海传统"范畴之内。[1]同时,闽粤两省行政区划上的分割,造船传统的不同,资源禀赋的差异,又使得两省的船舶形成了各自特色。本节对广船与福船的同异关系和交流情况进行论述。

一、福船对广船的影响

　　闽粤两省造船,互通有无,早已有之,有的"在福建者,则于广东之高、潮等处造船",有的"在浙江、广东者,则于福建之漳、泉等处造船置货",逃避官府打击。[2]在这个过程中,船舶技术、人员交流是自然而然的。从横向地域角

---

〔1〕 Pierre-Yves Manguin, "The Southeast Asian ship: an historical approach", *Journal of Southeast Asian Studies,* Vol.11, No. 2, 1980, pp.266～276.

〔2〕 (明)郑若曾:《筹海图编》卷十二上《经略三·勤会哨》,第776页。

度来看,粤东潮汕地区无论战船,还是商渔船都以福船船式为主。从纵向时间角度来看,福船长期渗透影响了广东船舶的建造与应用。在福船与广船的互动关系中,福船处于强势主导地位。

（一）在战船领域,广船部分船型来自福船

有明一代,潮州白艚船作为福建船式,其影响波及珠三角与粤西沿海海防战船。

明代后期,广东海防主力战船的诸多类型也都来自福建。虽然在嘉靖朝,广船还可支援闽浙直等省,但至隆庆、万历朝,经过嘉靖大倭乱的消耗——既有官军消耗,又有海盗消耗,广船逐渐不敷使用,在军事上逐渐式微。广东要到福建漳州等地"造船募兵",用于打击海盗。[1]万历晚期的广东总兵王化熙在《粤东兵制》的《造船事略》篇中,已经建议广东海防战船摒弃乌艚船,全由福建之福船、白艚、鸟船、唬船、渔船与直隶的沙船充任。明代后期,广东沿海战船中,大型船福船和广船混杂,中型船白艚占据主导地位,小型船艟艍船十分普及,[2]而传统乌艚、横江之名已经在战船序列中消失。

清代中期,广东的主力战船赶缯、水艍船等也都属于福建船式,其中艍船甚至可以上溯至清初。福建船式的缯艍船,作为整个东南海防的经制船只,标志着福船的对外影响达到顶峰,其对广船的影响也最大。这一时期,广东海防战船序列中,仅保留拖风船一种广船。

乾嘉之际,广船短暂复振。米艇、捞缯、拖风、红单等船以广艇之名,在东南沿海影响颇大。即便如此,仍发生了将广式米艇尽行拆改为粤东福建船式登花船的提议,虽未实行,但也颇能说明当时福船的影响深入人心。随着铁甲舰和蒸汽船时代的到来,洋务运动推动了全国近代海军的建设,福州马尾造船厂造铁甲舰供应广东海防,代表了当时中国造船业的最高水平。

---

〔1〕（明）俞大猷:《洗海近事》卷上《呈总督军门张（隆庆二年七月初九日）》,《正气堂全集》,第813页。

〔2〕 万历《苍梧总督军门志》卷十五《操法·水兵制》,第162~165页。

图七十　福建造广东出船
(《〈唐船图〉考证》,第62页)

（二）在商渔船领域,广东普遍使用福船

日本松浦博物馆1720年前后绘制完成的《唐船图》,收录了当时赴日中式商船图十一幅,其中名为广东船者两幅(图七十、七十一),[1]实际上都属于两头上翘斜插舵的福船。嘉庆年间,广东海盗张保仔抢夺福建泉州生产的大商船"鹏发"号作为旗舰,其船装备有刀剑火炮,颇为善战。[2]最能说明福

---

〔1〕〔日〕大庭修著,朱家骏译:《〈唐船图〉考证》,图版11。
〔2〕(清)袁永纶:《靖海氛记》卷上,道光十年刻本,羊城上苑堂发兑,法国国家图书馆藏,第9～10页。Maughan, Philip. "An Account of the Ladrones Who Infested the Coast of China", *Further Statement of the Ladrones on the Coast of China Intended as a Contribution of the Accounts*, p. 25.

图七十一　广东船
(《〈唐船图〉考证》,第62页)

船影响广船的例证,是晚清的耆英号。耆英号是广东地区建造的一艘远洋商船,往来广州与南洋之间贩运茶叶。1846年,英国商业集团秘密购买后远航欧美引起轰动,其创下了中国传统帆船远洋航海的最远纪录。[1]耆英号船舵为典型的广船开孔舵,但是其平首平尾,两端尖翘,底部尖短的整体船型为福船式样。清末,粤东捕鱼帆船受福建船影响,呈典型的福建型。[2]

---

〔1〕 王淼等:《中华帆船"耆英"号》,《现代舰船》2010年第10期,第58~59页; Davies Stephen, *East Sails West: The Voyage of the Keying, 1846~1855*, Hong Kong: Hong Kong University Press, 2013.
〔2〕 第一机械工业部船舶产品设计院等主编:《中国海洋渔船图集》,第183页。

相应而言,广船对福船的影响则微乎其微,福船仅吸收模仿了广船的极个别特征。明朝游击侯国弼曾经在福船改造上引入了广船船底,以增强福船的强度。[1]明末崇祯年间,福建郑芝龙"造巨舰于五羊城南",[2]其舰高大坚致,可以抵挡荷兰人的夹板船。同时,李魁奇、钟斌等福洋海盗在广东打造乌尾大船。福建东南部载重二三百吨的青头船、草乌船,为引进的潮汕船型。[3]

第二节　广船与欧洲船的技术交流

在明清广船发展的历史进程中,欧洲船舶对广船形成了巨大的技术冲击,广船逐渐采用欧式火器,吸收个别欧洲船型特征和属具,发展创制出中欧杂交的船种,并最终在清末民初被欧洲的蒸汽船所排挤,逐渐退出历史舞台。

一、欧洲船只东来贸易

(一)十六世纪葡萄牙船只东来

1509年,葡萄牙舰队首次驶入马六甲海峡。1511年,葡萄牙正式占领马六甲城,东南亚华人开始接触欧洲船舶。1517年,葡萄牙人费尔南·安德拉德率领四艘克拉克船和三艘戎克船组成的船队,到达珠江口外屯门岛,以贡使名义驶入珠江内河,抛泊广州城外,实现了欧洲船舶的首次来粤。[4]1519年,西蒙·安德拉德带领一艘国王的克拉克船和三艘私人戎克船,抵达屯门。此后,不断有葡萄牙船只来粤贸易。1521年、1522年,先后爆发了中葡屯门海战和西草湾之战,[5]1548年、1549年,又爆发了双屿之战和走马溪之战。因而

---

〔1〕(明)王鸣鹤:《登坛必究》卷二十五《水战·开浪船式》,第16页。

〔2〕(明)黄献臣:《武经开宗》下卷九《古今名将·郑芝龙》,崇祯九年刻本,哈佛大学图书馆藏,第68页。

〔3〕麦淑远:《(现代)梅州船舶检验史》,梅州港航监督局,1993年,第65页。

〔4〕James Fujitani, "The Ming Rejection of the Portuguese Embassy of 1517: A Reassessment", *Journal of World History,* Vol. 27, No. 1, 2016, pp. 87～102.

〔5〕Saturnino Monteiro. *Portuguese Sea Battles, vol II, Christianity, Commerce and Corso, 1522～1538,* "Veniaga Island (August 1522)".

明朝东南沿海官民对葡萄牙船有了清晰了解和认识。1571年,西班牙在马尼拉建立殖民地,1626年至1642年间,占据台湾北部,欧洲船舶从另外一个方向为明人所知悉。

　　十六世纪初至十七世纪初,东来的葡萄牙船主要是克拉克船和卡拉维尔船。相对于中国船舶,它们船型巨大,船体坚固,往往包裹铅或铜皮,适宜深海航行;帆装复杂,帆效高,但灵活性稍差,"诸番舶大而难动,欲举必赖风帆"[1];火炮数量多,威力大,"其船内两旁各置大铳四五个,在舱内暗放,敌船不敢近"。[2](图七十二)

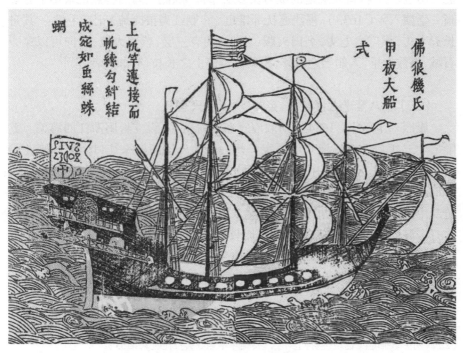

图七十二　葡萄牙夹板船
(《经国雄略·武备考》卷八《舟制·夷舟》,第20～21页)

---

〔1〕（明）陈文辅:《都宪汪公遗爱祠记》,《明清两朝深圳档案文献演绎》第一卷,花城出版社,2000年,第391～393页。

〔2〕（明）顾应祥:《静虚斋惜阴录》卷一二《杂论三》,《北京图书馆古籍珍本丛刊》第64册,北京图书馆出版社,1990年,第19～20页。

（二）十七世纪荷兰、英国船只东来

十七世纪初，荷兰人和英国人追随葡萄牙人东来，要求通商贸易，并且先后爆发明荷料罗湾海战（1633年）、明英虎门之战（1637年）、郑成功攻台之役（1661～1662年），还有1624年明荷在澎湖的对峙。荷兰船多层火炮、多铳的特征，比之葡萄牙人的克拉克船给人的印象更加深刻。张燮《东西洋考》云："或谓和兰长技惟舟与铳耳。……舟设三层，傍凿小窗，各置铜铳其中。每铳张机，临放推由窗门以出，放毕自退，不假人力。桅之下置大铳，长二丈余，中虚如四尺车轮，云发此可洞裂石城，震数十里。敌迫我时，烈此自沉，不能为虏也。"[1]将荷兰舰炮的威力及多层布置、舷侧发射的特点记录得十分清晰。崇祯六年（1633），福建巡抚邹维琏《奉剿红夷报捷疏》记红毛番："其舟长五十丈，横广六七丈，名曰夹版（板）。内有三层，皆置大铳，外向可以穿裂石城，震数十里，人船当之粉碎，是其流毒海上之长技，有如此者。"[2]

（三）十八至十九世纪初，英国、法国船只东来

康熙二十三年（1684），清政府宣布开海贸易，设立粤闽浙江四海关。乾隆二十二年（1757），清政府限定广州一处为外国商船来往口岸。外国商船纷纷来粤贸易，英法两国船舶数量最多，其船舶名目有东印度公司船（east indiamen）（图七十三）、港脚船[3]、飞剪船等。嘉庆年间，东南海盗猖獗，不但抢劫中国洋船，而且也抢劫欧美商船。对此，英国、葡萄牙商船与清军水师合作打击海盗。[4]官方和私人对欧洲船只的认识都更加深入。

这一时期，欧洲东来船舶最大的特征，是实现了战船与商船的分离。这种功能分野是大西洋沿岸船舶发展的重要特征。欧洲和中国一样，战船与商

---

[1]（明）张燮：《东西洋考》卷六《外纪考·红毛番》，第129页。

[2]（明）邹维琏：《达观楼集》卷十八《奏疏·奉剿红夷报捷疏》，第53页。

[3] country ship 系从东印度公司获得许可后，航行于印度和中国之间的英国、印度私商船只，与之相对立的是直接从英国驶往中国的"族家"船（ancestor house ship）。"港脚船"受到严格限制：他们只能在广州和印度之间进行贸易，只许将鸦片、布匹、象牙、大米及珍贵木材、产于波斯湾和阿拉伯各国的香料、产于南洋各国的商品输入中国，将中国的瓷器、夏布、手工艺品、茶叶和丝织品输入印度，而不得将茶叶运往英国。《中国经济发展史》编写组编：《中国经济发展史（1840～1849）》第3卷，上海财经大学出版社，2016年，第1463页。

[4] 徐素琴：《晚清中葡澳门水界争端探微》，岳麓书社，2013年，第31～38页。

图七十三 英国东印度公司商船

（The Atheneaum 网站 *The East Indiaman Asia*, by William John Huggins, 1836. https://www.the-athenaeum.org/art/full.php?ID=254852）

船的功能区分很早就存在，但在使用上也是长期彼此混同。东来的葡萄牙和西班牙船，由于国家直接参与贸易和殖民，其商船就有很多武装，兼具攻击、护卫职能。但到17世纪荷兰和英国东来时，国家退居远洋贸易的幕后，通过建立海军，发展战船，承担起专职保卫远洋商船职能。道光年间，英国商船已经随船配备护货兵船，实现了战船与商船的职能分化。当时广州"外夷商船，例准停泊黄埔，而护货兵船亦准寄碇外洋。夷商船以黄埔为限，不准逾界；夷兵船以沙角为界，不得擅入口门"。[1] 大西洋战船与商船分野后，战船开始一骑绝尘，成为引领船舶技术创新的主力。传统的商船与战船的关系开始倒置，战船来源于商船的趋势发生逆转，商船开始模仿学习战船。

这时欧洲船舶的帆装更趋复杂，在三根主桅之外，又有"另三节短桅，一枝当头低施，略斜上，谓之头桅，挂三角帆，助舵转向之用。并三桅挂帆三十余道，系施一木衡平挂之"。加之船型更趋修长，航行速度更快。战船火器

---

〔1〕（清）关天培：《筹海初集》卷三《外夷巡船到境应分别奸良抚惩稿》，第138～139页。

数量更多,"炮眼三层,安炮一百四十位",[1]可以称之为全帆装船。全帆装船与十六至十七世纪的克拉克船、卡拉维尔船、盖伦船一脉相承,并没有质的变化,船型、属具等方面的特征也比较稳定。辛元欧认为,十五世纪欧洲创制出的三桅全帆装船,实际上一直延续到十九世纪帆船时代的结束,中间只是在帆装上有部分改进而已,其基本形式一直维持不变。[2]

(四)十九世纪三十年代,蒸汽轮船的东来

十九世纪初美国人富尔顿发明了蒸汽轮船,是海运船舶机械化的标志性事件。蒸汽轮船包括两种,一种是明轮船,一种是螺旋桨轮船,后者的应用使得蒸汽轮船的航行速度大大优于大帆船。1830年4月19日,英国散商的一艘302吨的"福布斯"号蒸汽明轮船(图七十四),作为鸦片船"詹姆西纳"号的

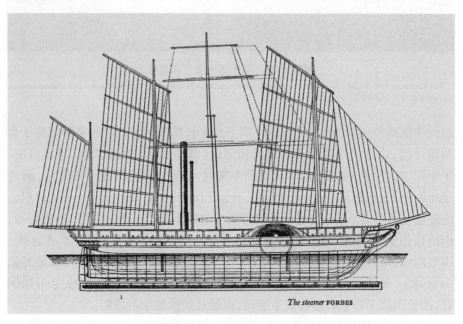

The steamer FORBES

图七十四　"福布斯"号明轮船
(George R. G. Worcester, *Sail and Sweep in China*, p. 41)

---

〔1〕(清)丁拱辰:《演炮图说辑要》卷四《西洋战船》,第10页。
〔2〕辛元欧:《试论西洋帆船之发展》,《船史研究》1993年第6期,第42～45页。

拖船,驶达珠江口外的伶仃洋抛泊,5月9日驶离,前后盘桓二十一天。这是蒸汽轮船第一次出现在中国海域,但中国人对该船"逆风逆潮行驶,似乎无动于衷"。[1]1835年9月,怡和洋行的"渣甸"号蒸汽轮船尝试从事广州至澳门之间的客运业务,被广东当局所严禁。[2]

此后,相继来华的蒸汽轮船包括:参加第一次鸦片战争的"复仇女神"号、"响尾蛇"号。1842～1846年,行驶在中国海域,载重1 054吨,吃水仅8英尺的单桅蒸汽船"雌狐"号。1845年,专门往返于广州与香港之间的第一艘美国蒸汽纵帆船"麦德斯"号,还有载重1 124吨,吃水8.5英尺的蒸汽单桅帆船"愤怒"号。随着时间的推移,蒸汽轮船控制了珠江三角洲大部分的货运和客运业务。[3]

第二次鸦片战争时,英法各国的海军已经大部装备了蒸汽轮船而成为机帆船,进而成为海上重要的航行工具,传统的全装帆船则开始式微。小型蒸汽动力炮艇在内河作战中发挥了重要作用。与此同时,海上商船使用蒸汽轮船也更加普遍。

蒸汽轮船采用蒸汽机和风帆的混合动力,可以逆风逆潮航行,速度快,拖带有力,改变了以往海上航行依赖风潮的运行局限,深刻改变了贸易形式,对广船产生了潜移默化的影响。澳门、黄埔两地常年湾泊西洋商船,其优越的性能给中国官民以巨大的冲击。广船也开始逐渐熏染欧风,具备了诸多西洋特征。除欧洲商船外,晚清时期,与中国一衣带水的越南裹铜船,也偶尔来广东执行公务,也是中国西洋船的一个重要信息源。

二、"夹板"船词义辨析

"夹板"是明清两朝指代来华欧洲船只的专有名词。1944年,姚枬翻译1781年《郑昭贡使入朝中国纪行诗》,将暹罗语的kampan译作"夹板",指代

---

〔1〕 郑诚:《火轮船初到珠江口——鸦片战争前来华的明轮船》,《国家航海》2018年第21辑,第134～149页。
〔2〕 郑诚:《火轮船初到珠江口——鸦片战争前来华的明轮船》,《国家航海》2018年第21辑,第134～149页。
〔3〕 [美]范岱克著,江滢河、黄超译:《广州贸易:中国沿海的生活与事业(1700～1845)》,第110～111页。

欧洲船。[1]2004年,包乐史注意到"夹板船"书写形式较多——常被写作"甲板船"、"甲舨船"、"呷板船"等,判断"夹板"与马来语kapal等同。[2]"夹板"为音译外来词,源自马来语词kapal,指代欧洲船,学界对此并无争议。不过,"夹板"的含义在不同时期、不同语境下仍存在细微差别。尤其是对"夹板"存在"双层板"、"双层木"、"带甲板的"等误解,影响到了对相关历史文献的解读,有必要对该词词义再略作梳理辨正,以畅其说。

（一）"夹板"的词源与始见例

汉语"夹板"是对马来语kapal的音译,而关于后者的词源,学界意见不一。早在1889年,英国汉学家沃特斯就指出,kapal是一种横帆船,马来群岛从未建造和使用过此种帆船,马来语的kapal来自南印度的科罗曼德尔海岸的得林嘎（Telingas）国,源自达罗毗图语kappal一词。[3]此外,还有学者将马来语kapal看作东南亚奥斯特罗尼西亚语的近似词汇。目前可以确定的是,马来语kapal为外来词,而非马来语原生词汇或葡萄牙语借词。葡萄牙进入马六甲以前,马来语和爪哇语中叭唬、戎克、兰卡、卡拉路兹等表示船舶的词汇中,不见kapal;葡萄牙语中的诸多船只名词,如桡、克拉克、卡拉维尔、加莱等,也不见kapal。

至于马来语kapal的词义,最早的kapal词例,来自特尔那特苏丹（Sultan of Ternate）1522年写给葡萄牙国王的一封马来语信件。信中kapal共出现三次,均指代西班牙（Castile）船。[4]玉尔《英印词典》更侧重从技术层面定

---

〔1〕 姚枬、许钰著译:《古代南洋史地丛考》,商务印书馆（上海）,1958年,第95页。

〔2〕 [荷] 包乐史主编:《公案簿》第3辑,厦门大学出版社,2004年,第339页。万历朝张燮《东西洋考》中还有"哈板船"的写法。参(明) 张燮:《东西洋考》卷三《西洋列国考·下港》,第48页。

〔3〕 Watters, Thomas. *Essays on the Chinese language*. Presbyterian Mission Press, 1889., p.346.

〔4〕 Pierre-Yves Manguin, "Lancaran, Ghurab, and Ghali: Mediterranean Impact on War Vessels in Early Modern Southeast Asia", Wade, Geoff, and Li Tana, eds. *Anthony Reid and the study of the Southeast Asian past*, Vol. 4, Singapore: Institute of Southeast Asian Studies, 2012, pp. 146~182; C. Otto Blagden, "Two Malay letters from Ternate in the Moluccas, written in 1521 and 1522", *Bulletin of the School of Oriental and African Studies,* Vol.6, No.1, 1930, pp. 87~101.

义kapal，即"特指任何具备上桅帆的横帆船"。[1]这个定义基本上可以确指kapal为欧洲帆船，因为当时东南亚本土帆船几乎全为纵帆。据此推测，最初马来语的kapal就是专指"葡萄牙船只"，即克拉克船或桡船、卡拉维尔船、加莱桨船等欧式船只。

葡萄牙占领马六甲后，其克拉克船、卡拉维尔船，体大难以履浅，葡萄牙人开始征用和装备东南亚本地的兰卡桨船、戎克船等，kapal的词义发生了微妙变化，外延略微扩大，即从葡萄牙人使用的欧式船只，变成了葡萄牙人使用的所有船只——自有的欧式船只和征用的东南亚本地船只。

正德嘉靖年间，随着葡萄牙人的东来，相关情报经由掌握马来语的马六甲华人传入明朝，葡萄牙船只的专有名称kapal可能也就一同传入，并以音译词"夹板"的形式固定下来。该词最早见于明嘉靖八年（1529）汪铉《奏陈愚见以弥边患事》："臣先任广东按察司副使，巡视海道。适有强番佛朗机驾船在海为患。其船用夹板，长十丈，宽三丈，两旁驾橹四十余枝，周围置铳三十余管，船底尖而面平，不畏风浪，人立之处，用板捍蔽，不畏矢石，每船二百人撑驾，橹多而人众，虽无风可以疾走。各铳举发，弹落如雨，所向无敌，号曰：'蜈蚣船'。"[2]

此后，提督浙闽海防军务的朱纨，于嘉靖二十八年二月二十日邀击从浙江双屿逃窜至福建漳州的葡萄牙人商船，取得"走马溪之役"的胜利。在其报捷奏疏中，三处使用了"夹板"一词：① 战前，"黄崎敌败折桅大夹板船一只，于（嘉靖二十七年七月）十九日自北洋来，俱至旧浯屿与前夷合艚"。② 九月初二日，"夷屿夹板、番哨四只，驾入曾家澳烧劫民船。"③ 嘉靖二十八年正月廿六日，"旧浯屿夹板、尖艚、叭喇唬等项贼船，同佛郎机国夷王船，陆续追击出境"。[3]而时任福建备倭指挥的俞大猷在嘉靖四十四年写给两广总督吴桂芳的信中，追记"走马溪之役"葡萄牙之溃败，有"往岁，诏安走马溪夹板数只，同日而亡，猷所亲见"句。[4]

〔1〕　Yule, Henry, and Arthur Coke Burnell. *Hobson-Jobson: The Anglo-Indian Dictionary.* Wordsworth Editions, 1996, p.230.

〔2〕　（明）黄训：《名臣经济录》卷四十三《兵部·汪铉奏稿·奏陈愚见以弥边患事》，《文渊阁四库全书》第444册，第288页。

〔3〕　（明）朱纨：《甓余杂集》卷五《章疏四·六报闽海捷音事》，第131页。

〔4〕　（明）俞大猷：《正气堂集》卷十五《与两广军门自湖吴公书十六首·谕商夷不得恃功恣横》，《正气堂全集》，第383～384页。

嘉靖四十一年成书的《筹海图编》,载闽县知县仇俊卿云:"福清盐船虽大,不可以当海寇之夹板船、叭喇船。"[1]

明嘉靖年间,"夹板"一词的使用频率是极低的,似乎仅限于经略海防夷务,掌握直接情报来源的汪铉、朱纨、俞大猷、仇俊卿等沿海官员。绝大多数情况下,当时人仍习惯性地使用"番船"或"夷船"等称呼葡萄牙船,而不使用更加准确的"夹板"一词。

以上"夹板"使用语境往往突出其体量较大的特征,如强调"长十丈,宽三丈",与"叭喇唬"、"尖艚"、"番哨"、"哨船"等相列举时,"夹板"总是位于首位,个别前面加修饰词"大"。汪铉奏疏中的"夹板"用于指称多桨快速的"蜈蚣船",也显示嘉靖年间,汉语"夹板"在专指葡萄牙人使用大船的同时,也包括东南亚式样的船只,比较契合马来语kapal的词义。"夹板"主要用于区别日本、朝鲜、安南、暹罗所属的船只。换句话说,"夹板"是用来明晰其所属关系的,并不表明船舶的欧洲风格或技术,无意区分欧式船舶与东南亚式船舶,"夹板"约等于"番船"或"夷船"。

(二)"夹板"专指欧式船只

万历二十九年(1601),荷兰进入粤东海中。荷兰船只与葡萄牙船只很像,汉语"夹板"顺理成章地被用来指代荷兰船只。

张燮《东西洋考》记载,荷兰人在东南亚使用"哈板"船,"红毛番来下港者,起土库,在大涧东;佛郎机起土库,在大涧西。二夷俱哈板船,年年来往"。[2]天启四年(1624),荷兰人北上盘踞澎湖。随之而来的几次明荷冲突,使明人对荷兰船只的威力和特点有了深刻认识。"夹板"一词的使用也日益频繁。崇祯六年,明荷料罗湾海战,巡抚福建的邹维琏在其报捷奏疏中,多处使用"夹板"一词,明确"其舟长五十丈,横广六七丈,名曰夹版。内有三层,皆置大铳,外向可以穿裂石城,震数十里,人船当之粉碎,是其流毒海上之长技,有如此者"。[3]崇祯年间郑大郁也以"夹板"指称佛郎机、荷兰船只,"海中巨舰,自番舶夹板船而下,则广船为第一"。"夷舟,即甲板船"。[4]

〔1〕(明)郑若曾:《筹海图编》卷十三《经略三·兵船总论》,第883页。
〔2〕(明)张燮:《东西洋考》卷三《西洋列国考·下港》,第48页。
〔3〕(明)邹维琏:《达观楼集》卷十八《奉剿红夷报捷疏》,第53页。
〔4〕(明)郑大郁:《经国雄略·武备考》卷八《舟制·夷舟》,第19页。

不过,荷兰船与葡萄牙船略有不同,荷兰以公司制运营其东方事业,其船只构成相对单纯,有归国船(retourschip)、中型货船(yacht)和平底货船(flute)等,绝大多数为欧式船只,大小相配,构成合理,极少征用当地船只。[1]相应地,"夹板"的词义发生了细微变化,词义收窄,表示东南亚船只的内涵被剔除,而专指欧式船舶。"夹板船"之外,"番船"和"夷船"的称谓仍被广泛地指代荷兰船或欧洲船只。

至清代,欧洲商船来华更加频繁,"夹板船"固定为欧洲大船的通称,并按照国家的不同又有荷兰夹板船、西班牙夹板船、葡萄牙夹板船、英吉利夹板船等称谓。[2]至鸦片战争前后,各类官私文书中"夹板"一词出现频繁,其作为欧洲大船的通称和特指的义项更加强化。特别是随着欧洲船舶技术的渗透,越南、澳门等地开始仿制欧洲船只,"夹板"一词也顺理成章地成为这类船舶的称谓。例如,道光十一年(1831)七月,越南仿夹板船建成的裹铜船,载使节到闽,清人对此也有注意,直陈"越南国船与呷板船相似"。咸丰元年(1851)七月,浙江石浦洋面探有大小广东夹板船十四只,携带炮位家眷,皆广东人口音,诡称系黄富兴雇募前赴山东,往北驶去。又复探有大小广东夹板船十二只,在洋游驶,并掳捉商船水手,勒银取赎。[3]这里的广东夹板船乃是指澳门的欧化老闸船。明清时期,虽然"夹板"表示欧洲大船的义项逐渐增强,但"夹板"在个别特定情境下,还有两个次要义项需要特别留意。

(三)"夹板"的"双层板"义项

由于汉语词特有的字形表意功能,因声赋形,因形赋意,"夹板"从一个单纯音译词,被误解为一个音意兼顾或表意的词汇,即有了"双层板"、"双层木"、"带甲板的"等含义。"夹板"的这一附加义项,始于万历甲辰年,沈有容谕退荷兰,收复澎湖,文人李光缙作《却西番记》,颂扬沈有容胆略才具,言荷兰红毛夷船,"舟长二十余丈、高数丈,双底"。[4]这是"夹板"的"双层底

[1]　Robert Parthesius, *Dutch ships in tropical waters: The development of the Dutch East India Company (VOC) shipping network in Asia 1595～1660*, Amsterdam: Amsterdam University Press, 2010, p. 65.

[2]　道光《厦门志》第五卷《船政略·番船》,鹭江出版社,1996年点校本,第143页。

[3]　中国第一历史档案馆编:《咸丰朝上谕档》第1册,广西师范大学出版社,1998年,第327页。

[4]　(明)李光缙:《却西番记》,《闽海赠言》卷二《记》,商务印书馆,2017年影印本,第26页。

（板）"义项之始。

但当时把"夹板"误解为"双层板"的情况很少,特别是一些与荷兰船有过直接接触的人,如万历朝谕退荷兰战船的沈有容、陈学伊等,崇祯朝指挥料罗湾海战的邹维琏,与郑芝龙有密切关系的郑大郁,康熙四年（1665）冬亲自登临荷兰船的高兆等,在其奏对、诗文、著作之中,都不曾提及欧洲船的双层板特征。

因袭李光缙之"双层底（板）"说者,多为文人学士。例如,明末清初文学大家方以智,其记荷兰船"身长二十余丈,双底,木厚二尺,外沥青锢之"。[1]其说,又被清初广东大学者屈大均所承袭。[2]此后对"夹板"为"双层底（板）"的误解流传渐广,并为地方史志收录。如康熙年间,高拱乾《台湾府志》云:"荷兰船最大,用板两层,斫而不削,制极坚厚,中国谓之夹板船。其实圆木为之,非板也。"乾隆《澳门纪略》云:"荷兰商船、戈船,在海中为最坚,皆以夹板。"[3]乾隆二十年,福建巡抚据兴泉永道白瀛禀称:"吕宋夷商夹板船一只,验其船板双层,船身沉重,所以名为夹板,非百余人不能驾驰。"[4]道光朝周凯《厦门志》记:"呷板船,又称夹板船,以其船底用夹板也。……内地统呼夷船为呷板船。"[5]道光朝丁拱辰《演炮图说辑要》亦把船底双层板作"夹板"本义。[6]

欧洲船尤其是远洋商船确实普遍采用双层板结构,[7]这样一来,"夹板"的"双层板"义项与事实相符,欧洲船为双层板故名"夹板",渐成通说。1991年,陈希育在其名著《中国帆船与海外贸易》中,提出中国称欧洲船为夹板船,是因为这种船有双层板、船身重。同时,陈氏引用郁永和《稗海游记》说夹板船

〔1〕（清）方以智:《物理小识》卷九《器用类·洋舫》,第107页。

〔2〕（清）屈大均:《广东新语》下卷十八《舟语·洋舶》,第481页。

〔3〕（清）《俞正燮全集·癸巳存稿》卷十《夹板船轧船》,黄山书社,2005年点校本,第417～418页。

〔4〕中山大学东南亚历史研究所:《中国古籍中有关菲律宾资料汇编》,中华书局,1980年,第123页。

〔5〕道光《厦门志》第五卷《船政略·番船》,第141页。

〔6〕（清）丁拱辰:《演炮图说辑要》卷四《西洋战船》,第10～13页。

〔7〕［葡］费尔南多·奥利维拉著,周卓兰、张来源译:《商船制造全书》,澳门海事博物馆、葡萄牙海事学院联合出版,1995年,第295页。

"其实圆木为之,非板也"。[1]杨金森、范中义编《中国海防史》亦持此说。[2]

实际上,船舶双层底或双层板结构,除非建造或拆解,很难直接观察得到。前述所谓"验其船板双层"云云,似不可信。"夹板"为"双层板"之说并非实证所得,而是纯粹根据"夹板"一词望文生义而来。只是其与事实相合,以致因错就错,渐成一说。

更有不少人,甚至学者,将所谓"夹板船"作船舱铺板或"指盖上铁板的洋船",或作"双层甲板"解,则更属牵强附会。其所据为《海岛逸志》卷五"甲板"条记载:"铁船板厚经尺,横木驾隔,必用铁板两旁夹之。船板上复用铜铅板连片编铺。"[3]

作为音译词的"夹板"为何会衍生出"双层板"或"带甲板的"等义项呢?在历代汉文文献中,有很多外来语的汉语译名被广泛使用,渐成习称,并融入汉语。在这一过程中,词义也相应发生某些变异,将译名的音译汉字附会演绎出意义。此种例子不胜枚举,如"发烦",其为葡萄牙语falcāo的音译,在葡萄牙语中表示小型回旋佛郎机炮,但进入汉语后,变成了前膛大型炮的代名词。并且很快将发烦的"烦"字,看作"炮"的同义词,而衍生出"烦船"。陈得芝《也谈"诈马宴"》文以"诈马宴"为例,对此种外来语进入汉语后的语义误解论述颇详。[4]"夹板"一词,最初是其语音和语义同时被正确接受,随着词汇的传播,"夹板"的汉语写法,往往被按其字面意思进行理解,其传入之初的语义则被忽视或改变,"夹板"就发展出"双层板"的意思。虽然"双层板"与事实相合,但却非"夹板"本义。明末清初对"夹板"的误解,多发生在文人身上,他们与欧洲船舶多无接触,其对"夹板"的理解皆由望文生义,穿凿附会而来。清康熙朝后,对"夹板"的误解则由前人误说因循而来,加之与欧洲船实际情况相合,竟成通说。

（四）"夹板"的"东南亚船只"义项

与"夹板"指"双层板"义项并列,"夹板"还存在个别指代东南亚船的义项。

---

[1]　陈希育:《中国帆船与海外贸易》,第374页。

[2]　杨金森、范中义:《中国海防史》下,海洋出版社,2005年,第602页。

[3]　[荷]包乐史主编:《公案簿》第5辑,厦门大学出版社,2004年,第80页。

[4]　陈得芝:《也谈"诈马宴"——兼议汉语中外来语译名词义的演变》,《中国边疆民族考古》（第七辑）,中央民族大学出版社,2004年,第47～51页。

　　康熙末年，徐葆光出使琉球，其一号封舟"舵长二丈五尺五寸，宽七尺九寸，西洋造法，名夹板舵，不用勒肚，舵以铁力木为之，名曰盐舵，渍海水中愈坚"。而且，船上伙长林某认为，"船舵西洋造法最坚稳，可无用副舵。且舵重万斤，无以措置"。[1] 由于"夹板"一词在明清之际的语境下指代欧洲航海帆船，而且又有"西洋"一词作限定语，所以徐葆光所记"夹板舵"被认作欧洲船舵，以致有研究者据此演绎出"中国在清代早期就开始学习西洋尾柱舵技术"云云。[2] 此外，康熙初年，张学礼出使琉球，所备封舟"旧例，舵木用铁力，其木产于广西，由海道运"。由于海氛未靖，舵一直未备。至康熙二年（1663），才从留置闽江口的红毛国船上购得。[3] 船舵购自红毛国似可证明，铁力木舵为欧洲船舵，清初曾引进过这种欧洲装备。

　　事实上，对夹板舵进行技术分析，就能证实这里的舵不是欧洲船舵。首先，铁力木为热带树种，欧洲夹板船多在欧洲建造，不可能采用此种木材为舵。其次，徐葆光的西洋夹板舵，长宽分别为：二丈五尺五寸和七尺九寸。而另一只封舟的"鸟船舵"的长宽分别为：三丈四尺和七尺，除去舵头部分，夹板舵舵叶比鸟船舵舵叶略显扁宽，两者都属于刀型舵或门型舵，仍属于中式舵范畴。按俞大猷《洗海近事》记一、二号福船船宽分别为三丈、二丈八尺者，其舵尺寸一号为"舵长三丈二尺、舵扇高一丈八尺、舵扇宽四尺八寸"。二号为"舵长三丈、舵扇高一丈七尺、舵扇宽四尺"。总体上属于窄长型。[4] 夹板舵比鸟船舵宽扁，鸟船舵比福船舵宽扁，夹板舵的展舷比值也大，更具中式舵的特点。而明清之际来华的欧洲航海帆船，往往采用窄长的尾柱舵，比一般的中式舵更趋窄长，紧贴尾柱，外形不明显，以至于当时对欧洲航海帆船的观察记录中，鲜有记载船舵的。从材质和形制两个方面来看，这种夹板舵不是欧洲舵，而可能是暹罗舵或暹舵，是东南亚地区的门型舵。赤木文库藏琉球官话课本《广应官话》中的"商船杠具"有"暹舵一门"，即此。[5] 这里的

---

〔1〕（清）徐葆光：《中山传信录》卷二《封舟》，第4～5页。
〔2〕何国卫：《中国和西洋木帆船尾舵比较研究》，《中国航海文化论坛》（第一辑），海洋出版社，2011年，第314～322页。
〔3〕（清）张学礼：《使琉球记》，第2页。
〔4〕（明）俞大猷：《洗海近事》卷上《呈总督军门张（隆庆二年七月十二日）》，《正气堂全集》，第816～819页。
〔5〕范常喜：《赤木文库藏琉球官话课本〈广应官话〉中三则清代闽琉交流史料考述》，《海交史研究》2016年第2期，第81～92页，附录。

"西洋"所指为东南亚,"夹板"为东南亚船。此外,闽江流域有名夹板船者,是一种中式内河货运船,亦非欧洲船。[1]

对历史文本进行解读时存在误解或曲解,是历史研究当中普遍存在的一种现象。这要求研究者在使用文献之前,先要对文献核心词词义进行考辨,正确理解文献内容。中外文献中存在诸多指代船舶的外来名词,展示了当时南中国海周边地区文化上的密切关系,以及船舶技术交流的模式和特点。除以上讨论的"夹板"之外,"戎克"、"老闸"(下详)、"叭喇唬"、"舢板"等也应该引起特别注意。这些专门术语既是我们研究船舶技术交流的工具,也在某种程度上构成了我们研究船舶技术交流的障碍。一个外来词语从其出现于汉语,到固定其所指,存在一个较长的过程,其词义往往发生变化。而且不同时期、不同语境下,词汇的具体含义也有所不同。从语言学角度入手,对船舶专业术语的进行梳理,准确理解词义,是纠正文献误读、探讨船舶文化交流的必要前提。

三、广船采用欧式火器

西船东来,中欧海船之间除贸易接触之外,还发生了多次海战冲突。明朝战船经常以多对少,但要么败北,要么惨胜,中西海船的技术优劣高下立判。西洋船展现出了对明朝战船的技术优势,"坚船利炮"成为明人对欧洲船舶的印象。[2]作为中欧接触最频繁的广东地区,广船受到了一定的技术冲击,很早就开始学习和应用欧洲船舶技术。这其中最主要的是舰载火器。

明朝前期,广船的武器装备中冷兵器和火器参半,形成了以"神机、碗口"为主的基本火器结构。十六世纪初,葡萄牙船舶的到来,欧洲火炮佛郎机传入中国,经过改装运用到明朝战船之上,与发熕、鸟铳等很快成为舰载火器的主流,而将原有的手铳和碗口铳排挤到较为次要的地位。至万历朝,广船又相继引入了神飞炮、百子铳,舰炮数量增加,并且向重炮方向发展。至天启崇祯朝,红衣大炮又陆续在广船上得到了应用,使得广船在舰炮水平上紧随欧洲舰炮的变革,而呈现出强烈的欧化色彩。

〔1〕邹德珂、项孝挺:《福州市台江区小船户各种统计及其生活状况的调查》,《民国时期社会调查丛编》一编,《底边社会卷(下)》,福建教育出版社,2014年,第579页。
〔2〕庞乃明:《"船坚炮利":一个明代已有的欧洲印象》,《史学月刊》2016年第2期,第51~65页。

（一）引入仿造佛郎机

佛郎机属于小型后膛火炮,由母铳和子铳两部分组成,采用铳架支撑,操纵灵活,发炮迅捷。佛郎机传入和应用到战船的速度极快,普及极广。早在正德十六年(1521),佛郎机就被仿造,安装于战船之上,用于屯门海战。[1]嘉靖二十八年,安南范子仪叛乱,俞大猷造船备战,攻打安南,佛郎机已是战船的主要火炮,"大兵船一只,要用佛郎机铳二十门。中哨船一只,要用十二门。小哨一只,要用八门"。[2]此后,佛郎机在明中晚期战船装备中一直是主要火器,并将明前期的碗口铳排挤到次要地位。

（二）改造发明发熕炮

发熕为前膛火炮,长管,圆鼓铳腹,炮耳,铳身纹饰繁复,铳尾圆突。"每座约重五百斤,用铅子一百个,每个约重四斤"。[3]发熕由四轮铳车架放,但铳车不起缓冲、消解后坐力的作用,通常固定在船首斗头位置。"发熕之设,当在船头上御敌。将浪斗内铺钉停当,用取料板二片,放在居中,前至覆狮头下,后至抛锚梁阁定。发熕铳架安在板上,后顶抛锚梁,再用短梁塞紧,顶ু 头桅夹,仍上冲天板,中开,只空三片冲天板,以备放发熕之用"。[4]这种紧固安置方式,使得发熕"放时火力向前,船震动而倒缩,无不裂而沉者",[5]后坐力对船身损坏很大。

发熕为佛郎机的改进型,"其制出自西洋番国","嘉靖年,始得而传之,中国之人更运巧思,而变化之,扩而大之以为发熕。发熕者,乃大佛郎机也"。至于如何改造,如何"扩而大之",史无明载。从形制推测,发熕可能是将佛郎机去掉母铳,只留子铳,并加大加长子铳而成,[6]可以视之为佛郎机的"汉化改进版"。从对音推测,"发熕"极有可能是葡萄牙语的falcão,falcão就是采

---

〔1〕（明）严从简:《殊域周咨录》卷九《佛郎机》,第321页。

〔2〕（明）俞大猷:《正气堂集》卷二《议征安南水战事宜》,《正气堂全集》,第102页。

〔3〕（明）郑若曾:《筹海图编》卷十三下《经略五·铜发熕》,第899～900页。

〔4〕（明）何汝宾:《兵录》卷十《水攻用火》。

〔5〕（明）郑若曾:《筹海图编》卷十三下《经略五·铜发熕》,第899～900页。

〔6〕类似改造佛郎机为前膛炮的情况,在明代并非孤例。万历朝,叶梦熊曾经在塞上,将一百五十斤子铳和一千斤母铳的大将军铳(神铳),去掉母铳,把一百五十斤子铳增重为二百五十斤,延长其长度为六尺,达到其原长的三倍,径直放置到滚车上发射。其改造思路或借自发熕。（明）王鸣鹤:《登坛必究》卷二十九《火器·神铳议》,第2页。

用子母铳结构,依靠V形支架单杆支撑的回旋炮,也即佛郎机。[1]

　　发熕体重力威,性能远在碗口铳和佛郎机之上,因而大受明军水师青睐。嘉靖年间,发熕已普遍装备闽粤战船。福船、广船"所恃者有二,发矿(熕)、佛郎机。是惟不中,中则无船不粉"。[2]嘉靖三十九年成书的《纪效新书》(十八卷本)记载《福船应备器械数目》,福船备"大发熕一门",已有"法定"意味。而海沧、苍山等中型福船,仅备大佛郎机和鸟铳。[3]万历七年成书的《苍梧总督军门志》存《战船操演布列图》,显示发熕为标准的船首炮,似已成为当时大型战船的标配。[4]不但官军战船装备发熕,海盗船只也使用发熕。隆庆年间,海盗曾一本的船只就装备有木发熕。[5]

　　然而,发熕"体重千余斤,船内狭窄,身长殆丈,难于装药,预装则日久必结,临时装则势有不及。一发之后再不敢入药。又直起不得,转身不得,非数十人莫举,船中无地可措"。[6]发熕体大笨重,缺陷明显,不利水战,限制了其在大型战船中的装备和使用。[7]至隆庆朝,部分发熕由于"载放无法,置之不用",[8]从大型战船上移除,转移至小型战船之上。隆庆四年(1570)的福建漳州,水战之器"惟佛郎机、鸟嘴铳。若发熕、大将军,则未可轻用"。[9]

(三)创制使用神飞炮

　　神飞炮是一种采用子母铳制的大型后膛炮,有准星照门,是佛郎机的"汉化增强版"。神飞炮最早见于戚继光万历十二年成书的《纪效新书》(十四卷

〔1〕 Filipe Castro eds, *Early Modern Iberian Ships Tentative Glossary*, Texas: J. Richard Steffy Ship Reconstruction Laboratory, 2017, p. 42; Roger C. Smith, *Vanguard of empire: ships of exploration in the age of Columbus*, New York: Oxford University Press, 1993. p.154.

〔2〕 (明)郑若曾:《筹海图编》卷十三上《经略五·广东船式》,第857~858页。

〔3〕 (明)戚继光:《纪效新书》(十八卷本)卷十八《福船应备器械数目》,第469~474页。

〔4〕 万历《苍梧总督军门志》卷十五《操法·水兵制》,第162~165页。

〔5〕 (明)苏愚:《三省备边图记》之《南澳平海寇记》,第902页。

〔6〕 (明)戚继光:《纪效新书》(十四卷本)卷十二《舟师篇·神飞炮解》,中华书局,2001年注释本,第272页。

〔7〕 (明)何汝宾:《兵录》卷十二《铜发熕》。

〔8〕 《明经世文编》卷三百五十四《涂中丞军务集录二·行监军道"水防火器募兵"》,第3813页。

〔9〕 万历《漳州府志》卷七《漳州府·兵防志·军器(附军器议)》,明万历元年刊本,台湾图书馆藏,第19页。

本）。[1]崇祯年间，毕懋康《军器图说》载："神飞炮三号，母铳大者一千斤，次者八百斤，三号六百斤。子铳大者八十斤，其他两式依次减杀。既可以发射百丸小铁子，又可以发射一枚大石子，威力无穷。水战则枕于舟舱，后用活机以便升降。遇坚阵巨船，照准一发，横击二三十丈，触之立成齑粉矣。"[2]神飞炮每门可达千斤之重，是佛郎机之中最大的一型。当时，每船装备神飞炮一二门不等，既有发烦的威力，又有佛郎机填装、发射快捷灵活的优点。[3]崇祯年间，浙江东南战船"每一号船，可用神飞炮四门，佛郎机五门，百子炮九门"。[4]但神飞炮是否装备广船，目前仍不确定。

（四）广泛使用百子铳

百子铳是介于佛郎机和手铳之间的小型火炮，虽重不能手擎，但可以就地支撑、灵活摆动以调整发射方向与角度。它兼具明朝传统火器和欧洲火器的双重特征：支撑百子铳的四足铳床与支撑碗口铳的铳床类似，代表着其传统特征；[5]采用单杆V形支架支撑，放时执尾牵挽、望准照星的使用方法与欧洲回旋炮接近，则显示其受欧洲火炮的影响。

百子铳应用于战船，最早见于万历七年成书的《苍梧总督军门志》。[6]其后，戚继光《纪效新书》（十四卷本）记载了百子铳的详细情况："预将船上面女墙，下厚木檏，上凿前后足各二孔，照足宽狭，下足入内，将铳安平，高下任意。此器体轻力大，人手难执，非如狼机体重，可以安机转动也。"[7]它发射的炮子比大佛郎机的炮子还大，"百子铳每位备火药二十四出，每出半

---

〔1〕（明）戚继光：《纪效新书》（十四卷本）卷十二《舟师篇·授器解》，第258、271页。
〔2〕（明）毕懋康：《军器图说》，《四库禁毁书丛刊》第29册，第348页。
〔3〕（明）戚继光：《纪效新书》（十四卷本）卷十二《舟师篇·授器解》，第258、271页。
〔4〕（明）陈仁锡：《陈太史无梦园初集》之《漫集·东南舟师》，《续修四库全书》第1382册，第274页。
〔5〕戚继光直言百子铳即虎蹲炮，不过他在记录时，仍有意识地把百子铳与虎蹲炮相区分并列，而且舰载百子铳的组装方式与使用方法与虎蹲炮存在显著不同。
〔6〕万历《苍梧总督军门志》卷十五《操法·水兵制》，第162~165页。该卷已有六寨之设，且有"北津"，不见"乌兔"，因此该卷成文应在万历四年之后。详见韩虎泰：《论明代巡海制度向巡洋会哨制度的转变——以明代广东海防为例》，《贵州文史丛刊》2015年第3期，第50~56页。
〔7〕（明）戚继光：《纪效新书》（十四卷本）卷十二《舟师篇·火器总解》，第286页。

斤。大铅子,每位备二十四出,每出一丸,每丸重三十两,共一百四十四丸,共计重二百七十斤。小铁子,每位备二十四出,每出五十丸,每丸重五钱,共七千二百丸,共计二百二十五斤"。[1]百子铳炮身重量轻,"每个重二十五斤",[2]晚清有四十五斤者。[3]百子铳以伤人为主,"百子铳子虽多,船舷厚,不能洞,便中伤单人,不能覆贼全舟"。[4]百子铳作为前膛火器,刚一出现,就展现了比佛郎机体轻灵活、威力大的优点,被誉为"舟师第一利器"。[5]

(五) 引入仿造红衣大炮

红衣大炮是十六至十九世纪,大西洋沿岸诸国陆续装配的前装重型滑膛炮。入华并经中国人仿制后,种类多达近百种,其重量、精度、威力各方面都有大幅提升。尤其是红衣大炮气密性好,可以在比较封闭的下层甲板空间发射,而不至于烟雾弥漫,影响炮手视线。

早在天启年间,红衣大炮就通过澳门葡人进入中国,并且很快实现了自造自铸。[6]当时红衣大炮主要用于对后金作战,也不排除装备和应用于战船。至崇祯年间,红衣大炮明确出现在海防局势紧张的闽粤沿海的各类大型战船上。崇祯五年壬申七月,海贼刘香所属之船装备了红夷大铳。[7]此外,崇祯年间,南京工部郎中董鸣玮造龙骨炮船,其制"仿之闽海,一船可安红夷炮八门,百子炮十门,其制更善,造有二只"。江上试放"坚稳便利"。[8]"仿之闽海"一语,清楚显示福建战船使用红衣大炮比南京龙骨炮船更早。

红衣大炮在战船上的应用,最大的特点是突破了以往发烦、威远炮、神飞炮等大型火炮在战船上的数量限制。从崇祯年起,海盗海商和官军船只就开始装备多门红衣大炮。如崇祯六年,明荷料罗湾海战,荷兰战船对厦门港

---

〔1〕（明）戚继光:《纪效新书》（十四卷本）卷十二《水师篇·受器解》,第259页。
〔2〕（明）盛万年:《岭西水陆兵纪》卷下《陆营条约》,第204页。
〔3〕（清）朱璐:《防守集成》卷十四《措应·百子铳》,《中国兵书集成》第46册,解放军出版社、辽沈书社,1992年,第662页。
〔4〕（明）戚继光:《纪效新书》（十四卷本）卷十二《舟师篇·神飞炮解》,第272页。
〔5〕（明）何汝宾:《兵录》卷十二《百子铳》。
〔6〕胡晓伟、陈建立:《泉州海外交通史博物馆藏明天启四年红夷大炮的探讨》,广西壮族自治区博物馆等编:《文物保护研究新论》,文物出版社,2008年,第163~168页。
〔7〕（明）陈仁锡:《陈太史无梦园初集》之《车集·浙寇新防议一》,第431页。
〔8〕（明）范景文:《南枢志》第一百五十九卷《遵旨酌议制造铳船》,第4180页。

内的明军战船发动突袭,击沉二十五至三十艘大型战船及十五至二十艘小型战船。其中大型战船,分别装备十六门、二十门、三十六门大炮。[1]荷兰长官汉斯·蒲陀曼的记载也可佐证郑芝龙舰队装备有不少火炮,"(郑氏)按荷兰模式建造庞大精致,装备精良的帆船及舰队,还在船上装配了一部分能被拖动、带有环栓、置于双层甲板的大炮"。[2]崇祯八年,在剿灭刘香的战役中,郑芝龙的战船,"每船可安置大铳二十四位,炮声一发,裂云穿浪,卒成鸕阵之功"。[3]穆迪在珠江口看到的明朝广东水师战船,最大的舰队旗舰为帅字船或帅船。船侧有炮廊,通过舷窗伸向外面,炮身装饰龙纹。这些炮体量很小,就像英国船首尾楼的炮。[4]从图绘来看,该船采用双层火炮,单侧船炮数量为十四门,上层七门,下层七门,其中下层火炮安置于全封闭式的火炮甲板之上,几乎可以肯定这些炮为前膛红衣大炮。

然而,装备十几门,甚至多至三十六门红衣大炮的战船并不普遍。如此多的红衣大炮,其单炮重量也不大。而且极有可能存在红衣大炮与发熕混淆的情况。中国长城博物馆藏崇祯元年铸造的前装滑膛红衣大炮,长1.70米,重四百二十千克,但自铭为"发熕神炮"。[5]因此,战船所载动辄十门或几十门大炮者,当只有部分为红衣大炮。通常情况下,战船只装备一到两件红衣大炮。

嘉靖万历年间的舰炮更新,以佛郎机炮的引入和仿制为中心;百子铳受到了佛郎机的影响;发熕属于佛郎机的"汉化改进型",重量在五百斤左右;神飞炮属于佛郎机的"汉化增强版",重量达千斤。舰炮种类增加,威力增大,呈现向重炮发展的趋势。天启崇祯朝,以红衣大炮的引入和应用为中心,使得广船的舰炮紧随欧洲舰炮的水平。但总体上,明军在舰载火炮的数量和质量上,与同时期来华的荷兰船只的水平相差较大。

---

〔1〕 江树生译注:《热兰遮城日志》第一册,台南市政府,2002年,第105页。

〔2〕 [荷]包乐史:《中国梦魇——一次撤退,两次战败》,《中国海洋发展史论文集》2005年第9辑,第139~167页。

〔3〕《兵部为登莱巡抚曾化龙提报登镇兵马船只实数并请措给饷银等事行稿》,《中国明朝档案总汇》第45册,广西师范大学出版社,2001年,第91~92页。

〔4〕 Peter Mundy, *The Travels of Peter Mundy in Europe and Asia, 1608~1667*, p.203.

〔5〕 黄一农:《明清独特复合金属炮的兴衰》,《超越文本:物质文化研究新视野》,台湾清华大学出版社,2011年,第73~136页。

（六）欧式火器连锁变化

欧式火器的引入，重炮化趋势的发展，引起了船舶的连锁反应。早在嘉靖年间，就出现了专门载放发熕的面阔仅有一丈八尺的冬仔小船。[1]这种船采用固定式架炮：在船底铺泥，在泥上铺垫紧实的糠，用长木头在船舱中编排成筏，放在糠上，前后置栏格，护以牢索，筏上置坚木熕床。按涂泽民所记，则以八桨载放发熕，关键是"床与筏固，筏与船固"。[2]这些专门载放发熕的小船，可以看作熕船的原型。天启年间，广东海盗有水底艋船，相对乌尾船、钓船为小，比官军大冬船、大福船、大鸟船弱。这里的水底艋船应也是装备发熕的小船。[3]

崇祯年间，随着舰炮的数量越来越多，重量越来越大，装载火炮的战船逐渐被赋予了"铳船"、"炮船"、"熕船"等专属名称。例如，崇祯年间，南京设立水标营，守御褚正行制造海船十八只，铳船七只，唬船四只，十桨船一只。[4]顺治十七年（1660）、十八年，郑成功攻漳泉，取台湾，铳船、熕船发挥了较大的作用，成为对付清军战船、荷兰夹板船的重要武器。[5]

为了适应火炮的使用，战船配套采用了铳车、舷窗、炮孔、火炮甲板等设施，形成了与欧洲船舶相近的舷侧炮技术。

第一，铳车。红衣大炮最初也如发熕、无敌神飞炮一样，固定于船首斗头位置，存在发射震损船身的问题。但是，随着铳车的应用，火炮后座力被有效吸收，红衣大炮震损船体的问题得到圆满解决。万历三十四年，何汝宾指斥红衣大炮"震损船体"，都是"心口讹传，未曾经练之说"。他提出："在大船上，用车轮架安置（红衣大炮），装药试放，船不震动，且声亦不大震。"[6]铳车的引入，扫除了制约明军水师战船装配红衣大炮的技术限制。

第二，舷窗、炮孔、火炮甲板。熕船上的火炮，除少数安装于首尾之外，大

---

[1]（明）俞大猷：《洗海近事》卷上《呈总督军门张（隆庆二年七月十二日）》，《正气堂全集》，第825～826页。

[2]《明经世文编》卷三百五十四《涂中丞军务集录二·行监军道"水防火器募兵"》，第3813页。

[3]（明）陈仁锡：《陈太史无梦园初集》之《车集·浙寇新防议一》，第431页。

[4]（明）范景文：《南枢志》第一百五十九卷《遵旨酌议制造铳船》，第4179页。

[5]（清）彭孙贻、李延昰：《靖海志》卷三"顺治十七年庚子"、"顺治十八年辛丑"，第54、57页。

[6]（明）何汝宾：《兵录》卷十一《火攻集说》。

多迁移至船舶中部甲板之上,船舷两侧。红衣大炮或发烦体型重大,重心较低,难以越过船舷伸出船外。这种情况下,需要在船舷两侧开挖舷窗、炮孔,施放红衣大炮。据文献记载,炮孔是受荷兰船影响设置的,"船下层(主甲板)左右约开铳孔,或三十处,或二十处,安置红夷大炮,每门重二千三四百斤者,用一车轮架乘之,便于进退装药。此等大炮,每船一只,或六门或八门,左右排列;余孔亦列千斤与五百斤之铳,必要五百斤为率者,方沉重不跳且送弹端直。至上层战坪如用百子、狼机等炮。大约一船要兵百余名,大小铳共五六十门,多多益善"。[1]

需要强调的是,欧化色彩的舷侧炮技术实际上是以中国传统船舶技术为基础的。首先,明朝战船有在船舷开挖孔洞的习惯,其技术构成要素在嘉靖年间的鹰船中就能找到,后者已有舷窗、铳孔之设,"其旁皆茅竹板,密钉如福船旁板之状。竹间设窗,可以出铳箭,窗之内、船之外,可以隐人荡桨"。[2]此外,明朝官军水师用以对付海盗叭喇唬船的快船,也在船舷开孔,"窍其旁以容桨。又窍其旁以容火龙,以容佛郎机、百子铳、鸟铳诸器"。[3]

除开挖舷窗、炮孔外,明代战船还采用了双层火炮技术,即在主甲板之上的官舱顶部(或称战台)再增设一层火炮,形成双层火炮。除前揭郑芝龙战船和珠江口明军帅船的双层火炮外,明末郑大郁《经国雄略》所绘福船与嘉靖、万历诸福船图相比,明显设置了舷窗、炮孔及双层火炮甲板(图七十五)。[4]郑成功的水艍船火炮也采用了分层设置,上施楼堞,绕以睥睨,面裹铁叶,外悬革帘;中凿风门,以施炮弩。[5]康熙二年,张学礼出使琉球,其封舟采用了双层火炮,"上层列中炮十六位,中层列大炮八位"。[6]同时,双层火炮技术不但应用于东南沿海地区,而且还深入到内河。康熙十三年(1673),吴三桂叛,伪总兵杜辉,造飞船,"中分三层,上中两层左右各安炮位三十六,下层左右各置桨二十四,其行甚速"。[7]铳车、舷窗、炮孔和双层火炮的设置共同构成了

〔1〕(明)何汝宾:《兵录》卷十一《火攻集说》。
〔2〕(明)郑若曾:《江南经略》卷八《沙船论一》,第565页。
〔3〕《明经世文编》卷三百五十四《涂中丞军务集录二·行监军道"水防火器募兵"》,第3812页。
〔4〕(明)郑大郁:《经国雄略·武备考》卷八《福船图》,第5~6页。
〔5〕(明)吴伟业:《吴梅村全集》卷二十五,上海古籍出版社,1990年,第627~628页。
〔6〕(清)张学礼:《使琉球纪》,第2页。
〔7〕(清)孙旭:《平吴录》,《中华野史》清朝卷一,泰山出版社,2000年,第129页。

图七十五　明末福船
(《经国雄略·武备考》卷八《舟制·福船图》,第5～6页)

战船的舷侧炮技术。双层火炮也是以明朝海船传统的多层甲板为基础的。至第二次鸦片战争,中国兵船的多层火炮甲板已经十分普及(图七十六)。

(七) 海战模式的改变

　　明初至正德年间,战船的武器装备中火器与冷兵器平分秋色。"神机、碗口"作为常规火器,普遍装备于各类战船之上,数量随海战需要增减。碗口铳腹浅管短,铳口敞开呈碗状,铳腹填装火药,铳口填装炮弹,或石或铁,封堵严实。采用铳床发射,炮弹获得的加速度小,相应的威力也小。[1]碗口铳的重量不大,"洪武五年水军左卫进字四十二号大碗口筒",重15.75千克(自铭

---

〔1〕　成东:《碗口铳小考》,《文物》1991年第1期,第89～90页。

图七十六　第二次鸦片战争中的中国一等兵船
（"The War In China"，*The Illustrated London News*，March 21,1857, p. 263）

二十六斤），口径一百一十毫米，全长三百六十五毫米。[1]菲律宾巴拉望岛东北的莱纳（Lena）沉船，为弘治年间的一艘中国商船，其出水铜碗口铳五件，其中三件形制比较一致，碗口形铳口，管形前膛，隆起的球形药室，尾銎，环耳形把手，突起的火门。器身有多道加强箍，体型亦不大。[2]

　　作为舰载远射火炮的碗口铳，与手铳大小相配，混合使用，但威力有限。中葡屯门海战，中西海上军事力量首次正面冲突，葡萄牙人的观察和记述颇能说明当时的明朝舰炮状况，"铳炮大部分是小口径，竹管铳炮，几次发射之

---

〔1〕　王兆春：《中国火器通史》，武汉大学出版社，2015年，第71页。

〔2〕　Franck Goddio et al. *Lost at sea: The strange route of the Lena Shoal junk*, pp.239～241.

后就散掉了"。[1]明朝舰炮比葡萄牙火炮落后,在战船数量远多于葡萄牙船的情况下,战斗持续多日,仍不能全歼葡船。水战主要依赖投掷类火器焚烧敌船、冲犁、跳舷接战等战术。"海中战法,攻船为上,若以我大船犁敌小船,触之无不坏者"。"恃火器。火器之中,亦惟火毬、火药桶,投之入贼舟,即时焚毁而至妙也"。[2]嘉靖初年的中葡海战,"在战斗中,(葡萄牙的)主要威胁不是来自炮火,而是来自敌人的试图强制登船"。[3]

嘉靖朝以后,发烦、佛郎机、百子铳、神飞炮、威远炮、鸟铳等火器的引入,相较原有的碗口铳和手铳,显著增强了战船火力,舰炮有向重炮发展的趋势,导致海战战术在原有的冲犁、火攻之外,又明确把"炮击之法"作为一种主要战法。水军斗船,"其制胜者有三:一用大船犁小船,而用火药瓶烧之取胜者。一用大炮击碎其船而取胜者。一用火箭烧其篷帆而取胜者"。[4]而且,铳炮的作用变得比较突出,"海寇所恃,全在于铳,吾亦以铳为应。中军大船之前,仍用次等船载佛郎机大铳数架以镇之。两翼中船之前,亦用再次船载铜将军大铳数十架以列之。其小船亦各载鸟铳、铅筒数百,以备于四面"。[5]

不过,从战争实践来看,以上三项海战战术的重要性,仍是以火烧船,以船冲犁的战术最重要,以炮伤船的战术仍排在末位。海战以冲沉贼船为首功,而斩级擒俘则次之,盖船沉,满船之贼尽归波涛。[6]"广东大战舰,用火器于浪漕中,起伏荡漾,未必能中贼,即使中矣,亦无几何,但可假此以褫敌人之胆耳,所恃者有二,发矿(烦)、佛郎机,是惟不中,中则无船不粉,一也。以火球之类,于船头相遇之时,从高掷下,火发而贼舟即焚,二也"。[7]

隆庆三年(1569),闽广剿灭海盗曾一本诸次海战,可略窥不同战术应用之大概。是年五月,枳林澳一战,官军冲击贼船六十余只,贼尸焚溺浮海者不

〔1〕　John Francis Guilmartin, *Portuguese Sea Battles, Vol 1, The First World Sea Power, 1139～1521,* "Veniaga island(贸易岛,即屯门岛)June to September, 1521".

〔2〕　(明)郑若曾:《江南经略》卷八《兵器战具·火器论中》,黄山书社,2017年,第561页。

〔3〕　John Francis Guilmartin, *Portuguese Sea Battles, Vol 1, The First World Sea Power, 1139～1521,* "Veniaga island(贸易岛,即屯门岛)June to September, 1521".

〔4〕　(明)陈仁锡:《陈太史无梦园初集》之《漫集·东南舟师》,第274页。

〔5〕　(明)郑若曾:《筹海图编》卷十三上《经略五·兵船总论》,第883～884页。

〔6〕　《兵部为官兵血战擒贼渠魁事》第二十二号,《明清内阁大库史料》第一辑,东北图书馆,1949年,第518页。

〔7〕　(明)郑若曾:《筹海图编》卷十三上《经略五·兵船·广东船图说》,第857页。

下二千余数，显然是冲犁和火焚战术的结果。[1]六月，官军在南澳备草百石，设火船于港口，举火焚毁贼船十一只，最终剿灭曾一本。官军和曾一本所持发烦、佛郎机等器似乎并未发挥多大作用。[2]

红衣大炮装配战船，舷侧炮技术的成熟，对海战产生了很大的影响。火炮对船的破坏和人的杀伤已经相当可观。天启七年八月，郑芝龙与俞咨皋部战于福州将军澳，郑芝虎使用斗头炮将明水师马胜船打穿，并引着火药桶发火。崇祯元年六月，郑芝龙与俞咨皋再战于厦门，明军孙雄船被郑芝熊尾送炮打沉。[3]崇祯六年，明荷料罗湾海战和与刘香之战，是明末福建沿海最大规模的海战，已经出现个别"放炮打沉贼船"的情况。[4]崇祯八年，郑芝龙于广东田尾洋剿灭刘香，双方战船均有被炮击沉者。[5]顺治十八年（1661）农历四月，郑成功在台江海域与荷兰军舰展开海战，郑成功船队以大型战船六十艘，每艘各装备有二门大炮，包围了荷兰"赫克托"号、"斯·格拉弗兰"号战船，"白鹭"号、"玛利亚"号等四只平底船。战斗过程中，"荷兰战船'赫克托'号首先爆炸沉没……中国大船紧靠'斯·格拉弗兰'号和'白鹭号'二号船的尾部，英勇的中国士兵向敌船甲板和船舱上开炮射击，中国军队还奋不顾身地用火船去烧毁荷兰甲板船，火船内装着火药和引火东西，因船小灵活，容易驶近敌船燃火，火船发火后，火船上士兵再跳水泅回。这时有一只火船用铁链扣住'斯·格拉弗兰'号的第一斜桅，使火延烧起来"。[6]此次战斗，以炮击船、以炮击人的作用变得非常突出，火烧敌船亦起了重要作用，而常规的跳船接舷战则没有出现。

康熙十九年（1680），清军收复海坛之战，万正色战船"炮火齐发，击沉贼船十六艘"。[7]康熙二十二年澎湖海战，炮击战术变得更加重要，海上交战发铳为先，"焚寇之船莫如火，碎寇之船莫如炮。"[8]当时清军报告死亡

〔1〕（明）苏愚：《三省备边图记》之《枳林破海寇记》，第897页。
〔2〕（明）苏愚：《三省备边图记》之《南澳平海寇记》，第902页。
〔3〕（清）江日昇：《台湾外记》，福建人民出版社，1983年点校本，第23～24页。
〔4〕（明）邹维琏：《达观楼集》卷十八《奏疏·奉剿红夷报捷疏》，第39～52页。
〔5〕（清）江日昇：《台湾外记》，第34页。
〔6〕陈国强：《郑成功驱逐荷兰侵略者收复台湾的伟大斗争》，《厦门大学学报》1962年第1期。
〔7〕《清代官书记明台湾郑氏亡事》卷二《康熙十九年二月癸未》，第13页。
〔8〕（明）何汝宾：《兵录》卷十一《火攻集说》。

三百二十九名,带伤者一千八百余名,悉为炮火攻击所致。清军大小战船,被炮打坏者甚多。清军也击沉郑氏大炮船八只。[1]而且,这个时期发展出了舰炮对射的战术,"凡水战,彼此望见,即发斗头烦。将近,或发左边炮;转舵,发尾送炮,再发右边炮"。[2]

不过,以舰炮决胜负的情况并未出现。在一般的海战事例中,冲犁、火烧、跳船、肉搏等仍是常规战法。火攻之法,尤备受推崇,火焚仍是最主要的海战战术。欧洲人的记载也显示,明朝战船上的炮很小,不知道怎么瞄准,[3]类似的记载也见于穆迪的航海日志。[4]即便澎湖海战,清军用火桶、火罐焚毁大炮船十八只,焚毁大鸟船三十六只、赶缯船六十七只,洋船改战船五只,远多于击沉的区区八只。[5]

四、广船采用欧式帆装

(一)采用桅杆帮接技术

随着造船业的发展,特别是明清之际的大规模造船运动,船桅材变得十分珍稀,价格高企。除进口外国桅木之外,中国造船工匠还采用了帮接船桅的办法,以应对大型桅木的短缺。嘉靖十六年,陈侃封舟在琉球遭风,其舟"大桅原非一木,以五小木攒之,束以铁环。孤高冲风,摇撼不可当,环断其一"。[6]

隆庆年间,为剿灭海盗曾一本,福建造船也有帮接船桅之议:"照得各州县制造巨舰陆续告完,惟合用大桅间有申请欲行帮接。本院因未经见,难以主裁节,会各镇道多方采访,有称往年封夷大船,用桅长至十七八丈者,大抵亦用帮接。今巨舰大桅,必须与船相称,若拘执一根成材,恐难寻觅。"帮接船桅,使船桅的强度降低,所以中国帆船每次出海后,都要将桅杆放倒进行修缮,"多用铁箍攒束"。[7]

〔1〕(清)施琅:《靖海纪事》上卷《飞报大捷疏》,第346～354页。
〔2〕(清)江日昇:《台湾外纪》,第343页。
〔3〕[葡]曾德昭著,何高济译,李申校:《大中国志》,上海古籍出版社,1998年,第119页。
〔4〕Peter Mundy, *The Travels of Peter Mundy in Europe and Asia, 1608～1667*, p.203.
〔5〕(清)施琅:《靖海纪事》上卷《飞报大捷疏》,第346～354页。
〔6〕(明)陈侃:《使琉球录》之《使事纪略》,第22页。
〔7〕《明经世文编》卷三百五十五《涂中丞军务集录三·行巡海等道"船桅"》,第3824页。

万历三十四年,夏子阳使琉球,造封舟,时因"地方大材砍锯略尽",议用合桅。[1]至崇祯朝桅杆帮接更为常见。据《天工开物》记载,桅杆使用端直杉木,"长不足则接,其表铁箍逐寸包围"。[2]康熙二年,张学礼使琉球封舟桅杆,"众木凑合,高十八丈,俱用铁裹"。[3]

桅杆帮接,其强度必然减弱,为了增强桅杆强度,船舶开始偶尔装配稳索。崇祯十年,英国负责记录航海日志的穆迪图绘并描述了其在珠江口看到的明朝水师战船,其上就使用了稳索。[4]帮接船桅、使用稳索与欧洲船舶桅杆使用三节桅和侧支索的技术特征也相暗合。

不过,桅杆帮接无形中减弱了桅杆强度,在南海、东海等台风高发区,成为船舶的弱点。汪楫《册封疏钞》记载封舟遭遇台风,"大桅铁箍断十三,顶绳断,近栓裂尺余"。也正因如此,帮接桅杆的技术一直没有获得普及,西洋帆装技术在东南亚地区没有发展,反倒是西洋船采用了中式帆装。另外,南海海域风浪较大,船小载轻,船只往往有轻飘之患,本能地排斥西洋船的复杂帆装。但使用西洋帆船的侧支索技术,可增强桅杆强度。按照李约瑟的意见,中国帆船采用侧支索是受西洋船影响出现的。[5]穆迪图绘的珠江上的中国战船,就采用了侧支索。[6]夏士德记录阳江七艔船时也强调,采用滑轮(deadeyes)和单侧三条支索(wire stays)的特征不见于其他地区。[7]

（二）采用西洋软帆和首斜桅

广船帆装的变化在一些从事对外贸易的商船中体现得最为明显。如1720年前后完成的《唐船图》画册,其收录的宁波船、广东船、福州造广东出船、广南船、暹罗船和咬𠺕吧出船在主桅顶端主帆的上方加挂棉布高帆,而且高帆普遍只使用一根横桁,帆之四角以帆索牵扯,形成风兜形。类似高帆也

〔1〕（明）夏子阳:《使琉球录》,《钓鱼岛问题文献集》(明清文献),南京大学出版社,2016年点校本,第201页。

〔2〕（明）宋应星:《天工开物》卷下《舟车第十五》,第252页。

〔3〕（清）张学礼:《使琉球纪》,第2页。

〔4〕 Peter Mundy, *The Travels of Peter Mundy in Europe and Asia, 1608~1667*, p.203.

〔5〕［英］李约瑟著,汪受琪等译:《中国科学技术史》第四卷第三分册《土木工程与航海技术》,科学出版社,2008年,第655页。

〔6〕 Peter Mundy, *The Travels of Peter Mundy in Europe and Asia, 1608~1667*, p.202.

〔7〕 George R. G. Worcester, *Sail & Sweep in China*, p. 90.

见于徐葆光《中山传信录》所载之封舟，称为"头巾顶"。^[1]这种风兜形的高帆设计，大大补充了主帆受风面积，提高了帆装的整体风阻。主帆之上加辅助布帆的记载，亦见于北宋徐兢《宣和奉使高丽图经》，称为"野狐帆"，"大樯之巅，更加小驱十幅，谓之'野狐帆'，风息则用之"。^[2]但其具体安装方式不明。清代高帆不采用横桁的特征，或是受到了西洋船的影响。

此外，《唐船图》中的南京船的主帆不似其他唐船使用席帆，而是采用了非常罕见的棉布帆，但仍保留着席帆的横桁和硬撑条。这使得棉布帆具备"软中硬，硬中软"的特征，既保留了席帆所具有的易于操作的特征，又利用了棉布帆的韧性。通常认为，南京船主帆采用棉布帆，与苏松地区的棉花种植和棉纺织业的发展密切相关，但也许是受到了西洋船棉布帆的启发也未可知。事实上，明代隆庆年间，福建巡抚涂泽民在督造的巨舰战船上，就使用"以矾布为里，外编以篾"的复合帆装。这种帆装既可以折叠成扇，便于收放，又不似全为"竹箬"的席帆易燃。^[3]

最后，《唐船图》中暹罗船的船头有伸出的桅杆——首斜桅，桅杆下方连接有棉布帆。这与西方海船普遍装备的首斜桅帆类似。首斜桅帆主要起辅助转向和航行过程中抬升船首的作用。类似的首斜桅见于前述之封舟，称为"头楫"。^[4]康熙四十九年成书的《增补华夷通商考》卷四末有"去外国之船"的标题，画的是"去暹罗之船"。记有："船首的斜出之短樯，外国海上远航往来之唐船皆有斜出之橦，上挂帆，又有所谓高帆，挂于本帆、弥帆之上。高帆亦斜出，皆棉布帆也。"^[5]

不过，总体上中国船对欧洲船帆的吸收是局部的和零星的，自始至终都未采用欧式帆装。

十六世纪以来，西洋船帆装普遍采用三根或以上桅杆，桅杆采用三节桅，用数量较多的支索牵拉固定，用以增强桅杆的强度和稳定性。而同一根桅杆的接头处，往往打造望斗，用于登高瞭望和以高打低。桅杆挂多块上下排列的横帆，首尾桅杆有时挂纵帆或三角帆。这种西洋帆装的帆面积巨大，在各

〔1〕（清）徐葆光：《中山传信录》卷一《封舟图》，第2～3页。
〔2〕（宋）徐兢：《宣和奉使高丽图经》卷三十四《神舟》，第71页。
〔3〕《明经世文编》卷三百五十五《涂中丞军务集录三·行监军巡海等道"造船"》，第3821页。
〔4〕（清）徐葆光：《中山传信录》卷一《封舟图》，第2～3页。
〔5〕［日］西川如见：《增补华夷通商考》卷四，宝永五年甘节堂刊本，第33页。

种风向情况下都有很好的速度，但是由于帆索控制复杂，需要较多人手，人力成本很高。这种帆装系统包括的桅杆、帆桁、帆、桅杆的侧支索和牵拉索、帆的牵拉索，彼此关联互动。帆装的设计与船型和船体结构有密切关系，良好的帆装设计从安装龙骨的那一刻起就要考虑。因此，如果单纯采用西式帆装，而不对船型结构进行调整，对航行而言是危险的。由于造船业是复杂的手工业门类，船舶建造成本高，海上航行的危险大，试错成本也高。完整船舶形态的引进和模仿，远比单纯改进帆装系统的综合成本要低，也更加可行。

中式帆装的技术系统是造船工匠和出海船民经过几代人不断反复实践形成并确立的，一种技术传统一旦形成，就会形成某种技术惰性，如果没有足够的优势或外部推动力，人们是不愿意自动采用，或实验外来的帆装系统的。所谓"兴一利者必生一弊"，任何局部技术的变动都将对船舶整体产生影响，导致连锁反应。

更为主要的是，中式帆装相对西式帆装并非完全处于劣势，虽然中式帆装提供的动力不及西式帆装，造成船速慢，但前者操作简便，使用灵活，节省人力，缩帆升帆在甲板上就可以由少数人完成，而且中式帆装可以根据风力大小随意确定帆面积的大小。中国帆有帆横桁，各块之间彼此单独受力，不易损坏，即便其中某一块或某一片破损也不至于破坏帆的功能。

1962年，美国太平洋舰队和国防部部长办公室派出三支田野调查小组，在南越进行了为期一百一十五天的船舶调查，调查资料的附录中简要提到了西方帆装为当地土著人群难以接受的原因："越南人对西方帆装的熟悉程度，不似戎克船帆装对于美国人的熟悉程度，西方船的帆装是截然不同的，需要完全不同的操控技术。在微风状况下，戎克船可以行使自如，而西方船帆则不得不进行缩帆或者采用一套风暴用帆（比原来帆强些小些）(storm sail)。在其他风况下，西方船帆将是有优势的。十分熟悉戎克船帆装的当地人，对十分陌生的西方船帆，需要进行大量的训练。"[1]这种解释同样适用于广船。

五、广船采用欧式仪器

十六世纪初，中国人除对欧洲船舶的舰载火器印象深刻，进行仿制之外，

---

[1] M. C. Dalby, *The Junk Blue Book*, p. B-24.

对其上的航海地图、仪器等也有所认识和了解。不过直到十七世纪,关于欧洲船舶航海仪器的记载才见诸中文史籍。明代张燮《东西洋考》记载了荷兰船舶的航海罗盘,"舵后铜盘,大径数尺,译言照海镜,识此可海上不迷"。[1]清人高兆曾亲自登临荷兰船,记录了荷兰船的指南针:"中央棱指南,枢纽浮天地。舳中央以棱闭大罗经,为行舟指南之主,最郑重。"[2]康熙年间,大学者屈大均也曾登临荷兰船,并留下了"红毛鬼……舵工分班驶风,昼夜兼行,惟视罗经所向,时登桅视千里镜"的记录。[3]乾隆年间,王大海游历爪哇岛和马来半岛,记录了欧洲商船上的量天尺(即象限仪)、察天筒(即气压表)、指南车(即罗盘)等航海仪器。其中,对指南车(罗盘)的记载最详:"和兰行船指南车不用针,以铁一片,两头尖而中阔,形如梭。当心一小凹,下立一锐以承之,或如雨伞而旋转。面书和兰字,用十六方向。"[4]荷兰罗盘为典型的旱罗盘。

尽管中国对西洋航海仪器记录不少,但相关仪器的引进则非常滞后,种类和数量也很有限。

（一）采用沙漏

沙漏是西洋船典型的海上计时工具,清朝时传入用作海上航行的计时器,并且与我国传统的海上计时方法进行过比较。"今西洋舶用玻璃漏定更,简而易晓,细口大腹,玻璃瓶两枚,一枚盛沙满之,两口上下对合,通一线以过沙。悬针盘上,沙过尽,为一漏,即倒悬之,计一昼一夜,约二十四漏,每更船六十里约二漏半有零。"通过对比,得出一更六十里相当于二漏半多的认识。[5]不早于雍正元年(1723)成书的《清初海疆图说》,关于海上行船更数的说明中,玻璃漏的记更方法已经为中国船采用,"设一漏以贮砂,砂随漏尽,则为一更"。[6]嘉庆朝李鼎元出使琉球,为封舟没有装备玻璃漏而耿耿

〔1〕（明）张燮:《东西洋考》卷六《外纪考·红毛番》,第129页。
〔2〕（清）高兆:《荷兰使舶歌》,《福州西湖宛在堂诗龛征录》下卷十二《高兆》,福建人民出版社,2007年,第613页。
〔3〕（清）屈大均:《广东新语》下卷十八《舟语·洋舶》,第482～483页。
〔4〕（清）王大海:《海岛逸志》卷五《闻见录》,第123～127页。
〔5〕（清）徐葆光:《中山传信录》卷一《更（定更法）》,第8页。
〔6〕（清）佚名:《清初海疆图说》,台湾大通书局,1987点校本,第6页。

于怀,"封舟无玻璃漏,前经屡饬海防同知备办,亦置之不理,至是,舟人以香代"。[1]"此行无玻璃漏,其制可得闻欤"。直言"凡二漏有奇为一更,昼夜二十四漏得十二更,以应十二时,理犹时辰表也"。[2]

(二)采用西式罗盘

明代航海长期依赖岛屿、暗礁、高山等地文导航,并参酌风向、水文、天体诸像,经过经验积累,编成更路簿或针路簿。因此,方向在海上航行中十分关键,取向罗盘成为海船导航必不可少的重要工具。尽管中国很早就有用于堪舆的旱罗盘,但海上航行的中国船舶使用的罗盘都为水罗盘,郑和船队"皆斫木为盘,书刻干支之字,浮针于水,指向行舟"。[3]弘治年间,丘濬"今番舶于舵楼之下亦置盘针,盖凡舟皆用盘针于舟中以定方向,非专设为一舟也"。[4]拉达在1575年(明万历三年)率使团从菲律宾乘帆船前来福建访问,他这样记载当时中国的海船:"没有海图,但有些航海指南抄本。他们也有罗盘,但不像我们的,因为那不过是一个灵巧的小钢舌,附在磁石上。他们把它放在一个盛海水的小碟里,上面标明方向。他们把罗盘分为二十四度,不是我们的三十二度。"[5]目前,中国航海什么时候采用西式罗盘仍无法确定,但与西洋船接触,受其罗盘启发则是中国应用西式航海罗盘的最初动力。

除玻璃漏、西式罗盘外,其他诸如对望远镜的应用、西式海图绘制方法的使用等都是受欧洲船舶影响的结果。

六、广船采用欧式船体

(一)金属包裹船体和熔铅舱缝

欧洲船舶用熔铅舱缝,以金属包裹船壳防腐、防渗、防虫,历史悠久。早在公元二世纪前后,载重一百二十吨的罗马商船,其船底就用铅保护,以防船

---

〔1〕(清)李鼎元:《使琉球记》卷三,第70页。
〔2〕(清)李鼎元:《使琉球记》卷六,第165页。
〔3〕(明)巩珍:《西洋番国志》,第5页。
〔4〕(明)王鸣鹤:《登坛必究》卷二十五《水战》,第5页。
〔5〕[西]拉达:《记大明的中国事情》,《十六世纪中国南部行纪》,中华书局,1990年,第210页。

虫蛀蚀。[1]大航海时代，欧洲远洋商船普遍采用熔铅舱缝和金属包裹船壳。中文文献对东来欧洲船的这一特征记载甚多。

其中关于欧洲船金属包裹船壳的记载尤多，如明王临亨对万历二十九年至澳门的荷兰船的记载："其舟甚巨，外以铜叶裹之，入水二丈"。[2]李光缙《却西番记》记万历三十二年荷兰商船船板"厚二尺有咫，外鎏金固之"。[3]清康熙二年，张学礼《使琉球记》描述停泊在闽江泛船浦的三艘荷兰船时，也注意到"其船底用铁包，缝以铅灌"的特点。[4]清乾隆朝晚期，王大海描述巴达维亚等地的荷兰夹板船，仍关注船外的金属板特征，"铁船板厚经尺，横木驾隔，必用铁板两旁夹之。船板上复用铜铅板连片编铺"。[5]而略晚的周凯《厦门志》这样记载吕宋呷板船，"船舷、船底俱用铜板镶钉"。[6]

关于欧洲船熔铅舱缝的记载因属内部结构问题，记载很少，且多讹误。例如，陈学伊描述万历年间的荷兰船"板厚二尺有咫，内施锡片"。[7]而明末陈仁锡《皇明世法录》所记夷船则为"舱底俱灌铅锡"。[8]焦勖《火攻挈要》所记竟变成了"底用坚大整木合造，底内四围用铅浇厚尺余"。[9]可见，所述多不准确。

东方航路上的考古资料证实，欧洲船舶通常在船外裹铅皮，缝隙填塞铅条用以舱缝。肯尼亚马林迪奥美尼角和塞舌尔群岛的葡萄牙沉船，"船体外包铅皮，以铅条填缝"。[10]但是，以铅舱缝，包裹船体，效果并不理想。因为铅的延展性差，与木材的膨胀系数相差较大，经过温度变化后容易出现松动和

---

〔1〕　辛元欧：《中外船史图说》，上海书店出版社，2009年，第32页。

〔2〕　（明）王临亨：《粤剑编》卷三《志外夷》，中华书局，1987年点校本，第92页。

〔3〕　（明）李光缙：《却西番记》，《闽海赠言》卷二《记》，第26页。

〔4〕　（清）张学礼：《使琉球纪》，第2页。

〔5〕　（清）王大海：《海岛逸志》卷五《闻见录·甲板船》，香港学津书店，1992年，第131页。

〔6〕　道光《厦门志》卷五《船政略·番船》，第142页。

〔7〕　（明）陈学伊：《谕西夷记》，《闽海赠言》卷二《记》，第25页。

〔8〕　（明）陈仁锡：《皇明世法录》卷七十五《各省海防·攻夷记》，第224页。

〔9〕　（明）汤若望、焦勖：《火攻挈要》卷下《水战说略》，《续修四库全书》第966册，第764页。

〔10〕　Warren Blake and Jeremy Green, "A mid-XVI century Portuguese wreck in the Seychelles", *International Journal of Nautical Archaeology*, Vol. 15, No. 1, 1986, pp. 1～23; 中国国家博物馆水下考古研究中心等：《肯尼亚马林迪奥美尼角沉船遗址2013年度水下考古发掘简报》，《中国国家博物馆馆刊》2014年第9期，第6～23页。

脱落的情况。[1]

明清中国船通常是在上层建筑和船壳水线以上部分包裹铁叶,例如,明初陈友谅大舰"高数丈……上下三级(层),级置走马棚,下设板房为蔽,置橹数十其中,上下人语不相闻,橹厢皆裹以铁"。[2]清初,郑成功创制水艍船,上施楼堞,绕以睥睨,面裹铁叶,外悬革帘;中凿风门,以施炮弩。[3]这些船舶包裹铁叶,具有明显的装甲性质,与西洋船水下部分包裹金属具有的水密、防腐功能明显不同。

另外,明嘉靖朝使琉球大封舟采用了铁叶包裹船壳的措施,"打造铁叶,长短计一十三度,共铁条四十余只,从舟通至两舷包讫"。受此启发,闽省军船打造时亦有使用包裹铁皮的情况,"……即便各照南平县议式打造铁叶,从舟至舷包裹坚固,以便冲击"。[4]这里铁叶的包裹范围为船底至两舷的船壳部分,主要作用是增强船壳强度,或是受到了葡萄牙船的影响也未可知。

广船船壳水下部分包裹铜皮或铁皮的情况,出现在鸦片战争之后。水师提督吴建勋,在籍刑部员外郎潘仕成等仿造欧式船舶均采用了铜皮或铁皮包裹船壳。六品军功监生冯椿等捐造裹铜加料大米艇一号。[5]同治十年,山东巡抚丁宝桢购买粤省拖缯船,"海水素咸,船板最易浸坏,此次必须格外加厚。并拟于船身及船内舱面另加铁皮包裹一层"。[6]

(二)密距肋骨与尖削船首

早在1946年,瓦特尔就提出亚洲海域船舶存在以肋骨弯材取代舱壁结构的历史过程。[7]水密隔舱在提高船舶安全性和结构强度的同时,无形中也限制了船舶的负载能力,只能载运小型散装货物,对于诸如木材等大型货物则难于载运。随着与欧洲船舶的频繁接触,中国人认识到欧洲船舶的结构优

---

[1] Warren Blake and Jeremy Green, "A mid-XVI century Portuguese wreck in the Seychelles", *International Journal of Nautical Archaeology*, Vol. 15, No. 1, 1986, pp. 1~23.

[2] (清)谷应泰:《明史纪事本末》第一册卷三《太祖平汉》,中华书局,1977年点校本,第41页。

[3] (明)吴伟业:《吴梅村全集》卷二十五,第627~628页

[4] 《明经世文编》卷三百五十五《涂中丞军务集录三·行监军各道"造船"》,第3823页。

[5] 《钦定大清会典事例》卷九百三十八《工部·船政·战船三》。

[6] (清)《丁宝桢全集》第一册卷八《整顿山东水师购造船炮折》,第322页。

[7] [英]李约瑟著,汪受琪等译:《中国科学技术史》第四卷第三分册《土木工程与航海技术》,第484页。

势,其肋骨结构为中国造船业所习得。从清康熙年间开始,中国海船开始出现舱壁与肋骨的混合结构。如康熙五十七年,徐葆光出使琉球,其一号船长十丈,阔二丈八尺,深一丈五尺,前后只有四舱,显然采用了比较稀疏的舱壁结构,而舱壁之间应该有肋骨加强船舶结构强度。[1]

1971年10月4日澄海县南畔洲河滩出土红头船,1972年10月初和洲坪河滩出土另一只红头船(蔡万利商船),都采用了密距肋骨与隔舱板混合的结构。从照片来看,前者有肋骨四十根左右,后者可见粗大的肋骨三十八根,每根约四十厘米宽,三十八厘米厚。[2]2014年,广州南关北京路南段工地发现的二号、三号快船,也采用了肋骨与舱壁相结合的混合结构。[3]

肋骨与舱壁的混合结构对中国造船业产生了重要影响。中国传统建造全舱壁结构的大型船舶采用的既不是"壳先法",也不是"骨架先法"。实际上,在定完龙骨后,舱壁骨架与船壳同时营建,可以称之为"营板建造法"。船壳外板与隔舱板全靠铜钉相连,船的横向强度依赖舱壁支撑,此种建造法必定形成多隔舱、小隔舱局面。此种舱容只适合瓷器、药材、茶叶、粮食、糖类等大宗散货的贸易运输,不能适应木材等大型货物的运输需求。清代以来,受西洋船舶的影响,肋骨与舱板混合结构开始应用,中国传统的大船营建的全舱壁"营板建造法"逐渐式微,西方的"肋骨造船法"变得普及。需要说明的是,肋骨结构在我国古代的独木舟、内河船中早已存在,并非欧洲所特有。而一些大型海船的水密隔舱也多有起辅助、固定作用的稀疏肋骨。

长期以来明清广船以平首船为主,有首封板,无首柱。但至清代中后期,以红单船为代表的广船,其直线型的底龙骨承接陡峭的首柱,不再使用首封板。这明显是受欧洲船舶技术影响的结果。

（三）老闸船的创制与应用

老闸船为葡萄牙语lorcha的音译词,而且老闸一词似乎为葡萄牙人专用,英国、法国和中国人,更倾向于使用快船或划艇来称呼此类船舶。此外,

---

〔1〕（清）徐葆光:《中山传信录》卷一《封舟》,第4～5页。

〔2〕林瀚:《清代潮阳赤产古庙船运碑刻考释》,《元史及民族与边疆研究集刊》第30辑,上海古籍出版社,2015年,第186页。

〔3〕易西兵:《广州南关清代古船的埋藏环境与初步认识》,《广东造船》2015年第1期,第89～92页。

还有夹板、绿壳船、鸭屁股等不同名称,都是指代中国小于戎克的帆桨并用风帆船。

1. 老闸船的始见例及初始特征

葡萄牙语的老闸船一词出现年代较早,其语源有"南美起源"和"中国起源"两说,其在葡萄牙语中指代东方的小型风帆船,[1]并不具"西式船体、中式帆装的复合船舶"的义项。1537～1558年,平托漫游东方的《远游记》,记载安东尼奥·德·法利亚行踪的第40～66章,lorche/lorcha一词出现了十几次,其比较重要的词例如下:"我们扬帆朝海南岛而去,希望能够遇到我们苦苦寻找的海盗哈桑师傅。我们到达棉花屿,这是我们看到的海南岛的第一块土地。我们沿岸航行,希望能够发现港口和小河,以便深入其地。现在,因为法利亚从北大年乘坐的老闸船漏水严重,不得已他命令战士们换到一艘更好的船上去。船只开动,发现了一条大河。傍晚我们转头向东航去,距离岸边一里格的海上抛锚停船。法利亚派遣博拉若带领十四名战士乘坐一艘老闸船沿河而上,探寻傍晚发现火光的地方。他们沿河走了一里格,遇到了一支四十艘戎克大船组成的船队,喧哗之声不绝于耳。由于害怕碰到的是官军,他们赶紧驶离,而在岸边抛锚。……他们来到一座一万户人家的城市,他派五个战士和两个中国人下老闸船打探消息,中国人的老婆留在船上做人质。"[2]

对于这一段中出现的老闸船一词,法国汉学家沙海昂引用吉尔的观点,认为老闸船是"一种商业用途的中国岸行小船,老闸船一词由葡萄牙人从南美洲引入"。不过平托的游记显示,这种船也用于中国海上航行,使沙海昂意识到吉尔观点的不足。于是,沙海昂引用玉尔的观点,指老闸为楼船。而楼船巨大,又让沙海昂不得不采取折中措施,强调"楼船在汉代极大,这时的楼船已经变小了"。[3]金国平在翻译平托《远游记》时,使用的就是楼船一词。[4]

〔1〕 Henry Yule and Arthur Coke Burnell, *Hobson-Jobson: The Anglo-Indian Dictionary*, Ware: Wordsworth Editions, 1996, p. 521.

〔2〕 Mendez Pinto Ferdinand, trans. in English by Henri Cogan, *The Voyages and Adventures of Ferdinand Mendez Pinto*, London: T. Fisher Unwin., 1891, p. 82.

〔3〕 Mendez Pinto Ferdinand, note par Antoine Joseph Henri Charignon, *À propos des voyages aventureux de Fernand Mendez Pinto*. Pekin: Impr. des Lazaristes, 1935, p. 88.

〔4〕 [葡]费尔南·门德斯·平托著,金国平译:《远游记》,葡萄牙航海大发现事业纪念澳门地区委员会等出版,1999年,第120～121页。

根据文意,老闸船作为小型船只,依赖戎克大船才能航海。同时,老闸船可以深入内河,也说明其体量不大。最为重要的一点是,以当时的中葡之间松散零星的商贸关系,老闸船是不可能具有欧洲特征的,单纯为中式船舶的可能性极大。

此外,在平托《远游记》中老闸船通常与戎克帆船、艅艇并用,用以指代葡萄牙征用的东南亚船和中国海盗自有的船舶。老闸船的特点是桨帆并用,适用于内河航行,比戎克船小,比脚艇要大,中国人偶尔也称这类船为艅艇。[1]虽然老闸船与艅艇十分接近,但又不完全等同,后者往往强调其多桨特性,使用限定词"多桨的"。

与平托约略同时,在一份1564年的葡文书信中,被中国人称为艅艇的小船,葡萄牙人称其为老闸船。[2]目前看来,葡萄牙语的老闸船一词,并非此类船舶的汉语方言发音的葡萄牙语转写,也不是葡萄牙本土词汇,最有可能是葡萄牙语对印度或东南亚语类似词汇的借用。从对音上来看,老闸与东南亚语的兰卡(lancaran)更为接近,或许即借用于后者。兰卡是东南亚地区普遍使用的一种帆桨并用的风帆船,葡萄牙人到东南亚之初,就大量征用,用以防卫马六甲城,打击当地的苏丹水军。[3]同时,老闸船不能独立远洋航行的特点也与兰卡类似。

2. 中西技术混杂老闸船的出现

老闸船何时开始指代中西技术混杂的快速帆船,至今仍是一个谜团。曾在中国海关任职的夏士德,在其名著《长江的帆船与舢板》中,用了十页的篇幅讨论老闸船的来龙去脉,但对老闸船何时成为中西技术混杂船舶的代称则没有涉及。

按夏士德的观点,乾嘉之际,东南海盗猖獗,澳门葡萄牙人操起了护航的

---

[1] Fernand Mendez Pinto, trads. du portugais en français par le sieur Bernard Figuier, *À Propos des Voyages Aventureux de Fernand Mendez Pinto,* Paris: Cotinet et Roger, 1645, chapter 40. 42. 59. 62. 63. 65. 66.

[2] 汤开建:《天朝异化之角——16~19世纪西洋文明在澳门》下卷,暨南大学出版社,2016年,第786页。信件片段译文为"刘易斯·德·梅洛·达·西尔瓦正从巽他前来,来到这个Amacau港,但离此尚有十至十二里瓜时,(中国叛兵)就出来(拦路),他们有十八艘大船和许多小船——他们称为Lanteas,别人称为Lorchas。"

[3] 谭玉华:《汪铉〈奏陈愚见以弥边患事〉疏蜈蚣船辨》,《海交史研究》2019年第2期,第28~44页。

营生。其中一艘载重十吨的小船"莱奥"号,装备一门回旋榴弹炮和四门回旋炮,由澳门领航员卡罗萨驾驶,负责护卫补给船只,即为老闸船。1807年5月6日,"莱奥"号老闸船参加了一场打击海盗的行动。[1]但遗憾的是,这艘小船何地建造,如何舾装,是否具备中西混杂的技术特征,则不确定。1831年,一本葡汉词典,对老闸的释义仍为比较简单的"一个艇,大艇",并未标识或强调其形制上的特殊性和混杂性。[2]1838年,法国船长帕里斯记录了珠三角的众多船只,当中并没有中西技术混杂的老闸船。在广东沿岸,他获得一艘快船模型,该模型按照1:20的比例制作,模型长1.43米。帕里斯根据该模型绘制工程图,并复原了该船的尺寸。该船体型较大,不具备当时广东大船常见的巨大船舷、船眼,不带船首框架,尾框架也变得简小,显示出明显的欧化趋势。[3]其尖首圆尾的船壳特征与传统平首平尾的广东船舶差异明显,但其船壳仍在中式船壳的变异范围之内,与典型老闸船的西式船壳差别巨大。

事实上,清代对澳门葡人施行严苛的管理,对澳门葡船施行定额,限制澳门修造船业创新。雍正三年,议准澳门葡萄牙人,"共有大小二十五船,地方官编列号数,刊刻印烙,各给执照一纸,将船户、舵水及商贩夷人,该管头目姓名,填注照内,即以此二十五船为定额,不许增置。若实系朽坏,不堪修补,呈明地方官察验,取具印甘,各给申报督抚,准其补造,仍用原编字号"。[4]只是到了嘉庆朝,因需其协助清军打击海盗,清廷才适当放宽了对澳门葡人在造船上的限制,而发展出中西技术混杂的老闸船。很难想象,在康雍乾三代严苛的管理制度下,作为清王朝重点防范对象的澳门葡人能够创制并大量建造这种新的船型。

按照夏士德的观点,鸦片战争之后,护航的需求导致澳门当局有意识地发展武器精良、作战勇猛的老闸船。1835年,澳门有十八只老闸船,但1847

〔1〕 George R. G. Worcester, *The Junks and Sampans of the Yangtze*, Vol.2, Shanghai: Published by order of Inspector General of Customs, 1948, p. 378.

〔2〕 Joachim-Affonso Goncalves, *Diccionario Portuguez-China no Estilo Vulgar Mandarim e Classico Geral*, Vol. 1, Macao: Real collegio de S. Jose, 1831, p. 492.

〔3〕 Edmond-Francois Pâris, *Souvenirs de Marine: Collection de Plans ou Dessins de Navires et des Bateaux Anciens ou Modernes*,Vol.1, Grenoble: Editions des 4 Seigneur, 1975, No.80.

〔4〕 (清)薛传源:《防海备览》卷三《禁私通》,第5页。

年的一场台风，导致十二艘老闸船失事；1848年春，二十艘老闸船在澳门建造；到1851年，老闸船的数量减少到七艘。但到1853年，澳门老闸船的数量就达到六十艘，1855年达到一百八十艘。但护航需求下降后，老闸船的数量并没有显著下降，很多老闸船悬挂英国、美国、法国国旗，转而从事货物运输。

相对于夏士德的语焉不详，与其大略同时来华的唐涅利的观点值得重视。唐涅利认为老闸船出现的时间在太平天国运动前几年，原为葡萄牙人于1843年所造，用于镇压海盗，在广州三角洲护航，而且这种船常常被海盗捕获。1847年，七艘葡萄牙老闸船志愿前去扫荡骚扰宁波水域的海盗，经过一场浴血鏖战，果然大获成功。随着时间的推移，澳门的葡萄牙船东觉得无人请求护航，这种船无有利可图，将之卖掉。以后这些船又多次转手，顺着海岸线，进入上海、宁波和其他沿江口岸。[1]

1877年的海关贸易报告记录，两艘老闸船悬挂美国国旗，三艘悬挂英国国旗，四艘悬挂德国国旗，七艘悬挂西班牙国旗。西班牙人被雇作船长的价格相对便宜，而且西班牙在宁波和长江各口岸都没有领事馆，相应的费用也就省下了。1880年，大约有二百七十二艘次的老闸船进入汉口清关，老闸船的运输盛极一时。[2]不过随着蒸汽船的出现，老闸船很快就衰落了。但仍有不少老闸船北上辽宁牛庄，与重载的戎克船竞争。抗日战争期间，为了阻止日军入侵长江，国民政府曾调集老闸船装石沉于Matung。[3]

唐涅利关于老闸船起于太平天国运动的观点比较中肯。目前看来，老闸船最明确的证据，是引起1856年第二次鸦片战争的"亚罗"号货船。该船在1854年由中国人苏亚成建造，并向驻港的英国殖民当局申领执照，当时中国人已经可以建造这种中西技术混杂之老闸船。[4]1856年，马克思论述"亚罗"号事件时，也使用了老闸一词。[5]

---

〔1〕 ［美］I. A.唐涅利著，陈经华译：《中国木帆船》，第163页。

〔2〕 George R. G. Worcester, *The Junks and Sampans of the Yangtze*, Vol.2, pp. 379～380.

〔3〕 George R. G. Worcester, *Sail & Sweep in China*, London: Her Majesty's Stationery Office, 1966, pp.51～52.

〔4〕 蒋孟引：《第二次鸦片战争》，生活·读书·新知三联书店，1965年，第32～33页。

〔5〕 Karl Marx, "The Case of the Lorcha Arrow", *New-York Daily Tribune, Nova Iorque*. 23, 1857；《马克思恩格斯全集》卷十二《英中冲突》，人民出版社，2002年，第112～113页。

3. 老闸船的技术特征

除亚罗号外,典型的老闸船样本还包括以下两例:索高罗夫著《中国船》收入的老闸船图,船长136英尺(41.5米),宽24英尺(7.3米),深7英尺(2.1米)。船上有用樟木隔成的水密隔舱九个,首楼泵杆可操纵下面的绞辘。[1]1857年的一艘珠江老闸船的画像,也很好地展示了其中西技术混杂的特征(图版十六)。[2]

十九世纪后半期,中西技术混杂的老闸船已经比较普及。咸丰七年(1857),《泰晤士报》记者柯克在厦门港看到了许多老闸船,"一种杂交货船,一半欧洲特征,一半中国特征"。[3]1886年出版的《远东风物词典》收入"老闸船"词条,此类船"载重约百吨,欧式船身,中式帆樯,欧洲人做船长,中国人为水手"。[4]其技术特征表现在以下几个方面:

西式船身。使用龙骨,中部底平,吃水甚浅。首尾收紧,有首尾呆木,其中船首呆木便于开浪,船尾呆木便于采用西方习惯,于尾柱安装中式门型船舵。中式帆装。老闸船采用三桅,按照常见的中国方式竖立,中式斜桁横帆。船首保留有西式的首斜桅,但是已经偏向船头一侧。

老闸船"西式船身,中式帆装"的概括不是十分准确,因为所谓的老闸船的西式船身有照顾安装中式船舵所具有的较大船尾,所谓的老闸船的中式帆装也有西式的首斜桅和侧支索等(图七十七)。

老闸船建造于澳门,所用木材通常是柚木和樟木。船身漆成土红,尾楼和首楼涂上鲜亮的杏黄色,突出的甲板室抹成白色。中国人称这种船为"白鳖壳"。这个名称无疑是因白色甲板室而起的。[5]

4. 老闸船与相关船舶的关系

当葡萄牙人于1557年占据澳门后,老闸船一词被澳门葡人广泛使用。老

〔1〕 [美] V. A. 索高罗夫著,陈经华译:《中国船》,第108页。

〔2〕 David bellis, *Old Hong Kong Photos and The Tales They Tell,* Vol.2, Hong Kong: Moonchild Production Co. 2018.

〔3〕 Cooke George Wingrove, *China: being "The Times" special correspondence from China in the years 1857~8*, London: G. Routledge, 1858, p.86.

〔4〕 Herbert Allen Giles, *A Glossary of Reference on Subjects Connected with the Far East,* London: Kelly & Walsh, 1900, p.138.

〔5〕 [美] V. A. 索高罗夫著,陈经华译:《中国船》,第108页。

PLATE No. 134.

L O R C H A.

SCALE:

图七十七　标准老闸船
（George R. G. Worcester, *The Junks and Sampans of the Yangtze*, Vol.2, plate No.134）

闸船一词似乎为葡萄牙人专用，英国、法国和中国人，往往更倾向于使用快船或划艇等称谓。下面对与老闸船相关的船舶名称再稍作辨正。

（1）中国人存在使用夹板船称呼老闸船的情况

咸丰元年（1851）七月，"浙江石浦洋面，探有大小广东夹板船十四只，携带炮位家眷，皆广东人口音，诡称系黄富兴雇募前赴山东，往北驶去。又复探有大小广东夹板船十二只，在洋游驶，并掳捉商船水手，勒银取赎"。[1]当时，欧洲船舶不可能大规模地出卖给中国海盗或商民，这里的夹板船最有可能指代具有局部欧洲特征的老闸船。同治七年，曾国藩奏折中有"夹底广艇"之说，不知是否所指相同。[2]

实际上，即便到第二次鸦片战争期间，老闸船还被普遍认为是欧洲船型，加之其使用外国船员，通常不把它视作中国船或杂交船。当时，侨居中国的罗伯逊说："老闸船纯粹为外国船，它虽可能系中国工人制造，但与正统的中国样式完全不同。"此外，英国外交大臣克拉兰敦、阿尔柏马尔也证实老闸船与中国戎克船区别明显，没有牙齿、眼睛和尾巴等中式帆船的特征。[3]

（2）外国人存在把头艋/红单船视作老闸船的情况

红单船是嘉庆年间才被提及的一种尖形船首的沿海货船。它不同于米艇或赶缯船的倒梯形平头上翘的船首。红单船没有首封板，艡板汇聚在船首柱之上，构成船首。首柱与龙骨相接处，安装带棱形孔的呆木，又名头鳌。其作用在于开浪，稳定航行方向。这种尖形船首，外形干净利落，加工工艺简单，是受西洋船影响的结果，是红单船最明显的欧化特征。1886年出版的《远东风物词典》中，头艋（TAI-MUNG）词条，其释义为："小型轻快，采用中式帆装的老闸式戎克战船。"[4]显然这是一种对老闸词义的泛化运用。事实上，头艋的欧化特征只体现在突出高耸的首柱和尖削船首，其船体总体上仍属于中式船舶的范畴，与经典的老闸船差别很大。

（3）快艇和划艇是对老闸船准确的意译

老闸船在葡萄牙语中长期以来使用的是其基本义，即快艇或划艇。即便

---

〔1〕 中国第一历史档案馆编：《咸丰朝上谕档》第1册，第327页。

〔2〕 （清）《曾国藩全集奏稿》下卷《酌议江苏水师事宜折》，第249页。

〔3〕 蒋孟引：《第二次鸦片战争》，第32～33页。

〔4〕 Herbert Allen Giles, *A glossary of reference on subjects connected with the Far East*. London: Kelly & Walsh, 1900, p.234.

指代中西技术混杂的老闸船义项出现之后,指代中小轻快帆船的义项仍在使用。同时快艇和划艇的翻译也很能反映老闸船的体量和航域特征。老闸船的载重一般在四十至一百五十吨,大部分在五十至一百吨,保持着小型船体的特征。这种载重量的船舶不适宜进行远海航行,而主要在内河和沿海各港口进行货物转运。

　　5. 对老闸船错误认识的反正

　　作为明清时期中欧船舶技术交流的典型样本,老闸船尤其引人注目。早在十六世纪中葡商贸往来之初,老闸船就出现在葡萄牙语中,指代中式的小型桨帆船。至十九世纪,老闸船发展出今天我们所熟知的"西式船身,中式帆装的中外技术混杂船舶"的义项。老闸船词义的变化准确地反映出船型的演变。在相关研究中,不能把中西技术混杂的老闸船的词义上溯至十六至十八世纪,导致提前中西技术混杂老闸船的出现时代,进而高估中欧之间船舶技术之间的影响。另一方面,老闸船是晚清广船欧化的一部分,其与头艍商船和尖首圆尾渔船的欧化并不相同。

　　1989年,越南渔民在越南南部昆岛附近,拜竞岛东南偏东6.3海里,水下三十五米处,发现了一艘沉船,即头顿沉船。1992年,沉船发掘者之一的佛莱彻发表了头顿沉船的初步发掘报告,将该船认定为一艘康熙年间的老闸船。其判断依据包括:主桅/独杆桅位于主龙骨船首向后3/10处,前桅坐落于龙骨上方,尾柱与主龙骨形成特定的夹角,船首方向有假龙骨前伸暴露,船尾方向有龙骨呆木,舵板固定在船尾呆木及尾封板之上,两侧牓板在水线位置弯曲较甚等。并且,佛莱彻还将之与《唐船图》中的宁波船相比附。[1]佛莱彻的结论很快就被一些学者转相引用,[2]并被人写进英语维基百科的lorcha和Vũng Tàu shipwreck词条。但学界对其船型的认定多采取"存而不论"的态度。[3]

　　细读佛莱彻的发掘报告,就会发现他的判断依据是不准确的,其结论也是有待商榷的。首先,佛莱彻对沉船结构中所谓呆木的认定失实,事实上,所

---

[1]　Michael Flecker, "Excavation of an oriental vessel of c. 1690 off Con Dao, Vietnam", *International Journal of Nautical Archaeology*, Vol. 21, No. 3, 1992, pp. 221~244.

[2]　焦天龙:《南海南部地区沉船与中国古代海洋贸易的变迁》,《海交史研究》2014年第2期,第9~26页。

[3]　吴春明:《涨海行舟:海洋遗产的考古与历史探索》,海洋出版社,2016年,第143~144页。

有龙骨部分都起实际支撑船体的作用,不存在虚置的呆木。而《唐船图》中的宁波船也是比较典型的福船,与经典的老闸船相去甚远。不过头顿沉船的固定门型舵,微微上翘的首尾,与《唐船图》的暹罗船颇有几分神似。其次,佛莱彻对老闸船的概念存在误解,"老闸船"一词为葡萄牙语lorcha的音译,指代西式船体、中式帆装的轻型帆船。它是十九世纪才出现于澳门海域的。十七世纪的清康熙年间,老闸船还未被创制出来,因此头顿沉船不可能是老闸船。不惟佛莱彻一人如此,还有很多研究者错误地把十九世纪创制出来的老闸船与早期葡萄牙文献中的老闸船相混同,把1570年奥利维拉《商船制造全书》中的脚艇(lancha)等同于老闸,并且借由该词认定葡萄牙人占据澳门之初,就已经开始建造中西技术混杂的老闸船,大大提早了葡萄牙影响中国海船技术的时代。[1]李约瑟也认为在澳门和香港,十六世纪以来中国帆和通常欧洲式的瘦长船体一直并存于著名的葡萄牙划艇上。[2]这种将不同时代的老闸船混为一谈,忽略老闸船的形式变迁,势必将中西技术混杂的老闸船的出现时间提前。

七、购买仿造欧洲船只

清代中期,重开海禁,欧洲商船来粤数量增多。文献对欧洲船舶,尤其是英法两国商船的记载增多,相关认识也更加深刻:全装帆船的出现;商船与战船分离,出现专门的护货兵船;兵船的航行性能与武装都大大加强。特别是两次鸦片战争,英法使用兵船,在中国沿海从南到北横冲直撞极大刺激了国人。中国传统船舶技术的落后,激发了学习欧洲船舶技术的意识,加速了中国东南战船的欧化进程。

---

〔1〕 杨丽凡:《中葡造船技术交流的产物——老闸船》,《文化杂志》1999年第39期,第125~134页;陈延杭:《中国与葡萄牙的航海与造船技术交流》,《海交史研究》1991年第1期, 第52~59页; Michael Flecker, "Excavation of an oriental vessel of c. 1690 off Con Dao, Vietnam", *International Journal of Nautical Archaeology*, Vol. 21, No. 3, 1992, pp. 221~244.

〔2〕 [英]李约瑟著,汪受琪等译:《中国科学技术史》第四卷第三分册《土木工程与航海技术》,第484页。

（一）早期购造欧洲船的尝试

崇祯六年，明荷料罗湾海战，明军曾经俘获过一艘荷兰商船，但对这艘荷兰商船是如何处置的，文献失载。清代中期，中国曾经组织建造过西洋帆船，远航印度加尔各答。这艘商船是按照冲滩搁浅的欧洲商船式样，由搁浅商船的洋人帮助建造的龙凤号（loong froong）战船。但其船脆弱，一炮即碎。[1]这种零星的引进、仿造欧洲船舶的尝试，虽然影响很小，但却开启了战船欧化的新路径——整体引进和仿造西洋船。嘉庆十四年（1809），广州行商曾购买了一艘一百零八吨的不列颠双桅帆船"伊丽莎白"号，打算装备该船用于清剿海盗。[2]

至乾嘉时期，西洋各国的装备优势更加明显，但广东地方官员对外夷威胁仍然没有引起足够的重视。嘉庆二十一年，东莞县令仲振履奉两广总督命令实地勘查原虎门炮台，作《虎门览胜》，认为："粤东之患，不再外夷，而在内盗。……夷之不足患。"对西洋船、西洋炮和西洋人的战斗力有一系列误判，并且自认为有对付外夷的成熟可靠的策略："其舶不敢深入，不过停泊外洋，肆其凶恶耳。飓风骤起，则必遭倾覆。且炮火虽猛，在船施放，摇荡必无定准。况炮可施于远，而不能施于近，但于月夕以疍户小艇，载火具潜伏其舶下，舶之布帆重叠，猝不能卸，又沉重不便转移，加以火攻，顷刻灭尽，炮力无所施。""夷人以布缠缚两腿，不能屈折，又日与海波上下，足软无力，凡与搏者，无论坠水仆地，一蹶即不能起"。[3]

鸦片战争前，林则徐对英军的判断亦大体如是："夫震于英吉利之名者，以其船坚炮利而称其强，以其奢靡挥霍而艳其富。不知该夷兵船笨重，吃水深至数丈，只能取胜外洋，破浪乘风，是其长技，惟不与之在洋接仗，其技即无所施。至口内则运掉不灵，一遇水浅沙胶，万难转动，是以货船进口，亦必以重资请土人导引，而兵船更不待言矣。"[4]

这种战略误判自然影响战船建造。适于近海航行，追逐轻捷快利的小船

---

[1] Charles Toogood Downing, *The Fan-qui in China, in 1836～7*. Vol. 1, p. 109.
[2] ［美］马士著，区宗华译，林树惠校，章文钦校注：《东印度公司对华贸易编年史》第三卷，广东人民出版社，2016年，第131页。
[3] （清）卢坤、邓廷桢：《广东海防汇览》卷十二《方略一·通论·总论》，第346～347页。
[4] 《筹办夷务始末》（道光朝第二册）卷八《林则徐等又奏英人非不可制请严谕查禁鸦片片》，第217页。

成为关注和建造的对象。即便展现国家气度、王朝威风的封舟,这时的体制也变得简小。李鼎元出使琉球的封舟,舟身长仅七丈,首尾虚艄三丈,深一丈三尺,宽二丈二尺,较历来封舟几乎小了一半。[1]然而,鸦片战争中,与以往的欧洲商船或零星的护货兵船来华不同,三十多艘英国军舰聚集广东海面,"战舰大小悉备,火炮远近兼施",大舰体形高大、舰体坚固、火力威猛;小舰以蒸汽为动力,灵活快速、拖带有力,火力亦强,给清朝以巨大的冲击。战争失败的残酷现实,中西战舰的巨大差距,更是刺激了中国人师夷长技的思想,开始学习西方船舶技术。

鸦片战争爆发前夕,林则徐就细心搜集西方船舶的情报,并图绘贴说《知沙碧船图》《花旗船图》《安南大师船图》等。这些均为欧式船舶,其中知沙碧船"计三桅,有头鼻,与英夷船同,炮二层,三十四位,长十二丈"。花旗船"三桅与英夷船同,炮二层,二十八位"。安南国大师船"船身约长十四丈,宽约二丈一二尺,舱深一丈余,船头与尾均平。绞缆用绞盘,船底艕厚五寸余,水离艕厚七寸余。艕边一尺余,以坚木为之。艕外企排六寸宽厚木枋以挡炮。舱内通挡藏火药舱,安大炮后正中,两边夹以水柜,相离二尺,不至潮湿。用木桶装贮,不用瓦器。凡两桅,桅凡二段,以榫接竖,式与英夷相同"。[2]

中英之间在战船性能装备上的巨大差距,促使林则徐主持购买西洋船。特别是1840年1月,林则徐从美国商人处购买了排水量一千零八十吨的原英国商船"甘米力治"号,加以改装,配三十四门火炮,用于广东水师的缉私和训练,"使士兵演习攻首尾,跃中舱之法"。[3]这成为当时广东水师的第一艘西洋船。此外,林则徐还购入了两只二十五吨的纵帆船和一只小火轮。[4]1843年,黄恩彤曾看到广州军功厂(船厂)有"购自外洋之夹板船二只,坚固高大,较旧师船顿为改观"。[5]

〔1〕(清)李鼎元:《使琉球记》卷二,第54～55页。

〔2〕《海国图志》卷八十四《安南战船说(王仲洋)》,《魏源全集》第七册,第2000页。

〔3〕《圣武记》卷十补刊《道光洋艘征抚记》,《魏源全集》第三册,第460页。

〔4〕[日]田中正美著,李少军译,徐秀灵校:《林则徐的抗英政策及其思想》,《外国学者论鸦片战争与林则徐》上,福建人民出版社,1989年,第234～260页; Arthur Waley, *The opium war through Chinese eyes*, London: Routledge, 2005, p. 92, p. 140.

〔5〕(清)黄恩彤:《上督部祁公论粤东炮台战船书》,《第二次鸦片战争》(一),第136页。

行商伍秉鉴也曾购买美国旗昌洋行所属船只"伶仃"号,排水量三百一十七吨,花费一万四千四百两白银,"拆而视之,木甚坚硬,用牛皮包裹五层,加以铜皮铁皮,又各包五六层,其后约有尺余方到木质,是以炮子虽巨,难于击碎"。行商潘正炜购买菲律宾船只"拉米罗"号,排水量一百八十吨,交水师营备用。[1]

(二)鸦片战争爆发后建造西洋船

鸦片战争后,从朝廷到地方学习西方船炮技术已成共识,所谓"最得力之船,必须仿照夷船式样"才行。广东士绅大力捐造西洋船,奕山计划仿造夷船之中等兵船式样,强调停止旧有战船的拆造而造大船。

在籍刑部郎中潘仕成,督造新式战船四只。其中一只"船身长十三丈三尺六寸,底骨长十丈零八尺,面宽二丈九尺四寸,高深二丈一尺五寸。底骨用洋梢木,围大六尺,径二尺。船底横柴八十余度,俱大六寸,厚六寸。两边拱腰,共计三百三十余只,俱厚七寸,大五六寸。上下曲手,共一百六十余只,俱用樟木、梨木。船底用柳州杉板,厚三寸。船帮用洋油木,板夹拱腰,共厚一尺三寸。船内柜口龙并柜阵共一百一十五条,通用洋杪木、油木、橡黎,俱大八寸,厚六寸。柜板用红罗木,厚二寸半。船内外横筋共三十二度,大一尺二寸,至八九寸不等。大桅长八丈七尺,中间甲口,围大八尺四寸,径二尺七寸,用洋来吧麻木。头桅长七丈五尺,中间甲口,围大六尺六寸,径二尺一寸,用洋来杪木。舵碇俱用咖嘛呢木。船底用铜片包裹连钉片共用铜六千七百余斤。铁钉长二尺,短至五寸不等,共计用铁二万四千余斤。另铁铙二门,及铁条铁马铁(钩)以拘船身。风帆三架,俱用洋来矾布,计长四百余丈。船舱分三层,下层压石约深三尺余。二层间(挡)板十六度,俱用红罗木,厚二寸半。中藏水柜三个,火药柜三个,弹子柜二个。中层两旁安大炮二十位,船尾安炮二位,自二千斤至三四千斤不等。柜顶棚面,两旁安炮十八位,自一千斤至数百斤不等。仍可分列子母炮数十杆。船头炮位,随宜安放。此船可容三百余人,共用工料银一万九千两"。[2]此船长宽比为4.5,采用肋骨结构,大桅较短,适宜悬挂西洋布帆,船底包铜,有数量众多的炮位,但并不是比较严格仿造

〔1〕 冷东:《清朝鸦片战争期间的战船建设》,《学术研究》2012年第8期,第101～106页。
〔2〕 《海国图志》卷八十四《制造出洋战船疏(奕山)》,《魏源全集》第七册,第1998页。

的西式战舰,而是"参用夷式及本省师船式样,与米艇迥不相同"。[1]潘仕成"又仿照美国兵船式样造成一只,其长宽高深丈尺,与所造大号战船相似,而制度式样各异,需工料银四万三千余两"。[2]

水师提督吴建勋曾亲自到美国兵船上调查。[3]拟仿照夷船制造战船,"计长十三丈,宽二丈九尺,深丈八尺,木料坚实。间或购自外洋,船底骨长十丈七尺,底板内板计两层,底板厚四寸,内板厚三寸五分。头桅、二桅,俱长六丈,三桅长五丈七尺。每桅分为三截,视风之大小,随时续之使长,卸之使短,大可驶风行走。风篷用布,亦分四层张挂,如遇顶风折戗,收驶便捷。船底板之内,内板之外,共安横柴一百五十四道,曲手一百五十四对,舾柱一百零八条。舵条长三丈七尺五寸,径一尺。铁锭大小四门,抛泊时随宜用之,共重五千六百斤,系铁练(链)大小三条,共重一万九千斤。船底骨并头尾鳌舵,俱用铜片包裹,共铜片重一万三千余斤。另用生铜钉一千四百余斤,铜柱钩环,不在此内。铁钉自一尺三寸长,至五寸二分不等,共计重一万六千余斤。此外铁板、铁箍及钩环之类,约计用铁一万余斤。船底骨用洋杪木,桅用杂木,底板、内板俱用梨木,舵柱、舵牙、缴关心俱用桄木,舾柱、缴关盘、炮架,俱用吕宋格木,头鳌、横柴、曲手,俱用樟木,舱面用红罗木,其余多用柚(油)松或杉木。船头安炮一位,船尾左右安炮二位,上层左右,共安炮二十二位,下层左右,共安炮二十四位,各重二三千斤不等。船内设水柜四个,米舱二个,器械舱二个,火药舱一个,炼舱二个。另有官舱,为弁兵栖止处所,此船约可容三百余人,所用工料银两,将来造成,方能核计"。[4]此船长宽比为4.5,主桅、首桅、尾桅三桅长度略均等,布列均衡,桅三节的特点为典型的西洋船特征。"铜片包裹,安装较多炮位"也是西洋船的典型特征。

此外,广州知府易长华承造一艘战船,"长一十三丈,宽二丈六尺,深一丈零五寸,较大米艇加长三丈五尺,加宽五尺四寸,加深一尺二寸,船底及舾板,俱厚三寸,较米艇加厚一寸。大桅长八丈七尺,头桅长七丈五尺,三桅长三丈二尺,船头并两旁及船尾,共开炮门二十五个,各安一二千斤大炮。大桅之前为缴关,用以盘绞篷索;大桅之后,中间为火药柜,两旁为淡水舱。木料俱选

〔1〕《钦定大清会典事例》卷九百三十八《工部·船政·战船三》。
〔2〕《钦定大清会典事例》卷九百三十八《工部·船政·战船三》。
〔3〕《海国图志》卷八十四《制造出洋战船疏(奕山)》,《魏源全集》第七册,第1995页。
〔4〕《海国图志》卷八十四《制造出洋战船疏(奕山)》,《魏源全集》第七册,第1996~1997页。

用坚实,间有采于广西,购自番舶者。缴关、风坛、舵柱用桄木,桅夹、横柴、拱腰、舭柱、曲手用樟木,舭板上下用黎木,中用杉木,战棚板用红罗木,大桅、头桅用洋木,大桡、二桡、三桡俱用咖嚼呢木,其余均用杉木。船头两旁,安舭板以便探水。船外两旁,各安水蛇五道,其内安大曲手五对,中曲手二十一对,以固船身。船内两旁,安拱腰二百四十四条。又于舭板内,安舭柱一百七十四条,排比极密,以拒炮子。铁钉俱加长加密,自长一尺九寸至五六寸不等,共用铁一万五千余斤。此船约可容二百人,共用工料银八千余两"。[1]此船尺寸巨大,几乎达到传统船舶的最长尺寸,长宽比为5,三桅布列参差,但均大大短于船长。

以上几例仿造西洋船只的情况,除帆装、桅樯、船壳、西洋火炮等特征上的欧化之外,在船舶结构上也明显采用了多层甲板、以肋材(曲手、横材)代替隔舱等欧化技术。

此外,在籍户部员外郎许祥光等,捐造战船二只。"船身长九丈九尺及十丈不等,均宽一丈六尺,高深一丈三尺。大桅长五丈六尺,头桅长四丈二尺,三桅长二丈三尺。船底以西桄杉木为之,厚三寸。底骨用足油松木。舭板及左右护板俱用杉木、柚木,舭板厚八寸,护板厚三寸半。舱内横柴共一百二十根,用樟梨等木。曲手共二百四十条。舵用樟木,碇用桄木、桅夹、风坛,俱用大樟木。火药柜外用铁片包裹,铁钉自长九寸半至长数寸不等,共用铁九千八百余斤。中分二层,上层头尾并两旁,共安大炮十五位,自二千斤至八百斤不等。炮位之上,设护板;炮手在下,借以遮蔽。护板上,密排子母炮三十六位,与大炮相间,连环施放。上层舱面,留厂口二处,与下层相通,以便炮手人等出入。下层左右,设桨六十四枝,桨眼间设子母炮及小铜炮,以备近攻。打桨者与放炮者,各有专司,且各有避炮之处。有风驶帆,无风打桨。每大战船一只,用此船二只前后策应。船内共设水勇一百七十四名。其船吃水仅三尺,遇浅水亦驾驶如常。此船工料,每只约用银五千余两"。[2]

许祥光制造的这两只船,长宽比达6.3,两侧有密集桨,吃水浅,为典型的快船,适宜快速移动。也由于吃水浅,驶入深洋后不能荡桨。横柴一百二十根,十分密集,是广船密距肋骨的实证。船长与大桅长比接近2,与传统中式

───────────────

〔1〕《海国图志》卷八十四《制造出洋战船疏(奕山)》,《魏源全集》第七册,第1997页。
〔2〕《海国图志》卷八十四《制造出洋战船疏(奕山)》,《魏源全集》第七册,第1998~1999页。

船舶(不局限于广船)船长与大桅长比为1的情况差别较大。这种短桅似乎受到了西洋船的影响。

批验所大使长庆,"承造水轮战船一只。船身长六丈七尺,舱面至船底,深四尺三寸,头尖连阳桥宽五尺三寸,中连阳桥宽二丈。两头安舵,两旁分设桨三十六把。中腰安水轮两个,制如车轮,内有机关,用十人脚踏旋转;轮之周围,安长木板十二片,如车轮之辐,用以劈水。桅杆二道,以西桅杉木四根为之,各长三丈,每道安布篷一架。舱底安曲手弯绕,共三十四对,以樟木为之。水轮用梨木、榄木,舵用桅木、桶木,其余多用杉木。铁钉自长九寸至三四寸不等,约共用铁三千余斤。两头及两旁共安大炮十二位,二千斤至八百斤不等。其船上墙板炮窗等处,用生牛皮为障,毛竹为屏,架以藤屉,夹以棉胎,以避炮火。交战之际,更罩罟网六层,并棕片布屉为软障,用时以水灌湿,庶可御敌,以壮军心。其篷索平时以药浸制,再于船中暗设火器药烟,临阵旋转旋放。此船约可容百余人,共用工料银七千两"[1]。此船两头安舵,设桨三十六把,中腰安水轮,为典型的快船。

(三)经营西式船坞

初刻于道光二十二年(1842)的魏源《海国图志》提出:"于广东虎门外之沙角、大角二处置造船厂一,火器局一,行取佛兰西、弥利坚二国各来夷目一二人,分携西洋工匠至粤,司造船械,并延西洋舵师司教行船演炮之法。"[2]

1851～1855年间,英国人约翰·库伯和儿子在黄埔建造了一个花岗岩干船坞,配有双舱位和蒸汽驱动泵,长约三百英尺,宽约七十五英尺。这个船坞的设备可拖行轮船十七英尺,新船还可以在船坞后面的水道下水。相较于当时的泥船坞而言,这里设备先进。当时英国铁行轮船公司和英国皇家海军的船只都曾使用库伯的船坞。[3]随着香港成为英国殖民地,香港可以不经黄埔而直接由澳门水道到达广州。[4]黄埔地位衰落后,香港建起了新船坞和修船厂。

---

〔1〕《海国图志》卷八十四《制造出洋战船疏(奕山)》,《魏源全集》第七册,第1997～1998页。
〔2〕《海国图志》卷二《筹海篇三·议战》,《魏源全集》第四册,第28页。
〔3〕〔英〕孔佩特著,于毅颖译:《广州十三行:中国外销画中的外商(1700～1900)》,第24页。
〔4〕〔英〕孔佩特著,于毅颖译:《广州十三行:中国外销画中的外商(1700～1900)》,第25页。

八、购买仿造蒸汽轮船

鸦片战争前后，广东应激性地购置和仿造西洋帆船，浅尝辄止，半途而废。1860年代的洋务运动，广东才开始成规模地购买和仿制西洋蒸汽舰船，广船的欧化与机械化同步展开。

（一）购买火轮船

虽然清朝海军建设重北轻南，广东的海军建设和蒸汽轮船的引进速度和规模，明显滞后于北方各省及福建，但广东也零星购买和仿制了新式的蒸汽轮船。广东成规模地购置西洋轮船始于同治五年（1866）和同治六年，粤抚蒋益澧会商粤督瑞麟，自筹款项从英法两国陆续买来七艘轮船，用于广东沿海的巡缉工作。这是广东水师，也是中国水师中最早使用的一批轮船。[1]中法战争前后，粤督张树声、张之洞又先后从德国进口了十一艘鱼雷艇。[2]另外，张之洞督粤后又从福州船政局订购了巡洋舰。

张之洞督粤之初，调度加强省河防务，虎门横档一带驻泊轮船，计"海镜清、海东雄、安澜、执中、横海、靖安、宣威、澄波、广济、精捷"十艘；黄埔一带驻泊轮船，计"辑西、镇东、广安、扬武、翔云、永济、康济、靖海、霞飞、飞电"十船；广州负责办理防务的兵部尚书彭玉麟直属船只有"靖江、利川、翼虎、宽济"四船，另租雇轮船两艘；水雷局调用"定功、鹰梭"二船；以上共计二十六只，多为较大的轮船。省河驻泊轮船，计"蓬州海、广靖、永安、安涛、济川、报捷、南图、惠安、肇安、利济、永清"十一船。另有"绥靖、镇涛"两船和"永靖"船，共计十四只，多为较小的轮船。[3]这些轮船都是中小型的浅水轮船。

1885年，中法战争结束后，粤督张之洞一方面裁撤勇营防军的红单船和舢板，[4]另一方面着手继续试造浅水轮船，又向福州船政局订购巡洋舰，提升广东海防水平。张之洞筹划"粤洋海军一支，拟配水带铁甲船三艘、铁甲鱼雷

〔1〕《两广总督瑞麟广东巡抚蒋益沣奏购买外轮情形折》，《清末海军史料》，海军出版社，2001年，第105～106页。
〔2〕陈贞寿：《图说中国海军史（古代～1955）》上，福建教育出版社，2002年，第176页。
〔3〕《张之洞全集》第四册《公牍·札中军王副将统带省河轮船》，第2409～2410页。
〔4〕《张之洞全集》第一册《奏议·各路防营分别裁留折》，第343～346页。

船六艘。每一铁甲巨舰、两铁甲雷船为一队,统领左右翼各领一队,三队合为一军"。[1]至光绪十四年(1888)清朝海军建成,广东海军的主力舰队,包括从福州船政局订购的巡洋舰广甲号、炮舰广乙号和广丙号。辅助舰队包括炮舰蓬州海、广金、镇清、广玉、海镜清、安澜、广戊、广已、广庚等号,另有水雷艇两艘。[2]至此,广东海军战舰完成了机械化。但是由于财政支绌,在浅水轮船之外,省河水师还有大量的巡缉扒船。而南澳镇、碣石镇、高廉镇、雷琼镇水师至清末一直以传统的红单、拖风船为主,分拨的各类轮船数量较少。只有虎门因为地近省城,才在战船配置上比较早实现了近代化。

(二)仿造火轮船

早在1842年,行商潘世荣就雇佣洋匠试造小火轮船一艘,放入内河试行。[3]但随即因为行驶不稳,而被叫停。洋务运动期间,郭嵩焘担任广东巡抚(1863~1866年),曾筹商仿造轮船。接替郭嵩焘任粤抚的蒋益澧,在1866年的奏折里,更是直接提出在广东等地设厂"制造轮船,一面雇觅洋匠指授,一面选聪明子弟入厂学习"的建议,并主张"沿海富商大贾,亦准其租购轮船夹板,而籍其名为官兵,无事则任彼经商,有事则归我调遣"。[4]同时,广东地区的民船也开始了缓慢的机械化,购置西式轮船从事客货运输。

除进口外,广东还建立机器局自造轮船。尤其是1880年,机器局总办温子绍捐资仿造蚊子船海东雄号,并于1881年9月竣工。它与当时从英国进口的蚊子船海镜清号相比,各方面性能相若,甚至不输英船。[5]

与此同时,广州民船的机械化也同步开始。光绪八年(1882),广州陈联泰机器厂曾试造蒸汽机船,约在光绪十年制造成功,取名江波号。因船体轻便,适合内河航行,收费比外轮低廉,航商都乐于租用。接着该厂又陆续制成

---

〔1〕《张之洞全集》第一册《奏议·筹议大治水师事宜折》,第353~361页。
〔2〕 苏读史、金万衡:《研究报告:中国清代海军的创建及其影响》,海军军事学术研究所,1988年,第10页。
〔3〕《筹办夷务始末》(道光朝第五册)卷六十四《祁埦、梁宝常又奏制造战船事宜折》,第2519~2520页。
〔4〕 赵春晨:《洋务运动在广东》,《广东社会科学》1992年第4期,第57~63页。
〔5〕 李春潮:《广州地区最早的修造船厂——广州黄埔造船厂》,《广州文史》第61辑,广东人民出版社,2003年,第169~181页。

江汉、江明、江永、江电、江飞、江苏、江利和江天等八艘蒸汽机船。[1]轮船兴起，对传统船舶冲击极大，"轮船兴后废撑篙，论捷无如车路豪，近日谋生犹斗智，一山将更一山高"。[2]

九、广船对欧洲船的影响

广船对欧洲船舶的影响零星微弱。大航海时代，欧洲人东来，广船模型被带入欧洲，广船实船耆英号、广州女士号等远航欧洲，加之欧洲人对广船的田野调查，使得广船为欧洲人所知悉。但欧洲船并未受到广船技术的普遍影响，仅停留在个别船舶设计上的取法和学习。

按照李约瑟的研究，欧洲人至少两次学习中国的水密隔舱技术：一次是十七世纪末，用于沿海小渔船的活鱼水舱，可能是受广东诸河口活鱼水舱的影响；一次是十八世纪，用于欧洲航海大船的垂直隔舱，以提高船舶的强度和抗沉性。[3]1795年，英国造船工程师本瑟玛受皇家海军的委托，设计并且建造了六艘新型船只，均采用了水密隔舱，可能是受中国船的影响。近代以来，屡有西方船舶装备中式帆装。此外，1901年，英国帕森斯公司制造的第一艘烧煤汽轮机鱼雷驱逐舰，在试航时达到三十节的航速，因水流强劲，平衡舵难以搬动。温特博特姆将开孔舵技术介绍给该公司的工程师，才使问题得以解决。二十世纪，这一技术广泛应用于现代钢铁船上，甚至开孔舵可能帮助诱发了飞机机翼的防失速槽的发明。[4]

十、广船欧化的迟滞

除舰载火器较快地实现了欧化外，广船对欧洲船舶技术的吸收是十分缓慢和迟滞的。而同属东亚海域的日本和越南，借鉴和模仿西洋海船开始得

---

〔1〕《水运技术词典》编辑委员会：《水运技术词典——古代水运与木帆船分册》，第37页。

〔2〕（清）冯雨田：《轮船》，《中华竹枝词全编》（六），第180页。

〔3〕［英］李约瑟著，汪受琪等译：《中国科学技术史》第四卷第三分册《土木工程与航海技术》，第464～467页。

〔4〕［英］李约瑟著，汪受琪等译：《中国科学技术史》第四卷第三分册《土木工程与航海技术》，第723页。

较早。十七世纪,日本长崎开始建造朱印船,采用西式船尾、尾舵、尾楼、瞭望台、船首斜桅、船尾桅挂三角帆、舷侧炮等,并且经常聘用西洋航海人员代为驾驶,使用西式罗盘和象限仪器。[1]而越南虽然稍晚,但也在十八世纪开始建造裹铜船,引进西洋帆船进行海战。早在1781年(辛丑)农历夏五月,阮福映检阅水军,内有西洋船二艘。[2]此后阮氏及阮朝,都长期保有西洋船,特别是明命年间,又建造了若干西洋裹铜大船。[3]广船在十九世纪中期才开始采用西式船体,建造欧化的老闸船,引进个别西洋整船。

显然船舶技术的发展不是单线演进的,欧洲船舶技术与中国船舶技术在十九世纪的汇流和中国船舶的欧化,并不能掩盖在中欧接触的最初三百多年里,彼此技术之间的漠视和隔绝,两种船舶技术传统的各自独立发展。外来的欧洲船舶技术未对广船产生深刻影响,或者广船面对外部技术冲击表现得十分保守。

(一)欧洲船舶的技术缺陷

中国海洋战船与西洋船在技术上存在显著差异,但差异并不等同于差距。因为二者都是适应各自海域环境和航行任务的结果。例如,西洋船的复杂帆装,超大船型,是适应从大西洋向印度洋、南海远海贸易航行的结果。受地球自转影响,大西洋东岸海域深阔,风气和柔,极少海洋性风灾气候,对船舶的驶风性能要求极高,所以欧洲船舶往往有巨大繁复的风帆,可以使用强度较弱的三节桅杆。十六世纪以来,由于地中海航路被奥斯曼土耳其帝国控制,切断了欧洲各国从亚洲直接获取香料等商品的途径。大西洋沿岸的海上贸易目的地,从地中海向美洲、印度和东南亚转变,而非洲的经济状况很难满足当时欧洲国家的贸易需求。因此,欧洲船舶主要以跨海远航为主,因航行周期长,补给不便,往往需要体型巨大的船只,以保证长时间航行的给养和单次航行的利润。远海航行对船舶的操控性要求不高,其风帆只是提供动力,不影响船行驶的方向。偶尔舵失灵时,才升起后帆,使船尾

---

〔1〕 辛元欧:《中外船史图说》,第171~172页。
〔2〕 [越]《大南实录正编》卷一,金玉楼藏,第8页。
〔3〕 郑永常、李贵民:《瞬间的光芒:越南阮朝对裹铜船的引进与创新》,《南方大学学报》2014年第2卷,第65~89页。

转动。[1]

这些特征在南海海域以及中国大陆的东南沿海就转变成了技术缺陷和劣势。特别是在南海多风的环境下,西洋帆装高大,受风面积大,缩帆过程复杂,尤其不利。1517年,来华的费尔隆·伯列士滞留屯门岛,计划由中国引水人协助前往广州,出港便遇到逆风,自救无方,只好砍断桅杆,平毁首楼。[2]南海岛礁杂丛,沿岸浅滩多,欧洲大船往往易于触礁搁浅。在中葡冲突对抗中,明军就是利用番舶"大而难动"的缺陷打败葡萄牙船的。对这种在近海活动不便、大而笨重的西洋船,中国人曾用戏谑的口吻,表示了心底深处的抵触与排斥。荷兰国"原无船只,因永乐差太监王三宝下西洋,遍历诸国,声言取宝,实侦建文。船到其国,国人恳求船式,三宝虑其有船则可渡海,骚扰边疆,故意持一管坏笔,画一个扁圈,中间首尾直竖二三节,将笔毛刷开,乱画几画与他。岂知荷兰人性乖巧,就画样打造,所有笔毛一画安绳一条,为船中索路(俗云:夹板船索路多也)。造成船只驾驶,比中国船加倍坚牢,且火器甚精"。[3]

欧洲大船不适宜在南海航行,东来的葡萄牙、荷兰等国,往往需要征用当地的戎克船或各类快艇小船才能在近海和内河活动。

以最早东来的葡萄牙为例,1511年葡萄牙人东来,在征服马六甲之后的第二年,即把其在印度洋和波斯湾的经验移植到新的殖民地。他们征用爪哇工匠,为其建造用于近海运输的桨船,并且把桨船用于保护马六甲而成为战船。1517年,葡萄牙人的舰队第一次来华时,除了四艘桅船之外,还有三艘马六甲商人拥有的戎克船。[4]1521年,屯门海战前后,葡萄牙有七八艘中式帆船。[5]葡萄牙人在万历三十七年后,为了避免荷兰人的抢掠,征用和使用当地的小船,长期保有一支中国戎克船船队。在占据澳门后,葡人使用龙头划这种中式帆船进行近海航行。十九世纪,在澳门海域出现的快艇老闸船,可以

---

〔1〕〔葡〕费尔南多·奥利维拉著,周卓兰、张来源译:《商船制造全书》,第301页。
〔2〕〔葡〕巴洛斯著,何高济译:《十六世纪葡萄牙文学中的中国》,第38页。
〔3〕(清)江日昇:《台湾外纪》,第35页。
〔4〕James Fujitani, "The Ming Rejection of the Portuguese Embassy of 1517: A Reassessment", *Journal of World History*, Vol. 27, No.1, 2016, pp. 87~102.
〔5〕〔葡〕巴洛斯著,何高济译:《十六世纪葡萄牙文学中的中国》,第55页。

看作是葡萄牙人适应近海航行的产物。

十八世纪踵葡萄牙人东来的荷兰人,在使用欧式中小型船舶从事区域内的运输的同时,对东南亚的戎克船情有独钟,也会征用少量的当地船舶。崇祯三年,荷兰人协助郑芝龙围攻李魁奇舰队,提出的条件之一就是,"掳掠到李魁奇的戎克船,荷兰人要选取最好的三四艘,并取得所有戎克船里的所有商品。而由郑芝龙取得剩下的船只,以及所有戎克船里的大炮"。[1]

显然,这一时期欧洲船舶相对中国海船并无明显的技术优势,广船对于欧洲船舶的技术冲击自然会反应迟钝。

(二)中国海船的技术需求

明清两代对欧洲"坚船利炮"充满了敬畏和羡慕,但分开来看,当时中国人更多的是对西洋火器青睐有加,对欧式船舶的需求十分微弱,对欧洲军事技术的学习和引进,"重利炮,轻坚船"是一个长期的传统。

明朝战船与欧洲船舶接触之初,就迅速引进、仿制后者的佛郎机和红衣大炮,用于实战;在引进、仿制欧洲火炮的同时,对与之密切相关的架炮技术、锻炮技术[2]、舷侧炮技术也一并引进吸收;引进的舰炮还衍生出发熕、神飞炮、百子铳等佛郎机的"汉化改进版"和"汉化增强版",最终形成了以欧式火炮为主导的舰炮格局,推动了明朝战船舰炮的重炮化趋势。而且,在舰炮与船舶的互动关系中,舰炮一直处于主导地位,佛郎机的引入导致了蜈蚣船的仿制,红衣大炮的引入导致了舷侧炮技术的成熟。明朝战船的舰炮变革,显著增强了战船威力,呈现出鲜明的欧化特征,呼应了欧洲舰炮的重炮化趋势。

相对而言,在船舶技术方面,中国船舶的技术需求十分疲软。明清之际,葡萄牙、西班牙、荷兰和英国长期垄断了东南亚至印度洋以致欧洲的贸易路线。东南亚及中国既无意愿,也无能力与上述各国的商船竞争,退而求其次,自愿承担起东南亚范围内的中短途海洋航运职能。成本低、速度快、体型小的东南亚戎克船正当其时。明清朝廷出于对沿海人群控制的需要,实施海禁

---

[1] 江树生译注:《热兰遮城日志》第一册,第16页。

[2] 万历年间,"广东叶大中丞,始以熟铁打造,较铸者远矣"。(明)何汝宾:《兵录》卷十一《火攻集说》。

政策,限制远洋贸易,加之信用体系不健全,使得建造大型海船既不必要,也冒着很大的经济、政治风险,与东来诸国鼓励私商贸易,甚至政府参与的国家海上贸易不同,所以超大型的西洋船对中国官方和海盗、海商都不具有吸引力。

军事上,中国海船不以对外军事征服为目的,对待西方殖民者的入侵,立足点就是驱逐之,有很强的陆地依从性,军事上对大型船舶的需求也不足。

第三节　广船与东南亚船的技术交流

包括中南半岛和马来群岛在内的东南亚地区,有着悠久的造船传统,独特的造船技艺。东南亚地区与中国广东同属环南中国海文化圈,两地的船舶技术交流也因此十分紧密。

东南亚岛屿区与半岛区、大陆沿海区在资源、环境和经济上的特性,决定了东南亚船舶呈现混杂和多样的特性。说其混杂,是指长期以来,东南亚地区是连接中国东南沿海与印度洋和波斯湾沿岸地区贸易的重要中间地带,中国各地贸易商船、印度和波斯商船,频繁出没,东南亚地区的船舶呈现出波斯、印度和中国船舶的特征。从十六世纪起,大西洋沿岸各国商船到此进行殖民和贸易,西洋船的帆装、船型及属具特征,也影响了这一地区的船舶。说其多样,是指东南亚海域岛屿众多,一年四季气候炎热,没有禁航时间,经济活动以捕鱼和贸易为主,显示了较强的向海性,各类生产、生活、彼此联系,全部依赖船舶才能实现,不同活动需要不同功能、不同式样的船舶。因此,这一地区既有远距离航行的大型船舶,也有适宜岛屿之间或内河航行的中小型船舶。因此,法国学者芒甘称东南亚是古代世界船舶的博物馆,是非常有道理的。多样混杂的东南亚船舶既是对外联系的重要工具,也是对外交流的具体体现,其对同属环南中国海文化圈的明清广船产生了深远影响。

东南亚岛屿区船舶在明代后期引入广东海防战船,并被改造和仿制。明末以来,东南亚有造船的原材料优势,促使广船建造大量进口和使用东南亚木材,所谓"木之类有华夷焉"。尤其是桅、舵等关键构件多采用进口木材,"洋船,即商船之大者,船用三桅,桅用番木"。[1]康熙年间,文献记载的夹板舵就是暹罗舵,使用东南亚木材制作而成。李鼎元出使琉球的一号封舟,大

桅"长十丈有奇,围六尺,以番木为之"。[1]另一方面,华人还走出去,到东南亚各地造船,"番山材木,比内地更坚,商人每购而用之。如鼎嘛桅一条,在番不过一二百两,至内地则值千金。番人造船,比中国更固。中国数寸之板,彼用全木;数寸之钉,彼用尺余"。[2]除蜈蚣船、叭喇唬船、夹板舵等东南亚船舶技术对广船有渗透和影响外,越南的船舶对广船的影响最为深刻。

一、越南船舶技术的影响

越南位于中南半岛的东缘,濒临南中国海,与中国广东海域相接,自古就与广东保持着密切的联系。历史上,越南的造船和航海并不发达,尤其缺乏建造大船和深海航行的经验与能力。这与越南的海岸缺乏深港,大船难停密切相关,"交州之东有海阳、荆门、南策、上洪、下洪、顺安、快府等府,去海颇远,各有支港,穿达迤逦数百里,大舰不能入,故交人多平底浅舟以便入港云"。[3]但十六至十九世纪,越南南部的阮氏政权,发展出了发达的造船、船运业。阮朝(1802~1945)前期,越南一直维持着规模较大的海上军事力量,特别是比较早地接受和模仿建造西式海船,其"军器制度得之欧罗巴,故在缅甸、暹罗两国之上"。[4]至十九世纪初,"因其(夹板船)利于国计民生,东南洋海国已尽用夹板。故鄂罗斯、天竺国、印度、暹罗国相继仿效。安南因英夷窥伺,十余年来,变通仿效,战船尽用夹板,商船亦多用此,佛兰西人教之驾驶,今则英夷莫敢窥伺安南矣"。[5]随着越南造船业的发展,清朝开始从越南学习和引进船舶技术。

(一)安南艇船影响广船

清代乾嘉之际,安南艇匪猖獗。其船高大,武器精良,对浙闽粤三省造成

---

〔1〕（清）李鼎元:《使琉球记》卷三,第66页。

〔2〕《皇朝经世文编》卷八十三《兵政十四·海防上·论南洋事宜书(蓝鼎元)》,《魏源全集》第十七册,第531页。

〔3〕（明）王圻:《续文献通考》卷二百三十五卷《四裔考·南夷·安南》,日本早稻田大学藏,第34页。

〔4〕《海国图志》卷五《东南洋一·越南》,《魏源全集》第四册,第347页。

〔5〕（清）丁拱辰:《演炮图说辑要》卷四《西洋战船》,第13页。

极大困扰。嘉庆四年，浙江定海教谕王鸣珂呈《海洋情形疏》："艇匪船身高大，能容大炮而所及远，牛皮网索之护又密；兵船船身低小，不能容大炮而所及近，牛皮网索之护又疏。"[1]体量方面，安南艇船（又名黑艇）与官军战船相比，大小相差三倍。[2]武器方面，"其炮每船四位，分置中舱左右及首后两端，长约一丈二尺，重约三千斤。……远及八九里，炮子重八斤有零。兵船炮位大者，不及千斤，炮子所及不及二三里，此其所以不战而先靡也。有大船无大炮，则大船犹虚器耳。欲攻艇匪，非照造大炮不可。每船四位，大船五十号，计共需大炮二百位。"[3]"安南夷匪船身高大，其篷又系三角尖形，与内地篷帆不同。且五六十船连综而行"。[4]除艇船外，西山政权还有更大船只，"可载一万余石，船上三层，安放炮位，底下一层安放有二万斤重的炮十四五门，更上面二层的炮，四五千斤至一千八百斤不等，那铅子每个有饭碗大的。"安南黎朝官船见此不敢拒敌。安南王也造有安南船三只，每只载重一万余石。[5]文献提供的安南艇船的信息，最关键的是三角尖形帆，据此可以大体推断安南艇船为果瓢船（Gay-bao）。法国船长帕里斯、探险家奥德玛都曾记录这种果瓢船，其帆为蟹爪帆的极限形态，两条上下帆桁在下端会合，呈三角形（图七十八）。[6]

　　长期的被侵扰和接触，清朝官军、海盗、渔民也开始使用安南三角帆装。蔡牵所驾"似外夷舟，高大且固"。[7]这里的外夷舟，即东南亚的大型商船。广东钦廉雷琼与安南隔北部湾相望。粤西名为三角艇的渔船，在主桅上同时悬挂一面三角硬帆，一面斜桁四角帆。[8]这种三角形硬帆与安南艇船三角尖形船篷属于同一风格，或受后者影响。

---

〔1〕（清）焦循：《里堂道听录》卷二《王鸣珂》，广陵书社，2016年点校本，第54页。

〔2〕（清）焦循：《里堂道听录》卷二《王鸣珂》，第55页。

〔3〕（清）焦循：《里堂道听录》卷二《王鸣珂》，第56页。

〔4〕《遵旨查明覆奏李长庚等确实拏获蔡牵伙盗并无冒功情事》，《宫中档案嘉庆朝奏折》嘉庆五年三月二十八日，编号：404005447，转引自周维强：《靖海孤忠：浙江提督李长庚的海上生涯》，《淡江史学》2014年第26期，第153～201页。

〔5〕（清）焦循：《里堂道听录》卷二《王鸣珂》，第64页。

〔6〕Louis Audemard, *Les Jonques Chinoises*, Vol. X, Indochine, Rotterdam: Museum Voor Land... , 1971, planche 5, p.16.

〔7〕（清）李增阶：《外海纪要》之《李景沆〈跋〉》，《厦门海疆文献辑注》，第195页。

〔8〕第一机械工业部船舶产品设计院等主编：《中国海洋渔船图集》，第223页。

图七十八　安南果瓢船

(Edmond-Francois Pâris, *Souvenirs de Marine: Collection de Plans ou Dessins de Navires et des Bateaux Anciens ou Modernes*, Vol.1, p. 19)

（二）越南裹铜船影响广船

　　嘉隆皇帝未执政时，法国人就帮助他建造裹铜战船，而且数量较多，但在战争中损失惨重。阮朝建立后，法国人海军军官阮文胜任嘉隆朝的将官，掌管西洋样式的舰船建造。明命皇帝（1820～1841年）即位后，越南人掌握了裹铜战船建造的技术，开始自行建造裹铜战船，明命一朝总计建造有三十一只，包括五桅巨型战舰、蒸汽船等。[1]清代乾嘉之际，正值越南阮朝建立前后，造船的

―――――――――

〔1〕　郑永常、李贵民：《瞬间的光芒：越南阮朝裹铜船之制作与传承》，《南方大学学报》2014年第2卷，第65～89页。

欧化进程加快,除建造欧式船舶之外,造船完成后还"使用红毛车"下水。[1]

中国对西洋船包裹铜皮、铁皮或锡皮的记载早到明代荷兰人初来之际,甚或以为夹板船的称呼即源于船外包裹金属皮。但至鸦片战争前,中国仍未采用过这种船体包裹金属外皮的技术。道光年间,林则徐、魏源等人看到了越南船舶的先进性和优点,呼吁清廷学习阮朝,建造"安南战船"、"安南大师船"。清朝对越南战船的学习和引进的动议,源自清朝官员听说"广南水战为红毛船所畏"的传言。清朝通过各种途径侦探越南船只情形,林则徐转赠给余姚知县汪仲洋的船图,就属于越南船的情报。越南船图共四张,所记为《安南国渔船图》《安南国大师船图》《安南布梭船图》《安南大头三板船图》。[2]这四种越南船中安南国大师船,体形硕大,桅分为两段,以榫相接,与英国船形式相同。道光二十一年,道光帝谕旨搜集越南战船情报,亦注意到该国的巡洋大师船"以铜包底,故俗呼为铜皮船,约载二百余人至三百人不等。此项船只料件虽坚,滞笨不灵"。[3]在中国对西洋船的认识和学习中,越南充当了中介。

(三)越南轧船影响广船

鸦片战争前后,广东在购买、仿造欧洲船只的同时,也将吸收船舶技术的目光投向了一海之隔的越南。各级官员有意识地搜集越南船舶情报,发现了越南船舶的优点,并着手仿造。但真正进入议事日程,实现仿造的仅有越南轧船一项。

对越南轧船的学习,肇始于道光二十年,户科掌印给事中朱成烈奏称:"相传英夷尝侵安南,安南人造轧船,长仅三丈,船高于水仅一尺,两头光锐,头可为尾,尾可为头。船用二十四楫,鼓楫进退,矫若游龙。两头架红衣炮,以击夷船近水处,其船即沉,夷大败。至今望见安南轧船,即落胆而去。臣尝详推其理,盖以英夷船大如山,其炮必与船平,不能下击,下击则入水也。即使船之两旁安置炮眼,亦必高出于水在八九尺以上,否则海波注之,轧船出水

---

〔1〕(清)焦循:《里堂道听录》卷二《王鸣珂》,第64页。
〔2〕《海国图志》卷八十四《仿造战船议·安南战船说(汪仲洋)》,《魏源全集》第七册,第2000~2001页。
〔3〕《两广总督祁墳等奏报查探越南国船炮火器情形折》,《鸦片战争档案史料》第四册,第597页。

仅一尺,为彼炮之所不及,而得专力以击其船底,故获全胜。可否饬下两广督抚照样制造,以备攻剿。"[1]

这种能够制服英国大船的越南船只,自然引起道光皇帝的极大关注,旋即下诏对越南轧船进行调查。[2]道光二十年十二月,广西巡抚梁章钜,[3]道光二十一年八月、十月,两广总督祁坝先后陈奏越南轧船的详细情况。[4]

第一,轧船体型修长,制作方法原始。轧船"长自八丈以至十丈不等,而宽仅八尺。其制造之法,取整油木一株,截定长短尺寸,先用火烧出中槽,后用刀斧剜斫而成。沿河各城,均备此以待,临时一招而至,即有五百号。每船棹桨五六十人,各带长枪短剑,别配火枪兵三十人。船头平直,安炮一门,自六棒至十二棒重不等。遇敌,将船横排成列,群唱战歌,极力棹桨,顷刻逼近,随即死斗。如敌人大船欲冲击小船,则小船闪避又甚巧速。……安南兵船,近日造作愈精愈巧,每船长十丈九尺,其材可作西洋兵船之中桅"。[5]显然,这种轧船属于独木舟,制作方法原始,全凭人力荡桨驱动,不具桅帆。因船小灵活,机动性强,能够达到以小搏大、出奇制胜的效果。相较而言,前述给事中朱成烈奏称的安南轧船仅有三丈长,高于水仅一尺。

第二,轧船快速灵活,以数量优势取胜。因轧船在与英国大船的较量中胜出,遂为梁章钜所推崇,"越南轧船于破敌甚利,并记得阅过近人《说部》二种。一载嘉庆十三年秋冬之间,英吉利欲夺越南东京码头,驾七大船以入,越南得信,敕令渔艇商船先行藏匿,英船入港数百里无阻,直至东京下碇,不见一人。入夜忽悠小艇无数围拢,上装火药干柴,英船发炮轰击,小艇火益炽,七船之人尽烂。又一载红毛常屡侵越南,越南人创为小舟,名曰轧船,长仅三丈,船旁出水面一尺,两头尖锐,颇似闽浙端午竞渡之船,每船二十四人,操楫飞行水面,快若游龙,进退惟意。每船首尾各驾红衣大炮,附水施放,攻其船底,底破即沉,虽有技巧,无所施设,于是大败。至今红毛船过广南海面,见轧

〔1〕《户科掌印给事中朱成烈奏陈安南轧船最利攻击折》,《鸦片战争档案史料》第二册,第621页。

〔2〕《著广西巡抚梁章钜查奏安南轧船事上谕》《著钦差大臣琦善查明安南有无轧船以便仿造事上谕》,《鸦片战争档案史料》第二册,第621、667页。

〔3〕《广西巡抚梁章钜奏报遵旨查闻轧船有益海防情形折》,《鸦片战争档案史料》第二册,第775~776页。

〔4〕《海国图志》卷七十九《筹海总论三·复奏越南轧船情形疏(祁坝)、再奏越南轧船情形疏(祁坝)》,收入《魏源全集》第七册,第1919~1923页。

〔5〕《海国图志》卷五《东南洋一·越南》,《魏源全集》第四册,第347页。

船出即胆落而去。合此两说观之,轧船之利,于海防已可概见"。[1]越南轧船战胜英国商船,全靠船舶的灵活、数量优势。

林则徐在广督任内,业已仿照其法,制轧船四只,本欲多造,以经费无措而止。[2]不过林则徐制成的轧船,在内港外洋均不可用。[3]显然,越南轧船的仿制是不成功的。鸦片战争之后,仿制越南轧船的议论就没有下文了。

轧船本质上属于多桨快船,体长多桨,航行迅捷是其主要特点,是越南海防船只的主要船型。甚至有法国学者认为,越南战船只有桨船(galley)。[4]轧船可能是越南文献中"艍艚"的省称。根据《黎朝会典》的记载,黎朝郑氏兴造官船分为两大类:第一类统称为"红船",共九种:侍候轻船长六十七尺,阔十尺五寸,棹四十八柱;轻船长六十五尺,阔十尺五寸,棹四十八柱;海道船长六十尺,阔九尺,棹四十四柱;海马船长六十五尺,阔九尺,棹三十四柱;舩船长五十尺,阔八尺,棹二十四柱;官行船长四十二尺,棹十二柱;巨行随长四十二尺,阔七尺,棹十二柱;中行随长四十尺,阔六尺五寸,棹十柱;小行随长三十尺,阔六尺,棹八柱。第二类统称为"艍艚",共七种:巨善海船长六十五尺,阔十尺,棹四十六柱;巨航船长六十尺,阔十尺,棹四十四柱;中航船长五十五尺,阔九尺,棹三十四柱;小航船长五十尺,阔九尺,棹二十四柱;巨舻长四十二尺,阔七尺,棹十二柱;中船长四十尺,阔六尺六寸,棹十柱;小船长三十尺,阔六尺,棹八柱。[5]红船和艍艚都属于窄长型桨船,与轧船的特性相同。

越南有着比较发达的桨船传统,明清两朝对于越南船的记载颇多。记录嘉靖年间安南事的《越峤书》,提到安南战船中的多桨蜈蚣船,"高广不过六七尺,长五六丈,两旁各十五六人,以木桨荡之甚疾,名蜈蚣船。然不用钉,以藤束绑,故易坏,岁一修,以吾海舟冲之无不碎"。[6]康熙三十年,高拱乾《台湾

〔1〕《广西巡抚梁章钜奏报遵旨查闻轧船有益海防情形折》,《鸦片战争档案史料》第二册,第775~776页。
〔2〕《广西巡抚梁章钜奏报遵旨查闻轧船有益海防情形折》,《鸦片战争档案史料》第二册,第775~776页。
〔3〕《海国图志》卷七十九《复奏越南轧船情形疏》,《魏源全集》第七册,第1919~1920页。
〔4〕Frédéric Mantienne, "The Transfer of Western Military Technology to Vietnam in The Late Eighteenth and Early Nineteenth Centuries: The Case of The Nguyen", *Journal of Southeast Asian Studies,* Vol. 34, No.3, 2003, pp. 519~534.
〔5〕[越]《黎朝会典》卷三,远东学院图书馆藏本(EFEO A.52),第2页。
〔6〕(明)湛若水:《治权论》,《越峤书》卷十四《书疏移文》,明蓝格钞本,第24页。

府志》记载："广南创为小船,曰札船。驾巨炮于上,攻夹板船底,底破即沉,荷兰甚畏之。"《皇朝通考》之《四裔考·安南》云:"札船无首尾,轻捷异常,盖操楫而行。恃人力者,尝驶行凿破夹板船,船上人惊,则以数十札船,挂绳夹板船底,争拽之至浅处,而夹板船中人物无归者。红毛人驾舟,避广安湾,其号令:舟行望见广安湾,则舵师斩矣。"[1]

记载康熙三十四、三十五年广州僧大汕入安南事迹的《海外纪事》中记有"红船","船头坐一官,尾立一守舵者,每船棹军六十四人。中设朱红四柱龙架,横搁一木,如梆子,一军坐击之,棹听以为节。船应左则左,应右则右,或耶许,或顿足,无一参错者,悉于梆子命之,乍聆者不知所为音节。船长狭,状如龙舟,昂首尾,丹漆之,不能容爨具。窃讶多人饮食,无所从出。余携茶食自给。棹军赤体,暴烈日中,惟贮淡水一缸,馁腹而用力不衰。……转至大河,数船雁列,众军鼓勇,行如疾矢,注目两岸,莫辨马牛"。[2]

除快速灵巧之外,轧船并无特别优点,且不适于远海,户科给事中朱成烈高估了轧船的性能。事实上,魏源论及安南船胜英吉利船,在赞扬轧船的同时,对其性能持保留态度,轧船与英国船接战,"在纵其深入内河,而非驰逐于外洋,拒守于海口也。其所用轧船,狭长多桨,进退捷速,如竞渡之龙舟,如粤东之快蟹艇、蜈蚣艇,特多一尖皮顶及左右障板,以避铳炮,以小胜大,以速胜迟"。"夷船横行大洋则有余,深入堂奥则不足"。[3]可以说,魏源所论颇为中肯。关于安南轧船的形象,帕里斯曾图绘有一艘桨船,或即为轧船(图七十九)。[4]

越南轧船仿制失败,是鸦片战争期间加强海防、修造战船运动中的一个小插曲。清朝对越南轧船的仿制,颇有"病急乱投医"、"饥不择食"之嫌,属于盲目引进。尽管如此,仿制越南轧船,仍是广船与越南船舶交流的一个证明。

除轧船之外,林则徐还搜集了安南渔船、安南国大师船(越南欧式船只)、安南布梭船、车轮船四种越南船式,并绘成图说,意图择优在广东仿造。如能仿造越南之四种船型,"若大师船、渔船造三分之一,布梭船、大头三板船造三分之二,工料务求坚实,枪炮咸为预备,拣选善没水之健勇,不时操练",分布

〔1〕(清)《俞正燮全集·癸巳存稿》卷十《夹板船轧船》,第417～418页。
〔2〕(清)释大汕:《海外纪事》,中华书局,2008年点校本,第68页。
〔3〕《海国图志》卷一《筹海篇一·议守上》,《魏源全集》第四册,第8页。
〔4〕Éric Rieth, *Voiliers et Pirogues du Monde au début du XIXe siècle*, p.67.

图七十九　越南桨船

（Éric Rieth, *Voiliers et Pirogues du Monde au début du XIXe siècle*, p. 67）

沿海，就能抵抗英国入侵。[1]其他大头三板船与布梭船，越南人视作明太祖破陈友谅大船之小船，安南渔船与中国大西瓜扁同，实在无借鉴之处。情报汇总的结果是，越南战船虽然坚牢，但迟重不快。而且，这些船对付海盗及英国船力有不逮，还曾因兵力不足，越南向"内地"舟师寻求帮助缉捕国内叛民。[2]所以中国并没有引进越南船舶技术。

二、广船对东南亚船舶的影响

广船与东南亚船舶之间的技术交流是双向的，广船对东南亚船舶也有显著影响，而且这种影响主要集中在大型船舶的建造上。这是因为明清两代持续的海禁锁国，对大型外海商船建造的政策限制，极大制约了广东当地船舶的建造，打击了造船积极性。而明清两代东南沿海地区木材资源消耗严重，造船材料价

---

〔1〕《海国图志》卷八十四《安南战船说（汪仲洋）》，《魏源全集》第七册，第2000页。
〔2〕《两广总督祁𡊢等奏报查探越南国船炮火器情形折》，《鸦片战争档案史料》第四册，第598页。

格持续上涨,造船成本增加。两种影响相互叠加,造成中国海商和造船工匠开始向外流动迁徙。他们在东南亚港口落脚,并利用当地的政策和原材料优势,进行造船活动,加速了中国东南沿海地区造船工业的迁移和船舶技术的外流。

清代,东南亚的越南、泰国、马来西亚、印度尼西亚等地经常建造和使用中国船,如泰国的暹罗贡船,印度尼西亚咬溜吧的商船,艟舡、船尼亚、斯那特、大口船、艋舡等,越南的广南船,其中很多都具有广船的特征。中国船的强大影响,也使东西方的旅行家把戎克船,这种本意为中国船的名称,作为东南亚帆船的泛称。

最早使用戎克船这一名称的文献,是元朝来华的摩洛哥旅行家伊本·白图泰的游记,专指东南亚大型航海帆船。此后也有将大型内河船以戎克称之的。一般认为该词为福建方言的艟,也有认为其词源为爪哇语Jung。这些船往往成对出现,很少单独航行。[1]16世纪初,马六甲的中国船以造价低廉,小型灵活,船壳结实,深海航行能力佳著称。葡萄牙人认为其驶风能力如卡拉维尔灵活,载重能力如克拉克宽裕。[2]欧洲人即以戎克称呼所有大型东南亚海船,显示了中国与东南亚船舶在形制、技术方面的相似性。

戎克船随蒙古人的远征传入爪哇地区,但到了十六世纪,这种帆船的东南亚和中国特色至少平分秋色。[3]二十世纪初,来华进行船舶调查的奥德玛在《中国舟船志》一书中指出:"在赤道海域和马六甲海峡遇到中国船实在司空见惯,船以广东和福建的居多。除了这些来自两地的船之外,还有一类杂交船……带有广东船特有的弧边梯形单帆,首柱和桅顶竖立西式长桁三角帆。船壳坚固,建造精心,通常有两条加强材,一根在水线位置,一条在舷缘之下。船首有类似香港船的悬伸甲板。船尾板呈方形或卵圆形,其上为船尾甲板围框,并有一条横材固定。……这些船普遍装备有伸出船身两侧的梁担,其上装橹钉,用以摇橹。船员四至五人,住在船尾睡舱。船长十二至十八米不等。船身黑色无装饰。"[4]

---

[1] Herbert Allen Giles, *A Glossary of Reference on Subjects Connected with the Far East*, p. 116.

[2] John Francis Guilmartin, *Portuguese Sea Battles, Vol 1, The First World Sea Power, 1139~1521*. "Malacca October, 1509".

[3] [澳]安东尼·瑞德著,孙来臣译:《东南亚的贸易时代:1450~1680》第二卷,商务印书馆,2010年,第57页。

[4] Louis Audemard, *Les Jonques Chinoises*, Vol. VIII, Côtés sud de la Chine, Rotterdam: Museum Voor Land... 1969, pp. 82~83.

广东造船业对东南亚造船业的影响,在地域上极不均衡,重点区域集中在暹罗湾和越南沿海地区。暹罗湾地区是明清广东沿海居民移民的最主要区域,也是东南亚地区对华贸易和交流最发达的地区。该地区的船舶技术受广船的影响也最大。为了鼓励商人从境外运进大米,乾隆十二年,清廷准许商人在暹罗造船运米回国,不但免征船钞,船只还可以正常入籍本县,加之境外造船成本低于国内,又无严格的管制,刺激了境外造船业的发展,促进了船舶技术的交流。[1]

(一)暹罗船

暹罗船,因其地而得名,是采用中国技术,使用暹罗木材在暹罗等地建造的海船。清代,随着中暹贸易和人员往来的增多,移居暹罗的潮汕人越来越多,潮汕的造船技术也随之传播到了暹罗。暹罗华侨利用当地价廉、质优的木材,建造红头船,往来中国与暹罗之间进行贸易。这类船被称为暹罗船。"暹罗船航行于苏门答腊、爪哇和马六甲海峡,常年湾泊在新加坡和三宝垄,而且拜季风所赐,它们可以到达巴达维亚"。[2]暹罗船具有与红头船相同的性能与质量,但建造成本却比在潮汕时低很多。最后一任英国驻新加坡公使克罗福德,曾经记载曼谷造船业:"几乎所有航行于印度和中国的大帆船,都是在昭披耶河(Chao Phraya River,又称湄南河)畔的暹罗王国首都曼谷建造的。这主要是出于利用优质的柚木和廉价劳动力的便利……"克罗福德还指出,四百七十吨的船在曼谷的造价仅七千四百西班牙币,如在樟林,船价则是一万六千西班牙币,在厦门则是两万一千西班牙币。在1820年到1830年,四百吨船在曼谷的造价则大约为两万铢。[3]至晚清时期,甚至出现了"潮州船无一不是在暹罗建造的,船员都是潮州人,船东都是侨居暹罗的中国人和暹罗的权贵"的现象。[4]

帕里斯记录并图绘了几艘暹罗船(图八十、八十一)。这些船均为三桅大船,船身最宽处在船尾向前三分之一处,整体呈平底圆形,船首有倾斜的封板,用以推水而不是分水。开放式船首,两侧舷列板上翘,彩绘圆形船眼,每

---

〔1〕 李鹏年:《略论乾隆年间从暹罗运米进口》,《历史档案》1985年第3期,第83~89页。

〔2〕 François-Edmond Pâris, *Essai sur la construction navale des peuples extra-européens,* p. 46.

〔3〕 [泰]素攀·占塔哇匿:《泰国潮州人的故乡》,《樟林古港》,第33页。

〔4〕 [美]I. A.唐涅利著,陈经华译:《中国木帆船》,第192页。

图八十　停泊新加坡的暹罗货船
（Éric Rieth, *Voiliers et Pirogues du Monde au début du XIXe siècle*, p. 65）

图八十一　暹罗船
（Éric Rieth, *Voiliers et Pirogues du Monde au début du XIXe siècle*, p. 66）

侧有大小炮眼十个。[1]同时,需要注意的是,这里的暹罗船已经具备了欧化的侧支索。大英图书馆一幅题为暹罗贡船的外销画,与帕里斯图绘的暹罗船几乎完全相同,只是不具备侧支索(图版十七)。[2]长崎平户松浦史料博物馆藏《唐船图》中也收录有暹罗船图一幅(图八十二)。该船已经具备了欧化的首斜桅和侧支索,舵型亦与西洋帆船接近,并采用了加固的固定式矩形舵,不再用由舵勒调节深度的升降舵。[3]但其他特征与以上暹罗船差别并不大。[4]图上标注有船舶的尺寸信息,长42.14米,比通常的东南亚船和洋船长10米左右,船头船尾高8.36米,船头镜板高4.73、宽2.71米,船尾宽5.76、高6.40米,

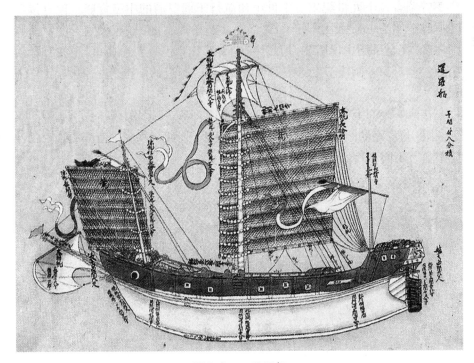

图八十二　暹罗船
(《〈唐船图〉考证》,第63页)

〔1〕　Éric Rieth, *Voiliers et Pirogues du Monde au début du XIXe siècle*, p. 66.
〔2〕　王次澄等:《大英图书馆特藏中国清代外销画精华》第六卷,第100页。
〔3〕　辛元欧:《明末清初唐船赴日贸易与唐船考》,《船史研究》1989年第4～5期,第5～30页。
〔4〕　［日］大庭修著,朱家骏译:《〈唐船图〉考证》,第59页,图版2。

主桅总长 35.69、粗周长 1.73、细周长 0.64 米,辅桅总长 22.36、粗周长 1.09、细周长 0.45 米,尾旗 18.34 米,主桅帆长 18.18、桁宽 16.45 米,副桅帆长 11.00、桁宽 5.91 米,抢风瓦长 37.18 米,高帆(头巾顶)长 9.24、宽 5.73 米,伸出杆(首斜桅)长 15.45 米。这些大型的暹罗船主要从事日本、中国和东南亚之间的远洋贸易。1989 年,越南昆岛附近发现的头顿沉船,为康熙年间的货运商船,即采用了固定式船舵,龙骨后端抬升。原发掘报告认定它是一艘老闸船,与《唐船图》收录的宁波船接近。[1]然而,从该船的舵型判断,其最有可能是暹罗船。

除大型暹罗船外,暹罗湾地区还建造和使用中型暹罗船。法国学者布热德曾调查过十九世纪末二十世纪初航行于暹罗湾的中型货船。他直接称呼这些货船为"暹罗中国船"。这些船建造于暹罗湾,航域仅限于暹罗湾周围地区,完全采用中国舾装,但在结构上,要比大型暹罗船简单,也没有彩绘装饰。他对一艘搁浅于柬埔寨贡布(Kampot)附近的中型暹罗船进行了详细记录。[2]

在船舶装饰上,暹罗船与广船存在密切关系。暹罗船往往彩绘典型的圆形船眼,与广船的圆形眼睛相似,明显受其影响,而与越南中南部的越南式样船眼显著不同,后者为细长形船眼。[3]

(二)安南船

《唐船图》收录有一幅广南船彩图(图八十三),[4]船体长 29.63 米,船头尾高 6.14 米,船头镜板高 4.00、宽 2.09 米,船尾宽 4.16、高 5.87 米,主桅总长 31.54、粗周长 1.22、细周长 0.49 米,辅桅总长 18.42、粗周长 0.69、细周长 0.29 米,尾旗 7.54 米,主帆高 15.69、桁宽 13.09 米,副帆高 7.85、桁宽 6.02 米,抢风瓦(龙骨)长 21.03 米,高帆(头巾顶)长 7.64、宽 5.69 米。[5]该船也为典型的中国帆船特征,具体而言更接近福船或白艚船。

[1] Michael Flecker, "Excavation of An Oriental Vessel of c. 1690 off Con Dao, Vietnam", *International Journal of Nautical Archaeology*, Vol. 21, No.3, 1992, pp. 221~244.
[2] Jean Poujade, "Les jonques des chinois du Siam", *Documents d'ethnographie navale*, Fascicule 1, 1946, pp. 5~19.
[3] M. C. Dalby, *The Junk Blue Book*, pp.B-4, B-5.
[4] [日]大庭修著,朱家骏译:《〈唐船图〉考证》,图版9。
[5] [日]大庭修著,朱家骏译:《〈唐船图〉考证》,第30~31页。

图八十三　广南船
(《〈唐船图〉考证》, 第63页)

　　广船与东南亚船都采用四边形斜桁帆, 但广船普遍装备的为下横桁较长的扇形帆, 采用折叠收帆; 而东南亚各地普遍装备的为上横桁较长的四边形斜桁帆, 采用卷式收帆。赵翼在《檐曝杂记》中将东南亚帆装误作西洋帆, 称"其帆尤异。桅竿(杆)高数十丈, 大十余抱, 一桅之费数千金。船三桅, 中桅其最大者也。中国之帆上下同阔, 西洋帆则上阔下窄, 如折扇展开之状, 远而望之几如垂天之云, 盖阔处几及百丈云。中国之帆曳而上只一大绹着力, 其旁每幅一小绹, 不过揽之使受风而已。西洋帆则每绹皆着力, 一帆无虑千百绹, 纷如乱麻, 番人一一有绪, 略不紊。又能以逆风作顺风, 以前两帆开门, 使风自前入触于后帆, 则风折而前, 转为顺风矣, 其奇巧非可意测也"。[1]但在

〔1〕(清)赵翼:《檐曝杂记》卷四《西洋船》, 第65页。

图八十四　越南战船

（Stéphane Dumoulin, *Le Tonkin, Exploration du Mékong*, p. 185）

十九世纪中期，在越南也发现了装配扇形帆或者扇形帆与当地四边形斜桁帆混合的船舶，[1]可能是受中国帆船的影响所致。

1882年，法国军队攻掠越南海防，俘获越南战船一艘（图八十四），其形制与米艇十分相似。结构坚固，使用本地结实木料建造，船型两头上翘。虽船首仍为方首，但已经较窄。船首彩画兽首。船侧有多个方形炮门，船后部两膀板挂藤牌，船尾插战旗、长兵。三桅旗帜飞扬，尾桅位于船右侧。[2]

〔1〕 M. C. Dalby, *The Junk Blue Book,* pp.B-4, B-5.

〔2〕 Stéphane Dumoulin, *Le Tonkin, Exploration du Mékong,* ill. Dick de Lonlay, p.70, p.185.

结语　广船的历史逻辑

　　明清广船的发展有着明确的脉络。即便在海禁的大背景下，广东沿海的海洋活动也是逐渐趋于活跃的，特别是清代前中期以来，南海的远洋贸易获得发展，明代海船的高大框架和复杂的上层建筑开始变得简约，以便适应南海强风、多风的环境。

　　明清两代广船的船型、属具等技术特征虽有变化，但无发展，几乎没有任何标志性的技术创新，如新材料、新工艺或新设计的引入或创制。其所受东南亚船和西洋船的影响虽然直接，但却"近水楼台不得月"，其欧化与近代化迟迟未发，直到1840年鸦片战争前后才缓慢起步，到1960年代广船普遍安装马达螺旋桨时，其船型特征依然保持着固有特性。这与同时期西洋船的变革求新形成了鲜明对比，甚至与同属东亚文化圈的越南和日本相比，也显得迟钝。明清广船超稳定的发展模式，固执保守的技术风格，颇值得深思玩味。

　　船舶技术的创新和应用，与环境密切相关，除海域自然环境这一相对不变的恒量之外，沿海政治、军事和社会情势则是最直接的变量因素，后者决定了船舶技术的创新和应用的方向和速度。明清两代，海洋贸易活动趋于活跃，海盗、倭寇、番寇并发，国家海洋威胁空前，推动民间和官府进行船舶技术变革似乎也是自然而然的事。在欧式船炮引进上，广船确也紧跟时代潮流，几乎与西洋船同步。然而除欧式船炮外，广船的技术变革着实乏善可陈，海洋活动和各种海洋威胁无法转变为实在的技术创新。船舶的技术创新与沿海军事和社会情势的关联，往往并不直接，沿海政治、军事和社会情势所形成的压力和动力，要通过具体路径才能作用于船舶建造，实现船舶的技术创新，然而这些路径却并不通畅，障碍重重。

一、第一个障碍——船舶本身的天然保守特性

　　船舶是一个五性合一的复合体，稳定性、快速性、抗沉性、操纵性、摇摆性，五性协调，船舶才能任人驾驶，完成使命。一种船型一旦形成，五性协调，适应了航域特性，任何技术变革，都会引起船舶不同航行性能的连锁反应，例如：船舶稳定性的提高，往往会导致快速性的丧失；抗沉性、操纵性和摇摆性也彼此关联，一个方面发生变化，其他方面也可能会跟着发生变化。这无疑增加了技术改进的不可控性，船舶事关人命和财产安全，改造结果的不确定性，会显著提高造船的成本和风险。因此，在变革与保守之间，船主和造船工匠不敢轻易冒险，更新船舶技术，而是按照传统已有的运行良好的船舶进行模仿再造。在我们的调查过程中，广东渔船建造几乎完全采用这种经验主义的造船模式：哪艘船运行良好，后面就以哪艘船为模板，延请工匠进行仿造。这种造船模式虽然能够保证新船航行安全，造船过程顺利，成本节约，风险降低，但也势必导致造船技术上的保守。

　　正因如此，闽粤连海，却形成了个性鲜明的两大船型：福船和广船。船舶天然的保守性体现在蜈蚣船的引入上，为了引入佛郎机炮，明朝就要专门引进蜈蚣船来装载，而对原有船舶进行改造的意识明显不足，可见船舶建造之固执保守。类似的例子还有舰载发熕问题，明军很长时间都无法解决发熕炮与大型战船的兼容问题。

　　船舶建造具有天然的保守特性，在没有外部推动的情况下，长期处于这种造船实践之下，自然也就会形成排斥创新的造船心理。明清两代记载西洋船船坚炮利的文献比比皆是，然而，倡导和实施仿制西洋船的记载则绝无仅有，临渊羡鱼，却不退而结网。谨慎固执，坚持传统的造船心理一经形成，就牢不可破。明清两代，引进西洋船技术成功的个案——老闸船，也是在澳门葡萄牙人的推动下实现的。

二、第二个障碍——明清国家的海洋管理失当

　　尽管船舶有着天然的保守性，然而不加外部限制，人们还是会对船舶进行稳妥的技术创新尝试。而积极干预，船舶的技术创新也是大有作为的。实际上，经过长期的历史积淀和技术创新，广船的建造技术水平在明清已经达

到空前的高度，不但船种丰富，船型多样，而且各类船舶的航行性能都有很大的提升，既适应了南海海域水温高、含盐度大、暗礁暗流多、水位落差大、风浪较大的海况，又满足了当时社会生产生活的不同需要。船舶本身的天然保守性，并不会真正妨碍船舶的技术创新，妨碍船舶技术创新的是封建国家的海洋管理措施。

（一）对民船的直接限制

广船虽然按功能可分为渔船、货船、战船等类别，但不同功能的船舶船型和技术差别并不大，同种技术和船型的船舶经过简单改造可以承担不同的功能。在不同功能的船舶之间，存在以商船和渔船的技术创新为先导，而战船相从属的情况。民船是技术创新和技术引进的源泉，从对西洋船、东亚船的技术模仿，到部分的技术创新，无不是民船走在前列。民船优于官船，商渔船优于战船。面对民船在速度和性能上的挑战，官府往往采取限制民船的措施。

出于社会控制的需要，明清政府采取了种种限制船舶建造、使用的管理措施，对广船造成了毁灭性伤害。明朝建立之初的洪武四年（1371）十二月，朱元璋宣布"仍禁濒海民不得私出海"。洪武十四年又颁令"禁濒海民私通海外诸国"。洪武二十三年、二十七年、三十年还频频推出诏令，强调平民不得私自下海。之后，虽有官方组织的郑和下西洋，但对民间的海禁一仍其旧，直到隆庆开海才有所放松。但终明一朝，"寸板不许下海"的明禁一直存在，双桅尖底的通番之船被限制，平底单桅船成为船只定式。[1]

入清之后，为应对割据台湾的郑氏政权，顺治十二年（1655）六月，清廷下令沿海省份"无许片帆入海，违者立置重典"。一直到1684年，康熙平定台湾，才下令重开海禁。但1716年，康熙再次颁布"南洋禁海令"，直到1727年才废除。因此，明清两朝相当长的时间内是实施海禁的。而在开海过程中，为防止沿海居民与倭寇、海盗和割据势力的接触，加强对沿海人民的控制，政府相继出台措施对民间造船业进行严格控制，对船舶的数量、进出港、载货、船员、武器等有详细的规定，寓限于开之中。在这众多的限制措施之中，限船是重要手段。明代禁绝打造三桅以上大船，清朝康熙开海之后，政府继续对

---

〔1〕（明）郑若曾：《筹海图编》卷四《福建事宜》，第278页。

民船进行限制,实行商渔船的"定制",限定出洋船只的桅杆数量和梁头长度。因而清朝大型商船和战船几乎清一色的以双桅船为主,渔船以单桅为主。商船、渔船的小型化,导致船舶速度相对较快,官军为了应对这种局面,也大量使用快速小型船舶。船舶体型小,相应地,对技术要求也就低,致使明清造船业长期维持着低水平。

(二)对官船的直接限制

在官船修造领域,明清两代还以规范化和标准化的名义,颁行了各类造船修船规范,强制规定船舶的用材、形式、修造周期等等,客观上也抑制了造船技术的革新。最早的造船法式是嘉靖万历时期,俞大猷、侯继高等地方将领为了保证战船建造质量,克服承造官员偷工减料、以次充好等弊端的管理措施。这些法式规定最初虽然有比较宽泛的执行标准,但对造船材料、使用银两的规定,还是制约了工匠进行技术创新。

至清代乾隆年间,《闽省水师各标镇协营战哨船只图说》《钦定福建省外海战船则例》等法式著作,对造船规格、用材、预算规定得十分绵密,规定与物价联动不及时,成为造船领域的重要限制。

广船在管理与应用之间存在张力,管理本身就是一种限制。从管理角度来讲,国家希望统一战船形制,规范战船修造。如海上威胁较小的时候,官方战船往往比较统一,如明前期的料船、嘉靖大倭乱之后的福船、清统一后的缯艍船,全为国家统一标准。但从使用角度来讲,船舶有着强烈的海域特征,功能差异,有着强烈的反统一性,嘉靖倭乱时期涌现出来的广船、福船、沙船,乾嘉之际的米艇、红单诸船,都是具有地方特色的船只。

(三)雇募制对船舶建造的伤害

明清两代在大部分时间中,受制于顽固的大陆意识,实行固海岸的海防策略——以岸基海防为主,主要依赖炮台、烽燧、墩台等固定防御设施。在这种观念的指导下,船舶这种海上移动设施,建造花费不菲,维护成本高昂,时时燖洗,三年小修,五年大修,十年拆造,战时易损,平时易坏。而且海上作战,气候、风向、天气影响大,不可控因素很多,战船相较炮台显然不是优选。战船属于高消耗的战略物资,为了节省经费,明清两代的实际常备战船数量很少,一旦有海战需要,就会大量临时征调和改造民船,形成了战船的雇募制度。战船由民船中的外洋商船与渔船雇募改造而成。雇募制在明清两代的广东乃至全国海防中发挥了重要作用。乌艚、赶缯、米艇、红单、登花、波山等主力战船，无一不是成熟民船在军事领域的运用。然而，这种雇募制却问题颇多。最严重的问题就是过度雇募，竭泽而渔，民船刚刚发展起来，尚未形成规模，造船者仍未得利，就被官军征用，进行海防剿匪。船主无法如期获利，雇募不能及时偿值，形成了"优者受损"原则，极大挫伤了造船者的积极性。通常是雇募之初，还有船可募，但随着消耗，就会出现无船可募的局面。这种过度雇募，无疑限制了有条件进行技术创新的商人、船主进行船舶建造和技术创新。整个明清时期，造船业从未独立成为一个产业，他是从属于渔业、海上贸易、交通运输的。通常的造船流程，采用订货制，工匠先期获得定金，按照业主要求建造船舶，造船厂几乎没有自有资本，不能按照自己的意志先期建造船舶，而是全部依赖订货。历史上有盐商、海商，却始终没有出现过大造船业主。而欧洲很早就有从事独立造船的大商人，并且出现了造船行会。

（四）对外交流的限制

明清两代，持续的海禁毁船，直接的造船限制，造成了对船舶建造的直接伤害。而隆庆开海或康熙开海之后，面对西洋船的技术优势，明清政府采取鸵鸟政策，采用种种繁琐的措施，隔绝中外的船舶技术交流。

理论上，西洋船对广船产生影响只能通过两个途径：购买西洋船和延聘西洋造船师，政府也从这两个方面限制了广船学习和应用西洋船舶技术。明清西洋船东来，所建立的据点集中在马六甲、巴达维亚、澳门、马尼拉和台湾。这些地区虽有西式船厂、船坞，修船造舰，但终究还是以提供服务为主，几乎不存在船舶的整船出售。特别是澳门和台湾两处据点，葡萄牙人和荷兰人虽长期盘踞，但其经营规模十分有限，而澳门各方面又受中国控制，长期实行严苛的"额船"制度，并没有形成相应的产业规模，无法提供船舶技术给中国，更不存在向中国出售船舶的可能。而明清朝廷出于防范民众，隔绝内外的需要，对中国洋船出海采取具结登记制度，详细登记出海人员、船只装备，以备稽查，严格限制中国人与欧洲人的接触。同样，对待停靠中国沿海港口的西洋船只，也是采取十分严格的管制措施，颁布《防范夷人章程》，限制其与中国人的直接接触。这种中外隔绝的局面，导致中国人与外国人缺乏直接交流，更不用说雇佣外国人航海、造船了。大航海时代中西方船只生产十分专业化,没有人员的交流,技术交流就无从谈起。既无船舶买卖,又无技术人员交流,技术交流单凭文人的直接观察是很难实现的。因此,西洋船来华虽多而频繁,船舶技术的引入并没有发生。

长期严苛的管理,对外交流的限制,根源于封建专制的大一统国家,整齐社会的权力欲望和自私狂悖,以国家压制、规范社会的成长,无视社会的自发性,不能因势利导,引导社会发展。

与之形成鲜明对比的是,长期处于分裂割据状态、内乱频仍的越南,无论对外国人、还是对本国人很难进行隔绝限制,既没有能力,也没有意愿,于战乱之中整齐社会,所以反而能够因势利导。西山政权利用中国海盗的船只增强自己的军事实力;阮福映则利用欧洲势力雇佣法国的夹板船,建造裹铜船,成为东南亚国家中较早成功引进和应用欧洲船舶技术的国家。早在1781年,百多禄主教就为阮福映租借了两艘葡萄牙船,连带水手和武器用于水战。此后,百多禄又从法国本土、印度殖民地为阮福映寻获多艘欧式军舰。到1801年,阮福映已经拥有九艘欧式船只,并配以六十门各式火炮。[1]阮朝建立后,嘉隆、明命两代更是大规模地自造欧式船舶。至明命后期,越南裹铜船已经发展出六种规格,二十六艘。[2]阮朝不但把欧洲战船作为自己的海防水师力量,而且还以之作为到中国及其他国家通使的交通工具。同时期的日本雇佣荷兰人为其造朱印船。大西洋各国的军队、商船、水手自由流动,他们心中只有雇主,没有祖国。这种情形下的船舶信息交流几乎没有任何障碍。

三、第三个障碍——明清国家的精神气质

在海洋意识上,随着新航路的开辟和地理大发现,欧亚大陆西端的葡萄牙、荷兰、西班牙、英国、法国等纷纷东向而来,在亚洲各地大肆殖民,开展贸

---

〔1〕 Frédéric Mantienne, "The Transfer of Western Military Technology to Vietnam in The Late Eighteenth and Early Nineteenth Centuries: The Case of The Nguyen", *Journal of Southeast Asian Studies,* Vol. 34, No.3, 2003, pp. 519～534.

〔2〕 [越]《钦定大南会典事例》(正续编)第六册,西南师范大学出版社、人民出版社,2015年,第3526～3527页。

易。在西方人眼中，海洋是机遇与财富，是冒险家的乐园和探索者的战场。他们的船越造越大，越造越多，航行迅速，武器精良。在明清时期的中国，除极少数从事海洋贸易的海商，整个国家都将海洋视为隔绝内外、区分华夷的天然屏障与藩篱，用海内表达帝国疆域的范围，以海外述说统治未及的区域。海就是边界和界限。直到今天，四海之内、海外、海内等词也依然透露着那个时代浓郁的大陆意识。以海洋为渊薮，视海洋为畏途，自然对航行于大海的船舶有着另外一番感情。

　　一般官僚、知识分子，对于跨洋冒险颇多鄙夷和不屑。成化二十一年（1485），出使交趾的使船触礁沉没。该船携带了大量私人商货。黄衷对于这些冒险出洋之人，不但没有同情之心，反而对于商人追逐利润的行为十分不屑，"甚哉，利之戕贼也。穷荒绝徼，无不竞焉，二使衔命远适异域，不幸而溺，厥职固在，诸众人者何为者哉？缘锥刀之末，蹈不测之渊，以饱鲸鳄，非溺海也，溺利焉耳。予故纪之，以为犯险牟利者之鉴"。[1]

　　在对待技术的态度上，明清时期的中国都在强调"君子不器"，即君子不能一门心思钻研某项技艺。这种观念作为中国知识分子的信条，影响了整个国家的精神气质，使社会形成了"重义理轻应用"的传统。除了医学，中国的百工技艺都被视为末流，上不得台面，"中国人自昔以百工为小计"。社会精英都去追求万物之道，领悟百代之法，道法取代技术，形成"以道驭术"的固执观念，对具体的实用的学问不屑一顾。这种观念又延伸出国家的制度安排和体制保证——科举制度，保证这些不务实学的人，既有社会地位，又有现实利益。信条与制度，思想观念与现实利益，彼此自恰。即便清末，外国威胁日益严重之际，山东监察御史张盛藻等人仍然认为"朝廷命官必用科甲正途者，为其读孔孟之书，学尧舜之道，明体达用，规模宏远也。何必令其习为机巧，专明制造轮船、洋枪之理乎？"还把学习西方科学技术斥为"重名利而轻气节"。[2]在对待外国技术上，更是具有一种盲目的优越感，对外采取闭关锁国的落后政策，回避开放交流的时代潮流。

〔1〕（明）黄衷：《海语》卷下《铁板沙》，第16页。
〔2〕周德富：《张盛藻诗文集》三《奏折·奏天文算学无庸招集正途折》，华中师范大学出版社，2013年点校本，第255页。

图书在版编目（CIP）数据

岭海帆影：多元视角下的明清广船研究 / 谭玉华著
. —上海：上海古籍出版社,2019.10
ISBN 978-7-5325-9380-4

Ⅰ.①岭… Ⅱ.①谭… Ⅲ.①船舶－历史－研究－中
国－明清时代 Ⅳ.①U674-092

中国版本图书馆 CIP 数据核字（2019）第 228069 号

岭海帆影
——多元视角下的明清广船研究

谭玉华 著

上海古籍出版社出版、发行

（上海瑞金二路 272 号 邮政编码 200020）

（1）网址：www. guji. com. cn
（2）E-mail：guji1 @ guji. com. cn
（3）易文网网址：www. ewen. co

上海惠敦印务科技有限公司印刷

开本 710×1000 1/16 印张 18 插页 8 字数 286,000

2019 年 10 月第 1 版 2019 年 10 月第 1 次印刷

ISBN 978-7-5325-9380-4

K·2719 定价：78.00 元

如有质量问题，请与承印公司联系